新时代小学教师培养系列教材

小学科学课程与教学

主　编　崔　鸿　郑永和

副主编　朱家华　赵　博　杨　杰

编写者　朱家华　薛　松　崔　鸿

　　　　王梦倩　赵　博　李佳涛

　　　　郑永和　杨　杰　吴开其

　　　　邹传龙　温馨扬

U0748417

中国教育出版传媒集团

高等教育出版社·北京

内容简介

本教材立足新一轮科学课程改革对科学教师的要求，依据《义务教育科学课程标准（2022年版）》编写，围绕"科学课程—科学教学—科学课程与教学实施"这一主线，系统分析小学科学课程与教学的基本要素，反映当代小学科学课程与教学论建设与发展的最新成果，力图提升小学科学教师的专业素养。本教材每一章都从教、学、评三方面一体化设计，以目标为指引，以任务为驱动，以评价为导向，设置相应学习栏目，并用二维码链接丰富的数字资源，帮助学习者在拓展学习、真实案例学习中主动利用相关理论和方法解决问题，深入理解科学课程与教学的相关理论，从而促进其专业发展。

本教材适合作小学教育专业或科学教育专业师范生教材，也可作在职小学科学教师继续教育教材，还可供小学科学教师、教研员和科学教育研究人员日常参考。

图书在版编目（ＣＩＰ）数据

小学科学课程与教学 / 崔鸿，郑永和主编. -- 北京：高等教育出版社，2024.11
　ISBN 978-7-04-062136-5

Ⅰ．①小… Ⅱ．①崔… ②郑… Ⅲ．①科学知识-教学研究-小学 Ⅳ．①G623.62

中国国家版本馆CIP数据核字（2024）第086835号

（教材）
Xiaoxue Kexue Kecheng yu Jiaoxue

策划编辑　韩　筠	责任编辑　肖冬民	特约编辑　陈雨濛	封面设计　姜　磊
版式设计　徐艳妮	责任绘图　李沛蓉	责任校对　刁丽丽	责任印制　刘弘远

出版发行	高等教育出版社	网　　址	http://www.hep.edu.cn
社　　址	北京市西城区德外大街4号		http://www.hep.com.cn
邮政编码	100120	网上订购	http://www.hepmall.com.cn
印　　刷	河北吉祥印务有限公司		http://www.hepmall.com
开　　本	787 mm×1092 mm　1/16		http://www.hepmall.cn
印　　张	16		
字　　数	290千字	版　　次	2024年11月第1版
购书热线	010-58581118	印　　次	2024年11月第1次印刷
咨询电话	400-810-0598	定　　价	35.00元

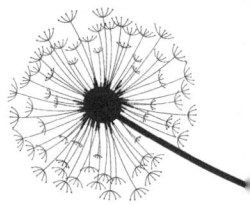

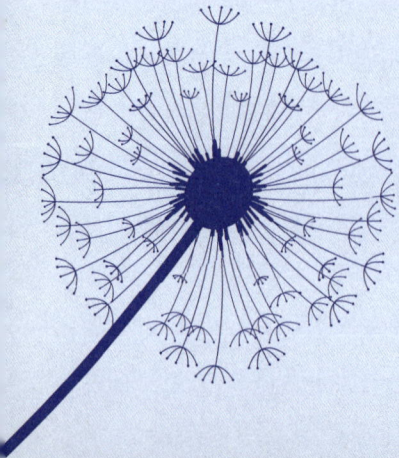

新时代小学教师培养系列教材　总序

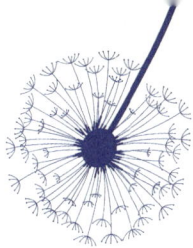

　　为培养新时代具有"教育家精神"的卓越小学教师,教育部高等学校小学教师培养教学指导委员会组织全国高校优秀教师团队,在前期理论研究与实践探索的基础上,编写了本系列精品教材。

　　教师是教育发展的第一资源,是国家富强、民族振兴、人民幸福的重要基石。2018年9月10日,在全国教育大会上,习近平总书记系统总结了推进我国教育改革发展的"九个坚持",其中第九个是坚持把教师队伍建设作为基础工作。党的二十大提出加快建设教育强国,培养高素质教师队伍。

　　培养具有"教育家精神"的卓越小学教师,是新时代满足人们美好生活需要的高质量教育发展的基础与保障。党的十八大以来,习近平总书记对教师队伍建设作出了一系列重要论述:2014年教师节前在北京师范大学提出"四有"好老师,2016年在北京市八一学校提出"四个引路人",2021年在清华大学提出教师要成为"大先生",2023年教师节前夕提出"教育家精神"。这些为新时代具有"教育家精神"的卓越小学教师培养指明了方向。

　　教材建设是卓越小学教师培养的基础和保障,是小学教育专业建设的重要内容。习近平总书记指出,要抓好教材体系建设。从根本上讲,建设什么样的教材体系,核心教材传授什么内容、倡导什么价值,体现国家意志,是国家事权。培养什么样的小学教师,决定了建设怎样的小学教育专业教材。新时代需要具有"教育家精神"的卓越小学教师,小学教育专业教材建设必须紧紧围绕此展开。

　　以学生为中心,坚持正确的"儿童取向",是培养具有"教育家精神"卓越小学教师的教育理念和原则。首都师范大学小学教育专业以"学科－专业体系化建设"推动卓越小学教师职前培养理论研究与实践探索,形成了"儿童取向"的卓越小学教师培养模式。以儿童为价值取向,体现了以学生为中心、关注儿童发展的教育理念,是以教师为本转向以学生为本的体现,是落实以儿童为教育主体的必然要求。小学教师是儿童生命健康成长的专业"引路人",要帮助小学儿童"扣好人生第一粒扣子",应该具备儿童意识,能读懂儿童、关爱儿童。高校小学教育专业培养卓越小学教师,应围绕帮助师范生形成儿童意识、儿童立场,形成促进儿童生命健康成长的能力,建构"儿童取向"的小学教育专业课程体系与教材体系。

　　本系列教材研发,立足培养具有"教育家精神"的卓越小学教师,贯彻、落实党的二十大精神,依据《教师教育课程标准(试行)》及《小学教师专业标准(试行)》,总结二十余年本科层次小学教师培养的理论研究成果与实践探索经验,侧重小学教育专业基础课、专业方向课、专业素养课三类课程。自 2022 年启动以来,首都师范大学等小学教育专业牵头单位与高等教育出版社多次开展研讨、调研,反复推敲、精心遴选,最终确定先期组织编写 12 本教材。其中,专业基础课程教材有《小学生心理学》《小学生品德发展与道德教育(第 2 版)》《教育研究方法》《班级管理》;专业方向课程侧重小学课程与教学类课程的教材,有《小学道德与法治课程与教学》《小学语文课程与教学》《小学数学教学设计与实施》《小学英语课程标准与教材研究》《小学科学课程与教学》;专业素养课程教材有《儿童文学概论》《书写与书法教程(第 3 版)》《儿童美育》。参加本系列教材编写的团队,有教育界的众多专家学者,主编分别来自首都师范大学、北京师范大学、东北师范大学、华中师范大学、北京大学、西南大学等学校,他们都是相应领域的权威专家,有的还是新版义务教育课程标准修订组核心成员,能够确保编写出高质量教材。

本系列教材体现党和国家意志,贯彻教材建设"一个坚持五个体现"原则要求,坚持立德树人根本任务,贯彻党的教育方针,帮助师范生成长为立场坚定、素养全面、专长发展的教师。教材编写体现以下原则及特色:

(1)时代性与前沿性。教材既反映学科教学和研究最新进展,反映当下社会经济文化和科技发展对教师培养的要求,贴近教师教育课程改革和基础教育课程改革前沿,又体现教育发展趋势,服务教师终身学习和专业发展。

(2)儿童性与实践性。教材立足儿童教育观,以实践为导向,紧密结合基础教育课程改革趋势和学生核心素养培养要求,注重理论—教材—教学—能力的转化,提升师范生教育教学能力和自我发展能力。

(3)基础性与综合性。教材既体现学有专长要求,注重提升学生学科素养与学科教学能力;又注重学科融合,培养跨学科素养与教学能力。

(4)理论性与创新性。遵循小学教师培养需要和教育教学规律,教材建构科学的内容体系,阐述专业基本理论、基本知识、基本方法;同时注重话语表达创新,注重项目教学、实践教学、案例教学,打破传统学科逻辑,直面教育教学需要,培养问题解决能力,并利用信息技术创新呈现方式,实现理论学习与能力训练、线上 + 线下、技术与教学融合。

本系列教材力主体现儿童取向、培养教育家精神,建构学材型、融媒体教材。在体例上:

(1)体现儿童为本、学生为本教育观,穿插儿童成长故事、教育家精神等内容,体现我国的"师道"及"传道受业解惑"等中华优秀传统,贯穿师德养成,引领师德高尚、儿童为本教师培养及发展需要,推进教师学习中国特有的教育家精神。

(2) 遵循教师培养规律,结合教育教学实际,构建了包含导学、理论学习与实践训练、教学评价等的内容体系,形成了"情景导入＋问题思考＋理论学习＋实践训练＋反思探究"这样一个基本结构,引导师范生自主学习、行动学习、反思学习和研究性学习,充分体现学－思－行－研的教师成长规律。

(3) 注重现代信息技术的融入,将纸质教材与数字课程资源一体设计,数字课程资源包括微视频、案例、拓展学习资料等,并提供教学课件等辅助教学资源。尤其考虑到适应不同层次学生需要,除了教材基本内容外,利用信息技术链接丰富的拓展学习资料、案例,帮助学有余力的师范生进行拓展性、探究性学习。

我们期待本系列教材能为新时代高质量小学教师培养助力,为培养具有"教育家精神"的卓越小学教师贡献力量。

编委会
2023 年 12 月

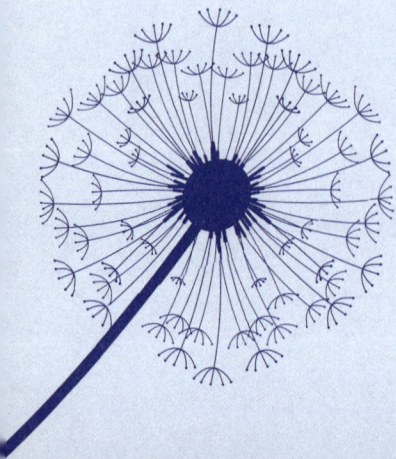

科学教育伴随着人类社会生产力发展和生产水平的提高而诞生并发展,从原始社会生产生活实践中的言传身教,逐步成为学校教育中的学科课程。纵观国际科学教育发展史,制度化的科学教育从诞生至今仅 200 余年。伴随着产业革命和科技革命的不断推进,当前比过去任何时候都更加需要高质量的科学教育,以激发青少年的科学兴趣,提升青少年的科学素养,满足拔尖创新人才培养需求。

我国科学课程建设起步较晚。2001 年 6 月,教育部印发《基础教育课程改革纲要(试行)》,其中规定,小学中、高年级开设综合的科学课程,初中阶段设置分科与综合相结合的科学课程。同年,教育部印发《全日制义务教育科学(3~6 年级)课程标准(实验稿)》。直到 2017 年,《义务教育小学科学课程标准》的颁布才标志着小学科学课程被正式纳入我国小学各学段的课程计划。紧接着,"素养导向"下的课程改革使得科学课程的发展更进一步。2022 年,《义务教育科学课程标准(2022年版)》颁布,该标准指导现阶段小学科学课程与教学。

小学科学课程与教学论是在科学教育理论与实践研究过程中建立和发展起来的一门专业教育类课程,研究的是小学科学课程与教学的规律、特征及其实践应用,包括教学规律等事实问题、价值问题及技术问题,对于指导小学科学教师的科学教育实践具有重要价值。本教材立足新一轮科学课程改革对科学教师的要求,结合《义务教育科学课程标准(2022 年版)》的要求,分析小学科学课程与教学问题,以便科学教育工作者更全面地认识小学科学教育。

具体而言,本教材由三大部分构成。第一部分为"对科学课程的认识",包括第一章到第三章,阐明科学课程的性质、育人价值、发展历程,介绍小学科学课程的指导纲领,剖析国际视野下的小学科学课程改革的主要特征和理论基础等。第二部分为"对科学教学的认识",包括第四章和第五章,在"学"与"教"两种视角下,对教学过程中可能产生的问题进行讨论,阐述与小学科学学习相关的内容,以及教师如何基于学生的学习心理进行教学设计。第三部分为"对科学课程与教学实施的认识",包括第六章到第九章,指向课程与教学的融合,从小学科学课程实施、教学实施、教师专业发展与课程资源、课程与教学评价等方面对师范生在未来具体实践中可能遇到的关键问题给予解答。

在每一章的内容编排上，本教材注重教、学、评一体化设计，章首设计学习目标、知识地图、关键问题、经验联结四个栏目，让学习者明确本章学什么、怎么学；章内设置学习活动、知识链接和思维发散三个栏目，让学习者以任务驱动、实践应用的方式达成学习目标；章尾设计学习评价、理解·分析·实训两个栏目，使学习者通过自评、互评、师评的方式发现问题，获得反馈，作出调整。

本教材主要面向小学教育专业或科学教育专业师范生，旨在帮助他们更系统、全面地了解当前小学科学课程与教学的理论与实践，也同样适用于在职小学科学教师的继续教育，还可供小学科学教师、教研员和科学教育研究人员日常参考。学习者在阅读本教材时，可以完整翻阅，从而对小学科学教育形成整体印象；也可以将其当作工具书来看，针对具体需求选择某些章节进行阅读，自行拓展学习。

本教材由华中师范大学崔鸿、北京师范大学郑永和担任主编，临沂大学朱家华、杭州师范大学赵博以及北京师范大学博士后杨杰担任副主编，各章执笔者如下：第一章，朱家华；第二章，薛松（淮阴师范学院）；第三章，崔鸿、王梦倩（华中师范大学）；第四章，赵博；第五章，李佳涛（杭州师范大学东城小学）、崔鸿；第六章，郑永和、杨杰；第七章，吴开其（四川省泸县第二中学）、郑永和；第八章，邹传龙（山东省青岛市教育科学研究院）、郑永和；第九章，崔鸿、温馨扬（华中师范大学）。

本教材在编写中参考或引用了众多文献、案例，我们尽最大可能对作者、出处等做了注明。在此对这些文献、案例的作者表达忠心的感谢。也请各位专家学者及读者在使用本教材的过程中，针对本教材提出宝贵意见，以便我们在修订的时候予以完善。

目录

第一章
小学科学课程的地位与发展

■ **学习目标**

1. 认识小学科学课程的性质与育人价值。

2. 能概述世界科学教育与科学课程的发展历程。

3. 了解我国小学科学课程的发展历程,能概述《义务教育课程方案(2022 年版)》对科学课程的基本要求。

■ 知识地图

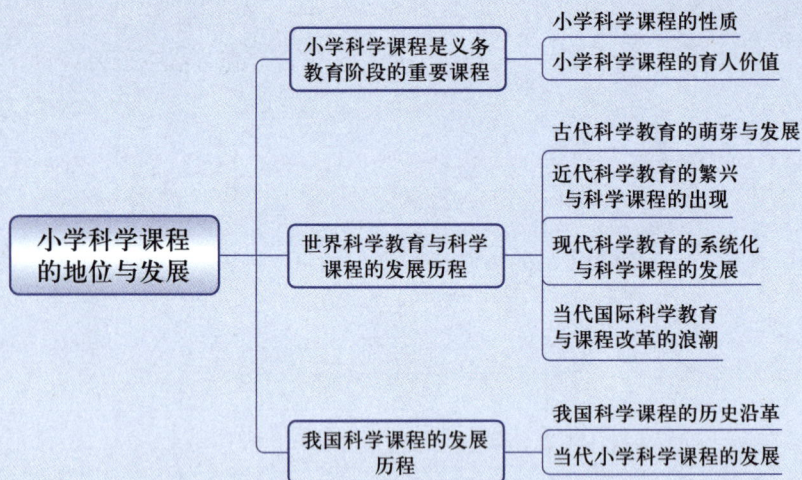

■ 关键问题

小学科学课程的性质是什么?

小学科学课程有何育人价值?

世界科学教育与科学课程的发展经历了哪几个阶段?

我国科学课程的发展经历了怎样的过程?

■ 经验联结

这是发生在科学课堂上的一个案例：

夏天来了，小朋友们发现了一个问题：太阳太烈了，植物要被晒死了，怎么办？老师带领小朋友们迅速想出了解决办法——做遮阳棚。于是，通过课堂上的努力，师生用遮阳伞和其他材料制作了遮阳棚。

这是一节生动的科学课吗？观课的专家们意见不一。有的专家认为，从形式上看，有驱动性问题，学习主题与生活相关联，小朋友们都进行了实践探索并制作了成果——遮阳棚，这是符合科学课程的特征的。可是，首先，从学习内容和育人效果来看，最根本的问题其实未得到解决——植物虽然晒不死了，但是也得不到充足的阳光了；其次，从学生的成长意义上来看，学生并未对科学现象进行充分的思考，学习的目的过早地被转移到了"制作遮阳棚"这一主题上，如何防止植物被晒死不是目的，而制作遮阳棚却变成了目的，科学课变成了手工课。

对此，你怎么看？科学课程的性质是什么？小学生为什么要学习科学？科学对孩子们的发展有什么作用？历史上的科学课程是怎样开设的？目前的小学科学课程又是如何设置的？这是每一位科学教师在走上讲台之前，脑海中都会盘旋的几个问题。

第一节　小学科学课程是义务教育阶段的重要课程

科学是在一定的社会背景下,人类认识客观世界的可靠系统,是人类在实践中通过可靠的思维态度、工具方法、活动过程等,形成经验或结论的过程。科学为人类认识和理解客观世界提供了系统的思想方法、价值观念、思维方式和精神力量。

小学生正处于身心快速发展的"黄金阶段",小学阶段的科学教育主要是通过科学课程完成的,这对小学生的成长具有重要作用。义务教育科学课程是一门体现科学本质的综合性基础课程,具有实践性,这是当前科学教育界达成的共识。

一、小学科学课程的性质

学 习 活 动

扫描二维码,阅读《义务教育科学课程标准(2022 年版)》中关于"课程性质"的表述,思考:小学科学课程具有怎样的性质? 为什么具有这些性质?

义务教育科学
课程性质

(一) 小学科学课程是一门基础性课程

义务教育阶段,尤其是小学阶段的大部分课程都有基础性的特点。小学科学课程和小学语文、小学数学等课程一样,为学生掌握特定的知识内容,形成思维方式,养成态度与习惯等打下重要基础。

小学科学课程的基础性,是通过小学科学课程的目标定位体现的。《义务教育科学课程标准(2022 年版)》(以下一般简称《科学课程标准》,在不同版本课程标准同时出现时,称 2022 年版《科学课程标准》)指出,科学课程有助于学生保持对自然现象的好奇心,从亲近自然走向亲近科学,初步从整体上认识自然世界,理解科学、技术、社会与环境的关系,发展基本的科学能力,形成基本的科学态度和社会责任感,逐步树立正确的世界观、人生观和价值观,为今后学习、生活以及终身发展奠定良好的基础;有助于提高全民科学素质,促进经济社会发展和科技强国建设。

基础性是小学科学课程的重要特点,通过科学课程,学生不仅能够在亲历科学探究实践的过程中,初步了解与其认知水平相适应的一些基本的科学知识、科学方法,形成基本的科学能力,并且能在教师的引导下,树立正确的科学观念,从而为终身发展奠定良好基础。

(二) 小学科学课程是一门实践性课程

科学是人类在研究自然现象、发现自然规律的基础上形成的知识系统,以及获得这些知识系统的认识过程和在此过程中所利用的方法。概而言之,科学是人类有意识、有目的的实践活动。实践性既是科学的本质特征,也是科学课程的重要特征。

在小学科学课程中,探究实践是学生学习科学的重要过程和重要目标,"科学探究"是"科学实践"的基本方式,科学课程中的探究实践在基本内涵上包括两个方面:一是"科学即探究实践的过程",指对科学知识本身的探究,科学被视为一种探究实践过程;二是"基于探究实践的教与学",指科学课程的教与学的过程本身即为一种探究实践。因此,在科学课程的教学中,一方面,学生的学习材料要展现科学的探究实践;另一方面,学生通过这些材料被引导参与探究实践。[①]在科学学习中,学生的"学"是积极的、主动的,教师的"教"是启发性的、引导性的;科学结论的传递是间接的,学生要通过主动探究来获取科学结论;教学的过程具有情境性,要引导学生在情境中展开探究,得出科学结论。

因此,科学的认识与发展是基于实践的,学生在科学学习中获得的经验也主要来自自身实践,学生尤其要像科学家一样,提出科学问题、运用科学方法、进行科学探究、获取科学证据、作出科学解释,这才是科学课程实践性的具体体现。课堂上的科学实验、科学观察、科学发明制作、科学现象体验,以及课外的田野调查、研学旅行、实地考察、校园里的系列科学实践活动等都是科学课程中常见的实践活动。

在小学科学课程的探究实践活动中,学生需要基于一定的科学问题,设计探究方案,并展开探究活动,从而得出问题的答案。探究本身是基于活动的,这种活动不仅包括外在的身体活动,而且包括内在的思维活动。科学探究实践活动是多种多样的,可以是学生在教师指导下的科学小制作,也可以是学生在教师指导下的科学实验,还可以是学生自主开展的家庭小实验等。

(三) 小学科学课程是一门综合性课程

近代科学发端于中世纪的欧洲。随着古希腊文化在欧洲复兴,人们意识到了科学的巨大价值,科学得以成为"可靠的知识"。物理学、生物学、化学等逐渐从自

---

① 韦冬余.科学本质与科学教学:施瓦布科学探究教学思想研究[M].南京:南京大学出版社,2016:71.

然科学中脱离出来,成为具有独立体系的学科。而在当今科学界,学科交叉融合逐渐成为趋势。处理许多复杂科学问题往往要依靠多元的、专业的复合型研究团队。生物物理学、天体物理学、化学生物学等交叉学科正在兴起。纵观科学的发展史,科学从综合走向分离,再从分离走向多元交叉,这与特定历史时期的社会背景、生产力水平和研究范式是息息相关的。

在整个义务教育科学课程的设置上,科学史是一条内容编排的暗线。科学课程的设置从小学低年级到小学高年级,再到初中,整体也体现了从综合走向分科的特点,与科学史的发展逻辑相一致。小学科学课程作为学生认识和接触科学的基础课程,体现了人类探索科学的历程,更侧重不同领域知识和方法的综合。小学科学课程内容涉及"物质科学""生命科学""地球与宇宙科学""技术与工程"4个学科领域。按照《义务教育课程方案(2022年版)》的要求,科学课程以核心素养为导向,基于时代性和基础性,凝练出13个学科核心概念,以此形成科学课程的主要内容,并且打破学科领域的界限,增加了4个跨学科概念,横向连接13个学科核心概念,使科学课程内容更加系统、综合。

由于内容上的综合性,小学科学课程在学习方法、教学策略、学习环境等方面展现出综合性。小学科学课程倡导探究性学习,强调在探究中让学生经历科学实践的过程,因此,情境创设、小组合作、科学史教学、论证式教学、项目化学习等都是适合科学课程的有效教学策略。此外,在小学科学课程实施过程中,教育者还可以充分发挥社会教育资源的优势,各类科技馆、动植物园、天文馆、科研院所以及各类乡土科学教育资源,都可以成为开展科学课程教学可利用的资源。

(四) 小学科学课程是一门与其他学科有密切联系的课程

在小学阶段,科学课程与语文、数学、道德与法治、信息科技等课程有着密切的联系。例如,语文课程中包含了大量与科学活动、科学家有关的故事,这些故事与科学课程内容共同促进学生对科学活动和科学家的认识;同时,学生在语文课程中对语言知识的学习有助于其更清晰、透彻地理解和学习科学课程内容。而数学是科学的重要支柱,自然科学是用数学语言表述的,因此数学与科学课程密不可分。同样,道德与法治、信息科技等课程也与科学课程密切相关,甚至部分内容相互交叉重叠。例如,环境问题是道德与法治、科学课程共同关注的话题,而电子计算机、互联网等既是科学课程的内容,也是信息科技课程的重要基础。

二、小学科学课程的育人价值

学 习 活 动

扫描二维码,观看小学科学课堂教学实录(片段),思考:小学科学课程具有哪些育人价值? 如何在科学课堂中彰显其育人价值?

课例:光的反射
(片段)

科学课程的育人结果是什么? 《科学课程标准》指出,科学课程要培养的学生核心素养,主要是指学生在学习科学课程的过程中,逐步形成的适应个人终身发展和社会发展所需要的正确价值观、必备品格和关键能力,是科学课程育人价值的集中体现,包括科学观念、科学思维、探究实践、态度责任等方面。因此,科学课程的育人价值是在学生科学观念、科学思维的发展,探究实践的亲历和体验,态度责任的形成过程中实现的。这种育人价值超越知识学习本身,持久作用于学生核心素养的形成。

从小学科学课程的直接学习结果来看,学生获得的是关于认识和理解客观自然世界的经验,这些经验是小学科学课程育人价值的直观体现,同时也内化为学生的核心素养。这些经验的获得需要经历两个过程。

第一,获得可靠的科学事实。科学事实是描述客观世界的依据。学生如何获得科学事实? 这需要学生有一定的科学探究能力,并掌握处理科学事实的手段——科学方法。科学方法分为两类,一类为经验方法,主要是指采取技术性的手段,利用数学或统计的方式,对时空横截面上的事实进行描述;另一类为逻辑方法,主要是运用逻辑推理,对已经发生的事实或将要发生的事实进行归纳演绎。第一类方法直接影响学生探究实践的效果和质量,第二类方法则与学生的科学思维能力相关联。

第二,建构正确的科学解释。解释身边世界所发生的一切是科学最重要的目的。获得可靠的科学事实之后,人们尚不能获得关于客观自然世界的全面经验,只有通过科学推理和论证,利用获取的科学事实建构起合理的科学解释,才能最终获得关于客观世界的真理,形成稳定而可靠的经验。

上述两个方面是科学课程育人价值的直观体现。这两个方面的过程既体现了科学学习的一般过程,又在内在上与科学观念、科学思维、探究实践和态度责任直接关联。

我们再来反思一下本章开篇提及的课堂教学案例。在这则案例中,"制作遮阳棚"代替了探究"如何防止植物被晒死"这一科学问题是人们的争议所在。从彰显科学课程育人价值的角度出发,实施怎样的教学过程,才能让教学中的驱动性问题得到更合理的解决？首先,教师应帮助学生厘清事件背后的概念——植物生长和阳光的关系。接下来,要引导学生对现象进行充分观察——植物真的要被晒死了吗？哪些比较严重？哪些不太严重？哪些没有受到影响？随后,要求学生提出创造性解决方案——对容易被太阳晒伤的植物,在现实世界里有哪些解决方案？当前的事件情境可以怎样与之联系和转换？然后,引导学生进行决策分析——这些方案都有哪些优缺点？哪个方案最适合我们目前的情况？最后,帮助学生进行反思与迁移——我学到了什么？我还可以用这个办法解决哪些问题？

思维发散

1. 结合小学科学课程的性质,思考如何恰当地将课程性质融入小学科学教学工作。

2. 小学科学课程还有哪些育人价值？

第二节　世界科学教育与科学课程的发展历程

科学并不是近几百年才出现的,早在原始社会时期,生产劳动中就有了无意识的科学实践活动。同样的,早期社会也出现了教育活动的萌芽。而正式的科学课程是社会发展到一定历史阶段的产物,是伴随着近代科学的发展、教育的发展而产生的。

一、古代科学教育的萌芽与发展

学习活动

查找资料,思考:古代科学教育具有怎样的特点？与所在时代的社会背景具有怎样的联系？

古代的四大文明古国都产生过各具特色的科学知识。例如,古埃及有相当丰富的天文学和数学知识,医学成就尤为突出,这与其宗教信仰方面的需求——制作木乃伊——是分不开的,木乃伊的制作促进了外科的发展。在知识传承的过程中,古代科学教育萌芽,古埃及产生的宫廷学校、祭司学校、神庙学校、文士学校等承担了传递知识的职责,这些学校教育中包含对科学知识的传授。在中国,重视现实世界、遵从生活经验的民族特性决定了中国科学的实用性和经验性,农、医、天、算四大核心学科由此形成。[①] 在科学教育方面,比较有代表性的是春秋战国时期的墨子(约前 468—前 376),他重视科学和技术的教育,在生产、军事科学技术及自然科学上都有很高的造诣,内容涉及数学、光学、声学、力学以及心理学等许多方面。四大文明古国时期,人们关于科学的认识主要来自生产生活经验,产生的科学解释往往是无意识的、基于经验总结的。

古希腊时期(约前 800 年—前 146 年),自然哲学家们对科学的认识得到进一步的发展。古希腊文明是西方文明的源头之一。古希腊得天独厚的地理和政治优势,催生了一批自然哲学家。"首先对这些知识加以理性考察的,首先探索其各部分之间的因果关系的,事实上也就是首先创立科学的,应该说是希腊爱奥尼亚的自然哲学家。"[②] 古希腊的地理位置决定了他们容易接触到古埃及与古巴比伦两个伟大的文明国度,而古希腊人长于纯粹思考,他们将两个文明古国已取得的常识经验进行整理,通过思索、探究,逐渐发现其背后的科学原理,从而推动科学发展形成了一个伟大高峰。

在古希腊,我们可以看到泰勒斯和毕达哥拉斯创立、欧几里得加以系统化后的几何学,毕达哥拉斯学派的数学,希波克拉底的医学,阿基米德力学,亚里士多德的天文学、物理学、生物学;我们还可以看到留基伯和德谟克利特的原子论,托勒密的地心说,阿利斯塔克的日心说。古希腊的自然科学是与其哲学紧密联系在一起的,古希腊的自然哲学体系庞大,对后世的哲学发展产生了极大的影响。"在希腊哲学的多种多样的形式中,几乎可以发现以后的所有看法的胚胎、萌芽。"[③]

繁荣的科学发展带来了科学教育的发展。古希腊是一些奴隶制城邦的总称,在这些奴隶制城邦的教育中,最具有代表性的就是斯巴达和雅典的教育。斯巴达的社会政治状况决定了其教育的性质:进行单纯的军事教育,忽视文化教育,更别说开展科学教育了。但是在雅典,发达的工商业以及频繁的贸易往来,使它的教育无论在教育目的、组织形式上,还是在内容和方法上,都比斯巴达的教育更广泛、灵活、丰富。雅典不仅重视军事教育,还重视文化知识的传授。一批批的"智者"从外邦来到雅典,讲授修辞学、哲学、自然科学、天文学、法学等内容,后来柏拉图于公元前 387 年建立学园,其学园是雅典最早的高等学府,重视对各种知识的教育,特别是数学教育,同时学生要在 17 岁时进入高一级学校学习"四艺"——

① 吴国盛.科学的历程[M].长沙:湖南科学技术出版社,2018:77.
② 丹皮尔.科学史及其与哲学和宗教的关系[M].李珩,译.桂林:广西师范大学出版社,2001:绪论 8-9.
③ 恩格斯.自然辩证法[M].中共中央马克思恩格斯列宁斯大林著作编译局,编译.北京:人民出版社,2015:45.

算术、几何、天文、音乐。古希腊的文化和教育在后世欧洲的文化教育发展史上打上了深深的烙印,发达的雅典教育对后来整个欧洲的教育都产生了相当大的影响。

古罗马时期,科学开始持续衰落。基督教兴起、西罗马帝国灭亡、柏拉图学园被封闭和亚历山大里亚图书馆被烧,可以看成古典文化衰落的标志。[①] 此后,从5世纪到11世纪,欧洲进入长达五百多年的黑暗时期,在这个时期,教会在政治上成为统治者,在思想上成为垄断者,一切与神学无关的文明遭到严重的破坏。"中世纪的历史只知道一种形式的意识形态,即宗教和神学。"[②] 在这样一个时期,欧洲的教育主要是宗教教育,目的是培养宗教人士,根本谈不上什么科学教育。

11世纪之后,欧洲开始从漫长的黑暗中苏醒。随着阿拉伯人的先进科学与古希腊的自然哲学文献的传播,以及城市工商业的发展,人们对知识越发渴望。在原有教会学校的基础上,欧洲各地开始出现大学,如意大利的萨勒诺大学、英国的牛津大学和剑桥大学等。欧洲学术得以复苏。这些大学虽然还是以宗教教育为主,但同时也传授科学知识,尤其是数学知识。

相比欧洲科学发展的一度停滞,同时期我国的科学技术和科学教育有了长足的发展,科学体系得以发展与完善。例如,我国产生了指南针和火药,加上造纸术、印刷术,这四大发明后经阿拉伯人传到欧洲,为人类的科学技术发展做出了卓越贡献。在科学教育方面,隋唐时期形成了专门传授专业知识的专科性学校,如数学专科学校(算学馆)、医科专科学校(医学馆)、天文历法专科学校(太史局)等,用以培养专业人才。这些是世界上最早的专科学校,在世界教育史上有崇高的地位,并且直接影响了朝鲜、日本的教育。隋唐科技教育的发展提高了人们献身于科技的热情与积极性,推动了人类认识的前进以及我国古代科学技术和科学技术教育的发展。

二、近代科学教育的繁兴与科学课程的出现

中古后期(14世纪至16世纪),欧洲开始从封建社会向资本主义社会过渡,而近代自然科学也在这一时期诞生和发展,这就是欧洲的第二次学术复兴,即著名的文艺复兴。14世纪到19世纪60年代,即近代科学教育阶段。

---

① 吴国盛.科学的历程[M].长沙:湖南科学技术出版社,2018:155.

② 马克思,恩格斯.马克思恩格斯选集:第4卷[M].中共中央马克思恩格斯列宁斯大林著作编译局,编译.北京:人民出版社,2012:242.

学 习 活 动

查找资料,思考:近代科学教育具有怎样的特点? 与所在时代的科学发展具有怎样的联系?

(一) 文艺复兴时期

文艺复兴是发生于 14 世纪到 16 世纪的一场欧洲思想文化运动,最先在意大利兴起,后扩散到西欧各国,揭开了欧洲近代历史的序幕。恩格斯曾这样评论过文艺复兴:"这是人类以往没有经历过的一次最伟大的、进步的变革,是一个需要巨人并且产生了巨人的时代,那是一些在思维能力、激情和性格方面,在多才多艺和学识渊博方面的巨人。"[1] 在这个时期,古希腊自然哲学的整体面貌全面复兴,柏拉图主义重新支配了研究自然的学者们的思想。哥白尼的《天体运行论》提出,太阳处于宇宙的中心,地球和其他行星都围绕着太阳运动,即"日心说"。"日心说"的提出剥夺了神赋予地球的特殊位置,地球成了宇宙中一颗普通的行星,宗教神学的教义遭到了毁灭性的打击。哥白尼"日心说"的提出,标志着神学宇宙观的破灭,人类认识自然的观念发生了巨大变化,其宇宙观从有限的、封闭的世界,走向一个无限的宇宙。这场宇宙论革命,既是天文学的,也是人类学的;既带来了世界图景的改变,也导致了欧洲人心灵的重建。[2]

文艺复兴反映在教育方面的基本内容是人文主义。人文主义的核心是提倡以人为中心,反对中世纪神学以神为中心,贬低人的地位、价值与存在的观点,提倡人类的个性自由发展,在教学内容上把古典文化和自然科学放在首位,提倡世俗教育和科学知识。文艺复兴运动对教育理论的发展起到了积极作用,许多人文主义的哲学家、政治家都对教育理论进行了新的探索,在教育内容上,均提出了学生要进行自然科学的学习。

在文艺复兴之后,科学正式从神学中独立出来,并且作为专门课程,正式进入学校的殿堂。在过去的几个世纪,学校只教授"七艺",而且"七艺"中的算术、几何、天文和音乐一直不被重视。文艺复兴时期,新增了诸如地理、物理等教学内容,自然科学的地位得到了极大的提升。文艺复兴之后,相对于以古典、呆读、死记为特征的经院教育,系统传授几何学、力学、天文学、地理学的现代意义上的科学教育正式产生了。

---

① 马克思,恩格斯.马克思恩格斯选集:第 3 卷[M].中共中央马克思恩格斯列宁斯大林著作编译局,编译.北京:人民出版社,2012:847.
② 吴国盛.科学的历程[M].长沙:湖南科学技术出版社,2018:39-40.

（二）从 17 世纪下半叶到 19 世纪中叶

17 世纪下半叶到 18 世纪中叶是近代科学发展的第一时期。17 世纪下半叶，由文艺复兴时期开始的科学革命继续深入发展，在伽利略和开普勒的研究基础上，牛顿总结了力学和天文学方面的一系列重大发现，建立了牛顿力学体系——牛顿三大定律和万有引力定律，即经典力学体系。在光学方面，牛顿发现了白光是由不同颜色的光构成的，还创立了光的微粒说；同时代的惠更斯提出了光的波动说。在数学方面，牛顿和莱布尼茨同时创立了微积分。此外，生物学和生理学有所发展，例如，博物学家林奈提出了动植物分类体系，生理学家哈维提出了血液循环说。在化学方面，波义耳最终完成化学脱离炼金术的工作。由此，近代科学形成了比较完善的科学体系。

18 世纪中叶到 19 世纪中叶是近代科学发展的第二时期。这一时期，各个领域的科学均有了长足的进步。在物理学方面，热力学第一定律和热力学第二定律逐步建立；电磁理论取得长足发展，麦克斯韦在继承法拉第研究的基础上，利用数学创造性地建立起经典电磁理论的完整体系。数学领域在许多新的研究问题上取得了进展，例如，复变函数论以及微积分理论基础的建立，伽罗瓦理论、非欧几何的诞生，等等。在生物学方面，细胞学说和生物进化论被提出。在化学方面，道尔顿的近代原子论和门捷列夫的元素周期律等被提出。

科学技术大大推动了生产力的发展。从 17 世纪中叶开始，西欧各国纷纷建立科学院和各种学会。这样的趋势也反映到教育领域中来，各个资本主义国家的教育都先后从以古典主义为主的人文主义教育转向以数学和自然科学为主的现代意义上的科学教育。这在中等教育阶段和高等教育阶段最为明显：在中等教育阶段，由于科学的进步、工商业的发展，原有的中学难以满足社会需求，因此出现了一些与传统学校性质不一样的新式实科学校；在高等教育阶段，受培根的唯物主义思想和牛顿的物理科学体系的影响，学校均开始重视自然科学知识的教学。

例如，在英国，许多大城市出现了与传统中等学校不同性质的学校，名叫阿加德米（Academy），这种学校虽然以培养教士为主要目的，但是已经开始关注自然科学的教学。在高等教育阶段，大学开始容纳自然科学，开设自然科学课程。德国还出现了实科中学，教学内容涉及数学、物理学、力学、自然等多个学科，高等教育也加入实用性学科（数学、物理、地理等）。在俄国，1701 年彼得一世在莫斯科开办了第一所实科中学，即数学和航海学校，学校的课程有算术、代数、几何、天文、地理、航海学等；俄国还开设了炮兵学校、外科医学校、工程学校等实科学校。在高等教育领域，俄国创办了莫斯科大学，这促进了自然和社会科学的发展。美国也出现了偏重实科教学的新式中学,在高等教育领域,仿照英国牛津大学和剑桥大学开办了诸如哈佛大学等一批高校,教学内容包括自然科学知识(如植物学、物理学等)。

资本主义制度在欧美各国的胜利和发展,特别是资本主义工业革命运动的兴起和发展,对学校教育的发展产生了深刻的影响。资产阶级为了适应日益发展的大工业生产需要,对教育的领导制度、学校制度、教学内容和教学方法等进行了调整和改革。这一时期,学校的双轨制逐渐形成,普及义务教育被提出并初步实施,实科教育进一步受到重视。科学教育在这一时期逐渐走向了制度化。

三、现代科学教育的系统化与科学课程的发展

1859 年,英国哲学家和社会学家斯宾塞在《什么知识最有价值?》一文中,系统地阐述了其科学教育思想。斯宾塞倡导学校的科学教育,构建了以科学知识为中心的课程体系,推动了实科教育的发展。同样,从科学教育的实际状况来看,19 世纪上半叶,虽然一些欧美工业化国家在一些大学和少数中学开展科学教育,但科学教育的制度化却是 19 世纪中叶以后的事,所以说现代科学教育是从 19 世纪中叶开始的。

(一) 19 世纪中叶至 19 世纪末

从 19 世纪中叶至 20 世纪中叶,以电动机的广泛使用为标志的第二次产业革命推动了社会生产力和科学技术的进一步发展。19 世纪的一系列科学发现转化为技术成果,内燃机、汽车、汽轮机相继出现,这一系列的科学发展也推动了各国的教育改革运动。斯宾塞在《什么知识最有价值?》一文中从进化论的观点出发,通过比较各种知识的价值,摈弃世人的偏见,实事求是地指出了近代科学对于社会进步和个人生活的价值和意义。[1] 但是即使有斯宾塞这样的大哲学家强调科学教育的重要性,在 19 世纪六七十年代的英国,科学教育的发展仍较缓慢。

同时期的赫胥黎以科学家的身份声援斯宾塞,在英国掀起了一场声势浩大的科学教育改革运动。他充分论证了科学教育的地位和作用,对传统的古典教育进行了有力的批判,还对古典教育方式对科学教育的不良影响进行了深刻的揭示。赫胥黎提出:"所有真正的科学都是从经验开始的,但是,所有的科学恰恰都力求超越这个经验阶段,进入从经验中演绎出更普遍的真理的阶段。"[2] 学习科学知识首

---

[1] 丁邦平. 国际科学教育导论[M]. 太原:山西教育出版社,2002:56.
[2] 赫胥黎. 科学与教育[M]. 2 版. 单中惠,平波,译. 北京:人民教育出版社,2005:228.

先需要学会观察,在课堂上教师必须尽可能地利用实物,使教学生动、真实。

随着科学教育逐渐进入学校课程,这一时期科学教育先后形成了三种不同的课程与教学模式,即实物教学、小学科学和自然学习。与此相适应,科学教育的三大目标出现,分别是:理解和掌握科学知识;理解和运用科学方法;促进个体社会性发展。[①] 它们不仅在当时有利于科学教育的实施,也对 20 世纪各国的科学教育产生了一定的影响。

(二) 20 世纪上半叶

进入 20 世纪,科学教育随着社会变革经历了一系列变化和改革,科学技术得到进一步发展,中等教育在工业化国家逐渐普及。欧洲发生了以新教育运动为特色的教育改革;美国出现了进步教育运动;在中国,科学教育随着现代教育制度的建立而逐渐扎根并迅速发展。[②]

随着欧美国家工业化进程的进一步加快,社会对教育提出了新的要求。一些教育改革家通过创办新式学校和实验学校,宣传新教育思想,进行教育改革。这种教育思想和实践以适应现代生活的需要为重要突破口,主张学校课程开展更多与当前社会有关的教学。[③]

比如,在欧洲的新教育运动中,教育家们一般将学校建立在乡村,目的在于为学生营造自由探究的现实场景,扩展学生的活动范围,在探究中培养学生的多方面能力。进步主义教育运动的代表杜威反对向学生灌输科学的概念和定律,主张学生在"做中学",将学生的学习过程视为科学研究的过程。[④] 在杜威看来,在科学教育中重要的不是教会学生科学知识,而是帮助学生掌握有效的科学方法。这一时期,受进步主义教育思想和课程理论的影响,美国的科学课程在教学内容上强调实用性,认为科学教育应当向学生提供作为未来公民直接有用的知识,在教学方法上则重视让学生用所谓的"科学方法"解决问题,同时也十分注重培养学生的科学态度。[⑤]

我国的科学教育是从 19 世纪末兴起的,但与西方国家走了完全不同的道路。第二次鸦片战争后,我国的民族资本主义逐渐发展,办"洋务"、兴"西学"之风兴起,其中西学包括西政和西艺,西艺即算、绘、矿、医、声、光、化、电。20 世纪 20 年代中期,新文化运动的倡导者、发起者陈独秀等人率先举起"民主"和"科学"两面

① 丁邦平. 国际科学教育导论[M]. 太原:山西教育出版社,2002:66.
② 丁邦平. 国际科学教育导论[M]. 太原:山西教育出版社,2002:74.
③ 祝怀新,等. 科学教育导论[M]. 北京:中国环境科学出版社,2005:15.
④ 杜威. 民主主义与教育[M]. 王承绪,译. 北京:人民教育出版社,2001:24.
⑤ 丁邦平. 国际科学教育导论[M]. 太原:山西教育出版社,2002:85-89.

旗帜。在科学方面,他们提倡学习西方的科学精神,尊重科学规律,用科学的态度看待客观事物,破除旧迷信、避免盲从武断,最终目的是要帮助国民脱离蒙昧时代。这一时期,世界范围内的进步主义教育运动方兴未艾,我国教育界的有识之士纷纷介绍和宣传外国教育思想。一时间,卢梭、斯宾塞、赫尔巴特和杜威的教育思想陆续传入我国,促进了我国科学教育的发展。

四、当代国际科学教育与课程改革的浪潮

从 20 世纪 50 年代中期开始,科学技术的日新月异使科学教育改革的浪潮逐渐席卷全世界,世界各国纷纷进行科学教育改革,改革的范围涵盖了科学课程的理念、内容、评价等方面。世界范围内的综合科学课程自 20 世纪 50 年代末开始迅速发展,70 年代达到高潮。时至今日,国际科学课程改革已形成四次浪潮。

学 习 活 动

查阅文献资料,交流并汇报:当前哪些关于学习科学和认知科学的研究成果对科学教育具有重要启示?科学教育改革又是如何回应这些研究成果的?

(一)第一次改革浪潮

20 世纪 50 年代末 60 年代初,受苏联第一颗人造卫星发射成功的影响,美国掀起了第一次科学教育改革的浪潮,这被称为"作为学科知识的科学时期",其目标是培养科学家,课程改革的焦点是学科知识的现代化及其结构。

1959 年,35 位科学家和心理学家参加了美国教育科学院在伍兹霍尔召开的会议,讨论关于普通学校数学、自然科学等学科教学质量及其改革的问题。会议形成的观点之一是,当时的学校课程缺乏严密的科学体系,教材不能反映最新的科学技术成果。为此,会议提出课程与教材改革的重心应当是科学家和学者重新制定课程和编写新教材。[1]同时,20 世纪中叶,美国科学教育确立的三大科学教学目标发生了显著的变化,包括:个体社会性发展的目标不再像 20 世纪上半叶那样受到重视;科学知识的目标以新的形式凸显出来,根据布鲁纳的观点,科学学科的结构应更受重视;科学方法在这个时期以"探究""发现""问题解决"等术语出现,它们是达到科学知识教学目标的

[1] 祝怀新,等.科学教育导论[M].北京:中国环境科学出版社,2005:19.

手段。①

　　这次大规模的课程改革促进了科学课程不同流派间的交流和碰撞,加速了科学课程的进一步发展,但是同时也暴露了一些问题,例如:只注重科学体系自身的结构,忽视了学生的认知和发展规律,以及学生的认知结构与科学学科体系结构之间的联系;只注重对学科知识的发现过程,忽视学科之间的联系以及科学与社会实践和学生日常经验之间的联系等。② 但是,至少新的科学课程造就了一批科技精英,不然,我们就无法解释为什么今天美国的科学技术高度发达。加拿大教育专家霍德森指出,关于现代课程的唯一可靠的结论或许是,有些教师使用有些课程教有些儿童在有些目标上获得了成功。③

(二) 第二次改革浪潮

　　20 世纪 70 年代后,人们发现当时的中小学生对科学知识的掌握甚至不如 60年代的中小学生。于是 70 年代中后期又开始了一个重要的教育改革——“回到基础”。“回到基础”学科运动并不像 50 年代和 60 年代的教育改革那样,有明确的倡导者和领导者,甚至没有一种明确的理论作为改革的理论基础。主张“回到基础”的人要求小学阶段的学校教育着重开展阅读、写作和算术的教学,中学阶段则主要把精力集中于教授英语、自然科学、数学和历史等,要提升科学教育在中学阶段的重要性。但我们同样可以看出,“回到基础”学科运动的倡导者在教育上是保守的:他们主张任何一级的学校教育都由教师起主导作用,不得有任何学生自主的活动;教学法包括练习、背诵、每日家庭作业以及经常性测验;他们不仅支持保守落后的教学方式,对师生关系的处理也是专断的,甚至还承认体罚在教学中的合理性。④ 可以看出,“回到基础”学科运动的倡导者对教育的认识还有一定的局限性。

(三) 第三次改革浪潮

　　进入 20 世纪 80 年代,美国中学科学教育迎来了改革与发展的黄金时期。虽然此前的“精英教育”和“回到基础”学科运动使美国中学科学教育取得了一定的成就,但并没有从根本上解决美国中学科学教育中存在的问题。美国于 1983 年 4月发布《国家在危机中:教育改革势在必行》报告,掀起了以“重建学习体系”和“全

① 丁邦平. 国际科学教育导论[M]. 太原:山西教育出版社,2002:95.
② 崔鸿. 初中科学教材难度国际比较研究[D]. 武汉:华中师范大学,2013:2-3.
③ HODSON D. Towards a philosophically more valid science curriculum [J]. Science Education, 1988,72(1),20-21.
④ 宗桂春. 美国中小学课程争议问题述评[J]. 外国中小学教育,1995(6):8-11.

面提高教育质量"为核心的新一轮教育改革浪潮。《国家在危机中：教育改革势在必行》这一报告明确规定了所有要得到文凭的学生在中学要修3年的自然科学,同时提出了中学理科的教学应该使学生初步了解物质科学和生命科学的概念、定律和过程,科学探究和推理的方法,科学知识在日常生活中的应用,以及科学技术发展的社会和环境意义。

1985年,美国又以科学教育为核心制订了《普及科学——美国2061计划》(以下简称"2061计划"),该计划的规模和影响力超过了之前任何一次科学教育改革运动。"2061计划"的理念就是美国的科学教育要面向全体美国公民,要提高公民的科学素养,以适应新世纪不断变化的社会。1989年,《面向全体美国人的科学》通过对全体学生从幼儿园至高中阶段应当掌握的知识、技能以及行为态度进行界定,为改革建立了一个理念基础,指明了所有经历从幼儿园到高中教育的学生应该具备的知识、技能和处事态度。[1]1995年美国颁布的《国家科学教育标准》也是为了配合"2061"计划而出台的,其目的是给美国中小学科学教育提供一个标准统一的指南。

知 识 链 接

"2061计划"的由来

"2061计划"是美国科学促进协会联合美国科学院、联邦教育部等12个机构,于1985年启动的一项面向21世纪、致力于科学知识普及的中小学课程改革工程。当年恰逢哈雷彗星临近地球,改革计划就是为了使美国当时的儿童——21世纪的主人,能适应2061年彗星再次临近地球的那个时期科学技术和社会生活的急剧变化而制订的,所以取名为"2061计划"。

1993年,《科学素养基准》出版,该书在《面向全体美国人的科学》的基础上对科学素养进行了进一步细化和扩充,规定了所有学生在其受教育的特定时间里,尤其是在2年级、5年级、8年级和12年级末,在科学、数学和技术学习方面应该掌握的具体内容。

"2061计划"虽然为美国科学教育的发展提出了长远的发展目标,但是到20世纪90年代初,人们又发现了新的问题:教育系统各层面上的行政管理人员应该如何照着这些目标来管理,科学教师们应该如何照着这些目标来教学,其他相关人员又应该如何照着这些目标来行事,才能确保学生们照着这些目标来学习,而使他们每个人最终都能成为有科学素养

---

[1] 美国科学促进协会.面向全体美国人的科学[M].中国科学技术协会,译.北京:科学普及出版社,2001:1.

的人呢？为了解决这一问题，美国于 1995 年 12 月正式颁布《国家科学教育标准》，该标准详细列出了科学教学标准、科学教师专业进修标准、科学教育的评价标准、科学内容标准、科学教育大纲标准和科学教育系统标准。这六个标准，可以为教师和学校管理人员提供详细的指导。整体看来，该标准具有以下特点：强调对所有学生进行科学教育，即教育平等原则贯穿整个文件；强调理解、学习科学是一个能动的过程；建议发展有一定深度和广度的关于科学内容与科学过程的基本知识；体现了灵活性。

（四）第四次改革浪潮

进入 21 世纪，学习科学和认知发展的研究对科学教育教学产生了深刻的影响，其中较有影响力的事件当属 2005 年美国国家研究理事会（National Research Council, NRC）发布研究报告《学生是如何学习的：课堂中的科学》。该报告提出了科学教学的三大原则：触动学生的"前概念"；注重事实性知识与概念性理解知识对学习所起到的不同作用；注重学生的元认知。概念转变理论与学习进阶理论分别指明了学生概念学习的过程以及概念发展的过程，对《学生是如何学习的：课堂中的科学》的发布起到了重要的理论支撑。该报告及其主要观点对科学教育改革产生了十分重要的影响。

21 世纪以来，人类社会由工业经济迈向知识经济的步伐不断加快。工业时代的常规工作岗位类型不断被削减，而大量新型岗位如雨后春笋般涌现。相比传统工作岗位，这些新型岗位要求从业者具备更综合的技能和创新思维。此外，随着全球公民科学素养的提升和科技的飞速发展，公众在参与科学决策、科学治理方面的呼声也越来越高，这对有限的课堂教学时间提出了挑战——课程内容覆盖全部的科学知识是不现实的。这些因素都促使人们开始反思科学课程要如何适应时代发展。各国教育改革都无法规避的核心问题就是，21 世纪培养的学生应该具备哪些最核心的知识、能力与情感态度，才能成功地融入未来社会，由此引发了教育界对"核心素养"的研究与讨论，如经济合作与发展组织（简称"经合组织"）"素养的界定与遴选：理论和概念基础"项目（DeSeCo 项目）提出的核心素养框架、美国 21 世纪技能联盟提出的 21 世纪技能框架等。

通过十余年的实践与理论尝试，美国 2011 年颁布了《K—12 科学教育框架：实践、跨学科概念和核心概念》（A Framework for K-12 Science Education: Practices, Crosscutting Concepts and Core Ideas，以下简称《框架》）。《框架》在《国家科学教育

标准》的基础上,将科学课程内容分为科学与工程实践、学科核心概念、跨学科概念三个维度,将"科学探究"的说法改为"科学实践",并将K—12年级的内容以学习进阶的形式统整起来。

2013年,美国《新一代科学教育标准》(Next Generation Science Standards, NGSS)正式发布,它的出台体现了美国对提高科学教育质量、增强国际竞争力的诉求,它是在一定时期内推动美国未来科学教育发展的纲领性文件。《新一代科学教育标准》的优势在于:第一,以科学与工程实践、学科核心概念以及跨学科概念呈现教育内容,着重反映科学和工程在现实世界中的实践;第二,科学与工程实践以及跨学科概念被设计在一定的情境中;第三,科学概念的构建贯穿整个K—12体系,强调各个年级间集中而连续的知识体系;第四,着眼于学科内容中一个较小的集合,即关注学生在高中毕业前应知道哪些知识,以及如何理解和应用这些知识;第五,在课堂教学中把工程设计提高到与科学探究同等的水平,并强调工程设计与技术应用中的核心概念;第六,聚焦于使学生为大学和职业生涯做好准备。[1]

在美国的影响下,世界其他国家都开始了新一轮科学课程改革,这次科学课程改革具有三个特点:

第一,回归育人本质,面向学生的自主发展。教育的本质是为了促进个体的发展。各国在新一轮科学课程改革中普遍重视把学生个体的全面发展作为重要内容。例如,澳大利亚科学课程标准中提到注重学习者的多样性,面向全体学生,要求学生追求自己的个人价值等内容,学生被置于学习的主体地位。

第二,重视培养科学素养,注重科学与社会生活的联系。科学素养是指了解和深谙进行个人决策、参与公民事务和个人及文化事务、从事经济生产所需的科学概念和科学过程,包括学生适应自主发展和社会生活所必需的科学知识、科学方法、科学思想和科学精神。各国把提升学生科学素养作为科学教育的重要目标,例如,日本小学《学习指导要领》强调培养学生的素养和能力,在学习方式上注重主体性、互动式、深度学习。

第三,重视科学实践,注重科学探究能力的培养。探究性学习是学生学习科学知识,获得科学技能,形成科学思维和健康科学精神与价值观的重要途径。当前,各国教育人士均比较认同科学教育的过程不应只聚焦于知识的传递,更应当把探究性学习作为科学课程的实施手段,借以培养学生的科学素养。例如,新加坡《小学科学课程大纲》把培养学生科学探究精神作为重要目标。

---

[1] 美国科学教育标准制定委员会.新一代科学教育标准[M].叶兆宁,杨元魁,周建中,译.北京:中国科学技术出版社,2020:11.

思维发散

科学教育的改革既有内因也有外因。纵观历史变迁,科学技术的发展、教育理论的变革对科学课程改革的影响最为直接。进一步查找资料,尝试描述当前科学技术发展、教育理论变革和科学课程之间的关联。

第三节 我国科学课程的发展历程

20世纪初,在杜威实用主义思想的影响下,我国在中学开设了科学课程,但没有得到有效实施。20世纪80年代后期,在国际科学课程改革与发展的影响下,我国部分学校和地区重新对科学课程进行了改革,并取得了一定效果。2001年,在我国新一轮基础教育课程改革中,科学课程被正式写入《基础教育课程改革纲要(试行)》,其地位得到国家认可。2017年,我国正式颁布《义务教育小学科学课程标准》,科学课被提前至一年级开设,并且课程内容的广度和深度均有较大幅度增加,所涉及的课程领域也更为宽泛。2022年,《义务教育科学课程标准(2022年版)》颁布。当前,比较完善且科学的科学课程体系已基本形成。

2022年10月,党的二十大召开。党的二十大报告中有许多关于教育的新思想、新战略、新要求。党的二十大报告指出,"实施科教兴国战略,强化现代化建设人才支撑"。党和国家把教育、科技和人才一并部署,体现了教育是国之大计、党之大计的根本战略思想。青少年是国家的未来和希望,关注科学课程的开设,重视科技人才培养,对推动我国的科技事业进步意义重大。

一、我国科学课程的历史沿革

学 习 活 动

查找资料,思考:我国不同历史时期的科学教育具有怎样的特点?目前我国科学课程的设置与其他国家有何不同?可以从课时、课程内容、教学模式、教材、教学评价等方面进行思考。

早在1922年,中华民国政府颁布《学校系统改革案》,综合科学课程首次被引入我国的课程体系。从1922年到新中国成立,盛行的科学课程教学形式有两种:

一种是物理、化学、生物分别讲授的分科制;另一种是将这三科合成一科,即综合科学课程。[①]总体而言,小学科学课以合科为主,而初中科学课则一直在分科与合科之间做"钟摆式"变化,但以分科为主。新中国成立后,我国小学科学课程的发展可以分为三个阶段。

(一) 第一阶段(新中国成立至 1977 年)

从新中国成立到 1977 年,我国政府先后颁布了一些有关自然(科学)课程实施的纲领性文件,如表 1-1 所示。

表 1-1　新中国成立至 1977 年部分有关自然(科学)课程实施的纲领性文件

时间	文件	科学课程设置	教学内容
1956 年	《小学自然教学大纲(草案)》	一至四年级,结合语文科进行教学;五、六年级单独设立自然科	动植物、人体和保健的系统知识、气象等
1977 年	《全日制十年制学校小学自然常识教学大纲(试行草案)》	小学自然课程在 4—5 年级开设,课时比例为 2.59%	基础的自然常识

新中国成立后,科学课程的内容有了新的变化。相比战争年代以生产性知识为主,教学内容逐渐过渡到以自然常识性知识为主,兼顾生产性知识;从形式上看,科学课程内容分散且系统性不强的问题仍客观存在,根本原因是我国当时对公众学习科学知识的要求整体不高,对科学课程不够重视。从世界范围来看,这一时期进步主义课程思潮盛行,其强调以儿童为中心,相较于传统教育有所进步,但也存在诸多不足。例如,过分强调以儿童为中心而忽略教育的社会责任,过于强调以活动为中心而易导致知识支离破碎,等等。

(二) 第二阶段(1978—2000 年)

1978 年,我国实施改革开放,国际科学课程改革和课程理论研究的成果被介绍进来,尤其是科学、技术与社会(Science,Technology and Society,STS)和综合理科等课程,给国内科学教育界极大的震撼。在 20 世纪 80 年代中小学科学课程改革呼声高涨的背景下,我国颁布了一系列的政策文件来促进科学课程改革,如表 1-2 所示。

---

① 骆炳贤,何汝霖.中国物理教育简史[M].长沙:湖南教育出版社,1991:86.

表 1-2   1978—2000 年我国部分课程文件中与科学相关的内容

时间	文件	科学课程设置	科学课程的教学内容
1978 年	《全日制十年制中小学教学计划(试行草案)》	小学设置自然常识课,中学设置物理、化学、生物、农基课程	现代科学技术的物理基础知识,化学基本原理,生物中的动植物以及遗传变异等
1981 年	《全日制五年制小学教学计划(修订草案)》	更名为"自然"课程,起始年级提前至小学三年级,课时比例为 4.7%	进行自然科学常识教育,培养爱科学、学科学、用科学的志趣
1981 年	《全日制六年制重点中学教学计划(试行草案)》	设置物理、化学、生物课程,课时共占 18.9%	除学习基础知识外,增加实验,注重能力培养
1988 年	《义务教育全日制小学、初级中学教学计划(试行草案)》	首次将小学自然课提前到一年级,五年制小学自然课课时占 5.9%	除基础知识、原理外,注重知识在实际生活中的应用,注重培养能力
1992 年	《九年义务教育全日制小学、初级中学课程计划(试行)》	课外活动开始向活动课程转型升级,科技活动风生水起,助推科学教学改革	重视渗透环境教育

从我国 1978—2000 年科学课程的发展变化可以看出,科学课程的课时逐渐增加,起始年级逐渐提前至小学一年级,这些都体现了我国对科学教育的重视。教学内容逐渐向科学、技术与社会靠近,重视科学、技术与社会之间的关系,但由于科学、技术与社会课程在我国并没有被纳入正规的课程体系,课程编制与实施存在诸多困难,以致科学、技术与社会课程在我国一直未有突破性的进展。

同时,在这一阶段,随着素质教育的实施,现代科学课程受到我国研究者的关注,我国出版了一系列科学教材(表 1-3),并进行了教学试验。

表 1-3   1978—2000 年我国出版的部分科学教材

时间	组织编写单位	教材	特点
1978 年	人民教育出版社	全日制十年制学校小学课本《自然常识》(1—4 册)	注重知识的完整性,采取先给出结论,再进行解释的叙述形式
1982 年	人民教育出版社	小学课本《自然》(1—6 册)	改变传统的演绎模式,采取先提出问题,再进行观察或实验,然后概括总结的脉络
1987 年	东北师范大学附属中学	《自然科学基础》(12 册)	作为教材,并进行教学试验
1986 年	上海市教育局	《理科》(1—6 册)	研究上海地区设置初中综合理科课程的必要性和可行性

续表

时间	组织编写单位	教材	特点
1990 年	浙江省教育局	《自然科学》《自然科学教学指导纲要》	自 1991 年起开始试验综合科学课程,1993 年在全省范围内全面推开
1992 年	人民教育出版社	"六三"学制和"五四"学制小学自然教材	以观察、实验为主,图文结合

总体来看,教材逐渐从知识本位转向将学生的心理逻辑与知识逻辑相结合,注重学生能力的发展,突出学生的全面发展。

(三) 第三阶段(2001 年至今)

2001 年,教育部颁布了《基础教育课程改革纲要(试行)》,新一轮基础教育课程改革在全国启动,揭开了我国科学教育的新篇章。2001 年后我国颁布的科学课程标准如表 1-4 所示。

表 1-4 2001 年后我国颁布的科学课程标准

时间	文件	科学课程设置	特点
2001 年	《全日制义务教育科学(3~6 年级)课程标准(实验稿)》	将"自然"改为"科学",从小学三年级起开设科学课,小学、初中科学课程占总课时的比例为 7%~9%	与之前时期相比,课时比例大幅度增加
2011 年	《义务教育初中科学课程标准(2011 年版)》	可选择在初中设置整合的科学课程,也可开设分科的物理、化学、生物学	注重学生对科学本质的认识及科学素养的形成,强调课程的综合性
2017 年	《义务教育小学科学课程标准》	科学课程起始年级提前到小学一年级	从"物质科学""生命科学""地球与宇宙科学""技术与工程"四个领域描述小学科学课程内容,凸显 STEM 教育
2022 年	《义务教育科学课程标准(2022 年版)》	在一至九年级开设科学课,初中可以选择分科或合科,若是合科制,则需统筹科学与地理中自然地理的学习内容,科学课时占 8%~10%	突出培养学生的科学观念、科学思维、探究实践、态度责任等素养

这一阶段,从课程目标上看,科学课程逐渐转向素养本位;从课程内容上看,大概念逐渐统领课程内容,课程知识被精简,进阶设计得以推进;从课程教学上看,问题探究式、5E(吸引、探究、解释、迁移、评价)、任务驱动、HPS(科学史、科学哲学

和科学社会学)等教学模式备受关注,课堂教学改革十分活跃。此外,在"一纲多本"精神的指导下,教材研制也如火如荼,该阶段出版了多套科学试验教材。本着促进学生终身发展的理念,教材在内容、结构、插图、习题等方面进行了大胆的改革。

2022 年,我国颁布了《义务教育科学课程标准(2022 年版)》,该标准立足学生核心素养的发展,依据核心素养的内涵及学段特征,确定了总目标和学段目标。根据《义务教育课程方案(2022 年版)》,科学课程作为国家课程,在义务教育阶段应占 8%~10% 的课时。该标准的颁布使科学课程的开设、课程性质、课程理念、课程目标、课程内容、学业质量、课程实施等均有章可循,从而形成了当前比较完善和科学的课程系统。

二、当代小学科学课程的发展

> ### 学 习 活 动
> 　查找资料,思考:当前小学科学课程具有怎样的特点? 这些特点与这个时代的科学发展具有怎样的联系?

回顾百年科学课程发展史,小学科学课程先后经历过"格致""理科""自然""常识""自然常识""科学"等诸多称谓的变化。从"格致"到如今的"科学",不仅仅是一个称谓的改变,课程定位、课程目标、课程内容等也发生了翻天覆地的变化。

2001 年以来,我国小学科学课程在课程性质、课程定位、课程目标、课程内容等方面取得了进一步的发展。当前,小学科学课程呈现出以下几个特点:

(一)课程定位越发明确

科学课程从部分地区开设到成为一门国家课程,从高年级单独设立到各学段全面覆盖,从最初的"中学为体,西学为用"到促进学生发展,实现了从"为国家服务的工具"到"学科本位",再到"学生本位"的定位转变。小学科学课程定位的变化凸显了我国科学教育的转变,而在如今科技发展迅速的时代背景下,这样的转变无疑是十分有价值的。

(二)课程育人目标更加凸显

义务教育阶段科学课程逐步从关注科学知识转变到发展学生的科学素养,越来越注重学生学习科学的方法和能力,致力于使学生形成正确对待大自然的态度,培养学生的社会责任感。[1] 科学课程更加强调科学知识与生活相结合,更加注重与学生认知水平相适应,强调帮助学生利用知识解释生活中的现象等。随着科学课程的发展,其育人目标更加凸显,更多地关注学生的发展,旨在提高学生的核心素养。

(三) 课程内容结构逐渐系统合理

科学课程在内容的选择上更加关注学生的生活、经验、兴趣,强调科学知识与生产生活的联系;在课程内容上遵循"少而精"的原则,将课程内容的知识要点提炼成核心概念。整体来看,科学课程在内容组织上越来越符合学生的认知水平、身心发展规律,更加系统合理。

(四) 教材设计发生质的变化

科学教材内容从之前强调基础知识传授,转变到如今注重核心素养培育;从重视结论叙述,转变到关注探究过程。教材的丰富性、可读性、可视性也在不断增强。[2] 小学科学教材名称、内容编排发生的改变,本质上是人们对科学的理解发生了巨大变化,科学教育经历了由"小"自然(知识与能力)变成"大"科学(涵盖知识、过程、方法、情感、态度、伦理等)的扩展过程。[3]

目前科学课程正处于发展完善阶段,小学科学课程未来将更加注重"以生为本",以核心素养为基础,逐步培养学生的科学素养。同时,小学科学价值取向也从关注科学内容本身,转变为更加注重教学实践;从注重增加学生的自然常识,转变到注重提升学生的核心素养。小学科学教育将会更加受到重视,会更加关注学生的主体地位,会在建设科技强国的道路上发挥更大作用。

百年小学科学课程重要纲领性文件及其规定

思维发散

1. 你认为科学应该以什么形式纳入学校课程体系?

2. 目前,科学课程已在小学普遍开设,但在实际实施过程中,其他课程占用科学课程课时的现象不容忽视。由于科学课程不是小学的主干课程,其难以得到应有的重视。针对这个问题,你怎么看?

---

① 任建英,赵祎萌,孟秀兰.我国义务教育阶段科学类课程发展的分析与建议[J].中国教师,2022(2):19-24.

② 潘洪建.中国小学科学课程发展110年:1912—2021[J].教育与教学研究,2021,35(7):45-61.

③ 段发明,刘倩.我国小学科学教科书70年回顾与展望:文化视角的审视[J].课程·教材·教法,2019,39(7):61-67.

学习评价

请根据表1-5,对本章学习情况进行评价(非常符合=5分,比较符合=4分,一般符合=3分,不太符合=2分,不符合=1分)。

表1-5　学习评价表

学习本章内容后		非常符合	比较符合	一般符合	不太符合	不符合	综合得分
能概述小学科学课程的性质	自评						
	互评						
	师评						
能概述出世界科学教育的发展历程	自评						
	互评						
	师评						
能说出我国小学科学课程的发展历程	自评						
	互评						
	师评						

理解·分析·实训

1. 名词解释:科学课程;核心素养。

2. 请简述小学科学课程的性质。

3. 古希腊哲学家亚里士多德在其著作《论动物的器官》中叙述道:

因为在那些不悦人耳目但吸引智力的[动物]种类中,自然的设计为那些能够认识事物原因和天生有哲学偏好的人提供了莫大的愉悦。

我们应该研究每一种类的动物而不必感到害臊,因为在每一种动物中都有自然的和美丽的东西。特别在自然的造化中我们会发现一切不是偶然,一切都有目的。而目的,即事物因此而被造成或生成的原因,是属于美的东西。[①]

结合亚里士多德的论述,谈一谈你对科学的内涵以及科学课程育人价值的理解。

4. 以小组为单位,选择当地的2~3所小学,对学校科学课程进入21世纪以来的变革情况和发展现状进行调查研究,并形成一份调查研究报告。

---

① 劳埃德.从泰勒斯到亚里士多德[M].上海:上海科技教育出版社,2015:102.

第二章

小学科学课程的指导纲领

■ **学习目标**

1. 能简述《科学课程标准》的主要内容。

2. 能简述美国、英国、日本和韩国小学科学课程标准的核心理念。

3. 能概述《科学课程标准》是如何贯彻落实我国国家教育政策,如何顺应国际科学教育发展趋势的。

■ 知识地图

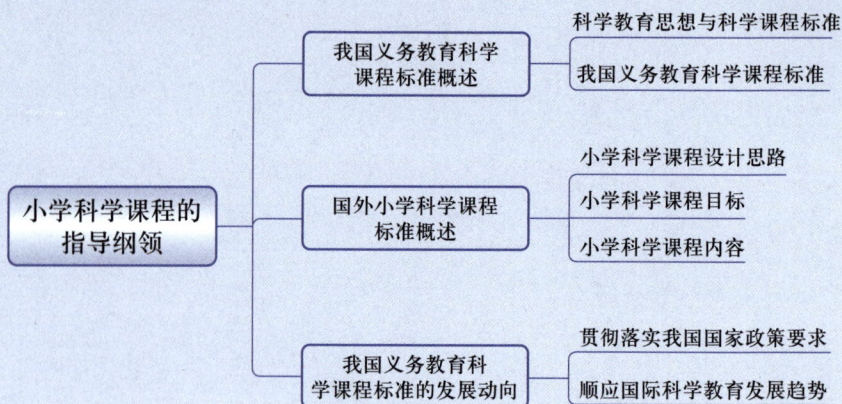

■ 关键问题

我国小学科学课程标准的发展历程及最新成果是什么？

不同国家的小学科学课程标准分别具有什么特点？

■ 经验联结

    课程标准是国家教育行政部门规定的某一学科或学习领域的课程纲领性文件,它规定各门课程的性质、目标、内容框架,并提出教学建议和评价建议。随着科学技术的不断发展,提升全民科学素养以适应现代生活成为世界各国科学教育的核心议题,小学科学课程的有效实施为公民科学素养的发展奠定基础。全面而深刻地理解小学科学课程标准,包括其发展沿革、内涵等,是每一位小学科学教师上好科学课的前提。

第一节　我国义务教育科学课程标准概述

随着人类从机器工业文明进入信息智能文明,教育跨入 4.0 时代。2020 年 9 月 11 日,习近平总书记在科学家座谈会上指出,要加强创新人才教育培养。创新人才的教育培养必然离不开科学教育的大力发展。

学 习 活 动

新中国成立后的较长一段时间内,科学被冠以"自然""自然常识"的名称,课程指导性文件被称为"教学大纲",直至 2001 年才分别更名为"科学"和"课程标准"。分析我国不同时期小学科学(自然、自然常识)课程标准(教学大纲),尝试归纳其所承载的科学教育思想。

一、科学教育思想与科学课程标准

科学教育产生与发展的基础是人类社会生产力的发展与生产水平的提高。例如,在原始社会中,生产技术在日常劳作中凭人们的言传身教代代相传,科学教育并未从生产生活中分化出来。剩余产品的出现使教育从生产生活中分化出来成为可能,自然知识也随着文字的出现而得到广泛的传承。早期的自然科学被称为"有用学科",是下等人用以谋生的手段,或是上等人借以接近"神"的工具。我国战国时期出现了墨家经典著作《墨经》,唐宋时期相关人士主张只要对国家有用的知识都应纳入学校教育内容中,宋代还出现了一些由科学家创办或主持的书院。在国外,古希腊重视人的理性;中世纪时期课程为宗教服务,科学教育属于神学范畴;文艺复兴时期,科学逐步摆脱神学的枷锁和禁锢,科学知识以分科的形式成为学校教育中的学科课程,人们追求个性解放并积极探索大自然。第一次工业革命以后,人类社会、经济、文化、科学与技术等领域迅速发展,各国对人才的要求,尤其是对个体科学素养的要求越来越高。因此,科学教育的改革与发展也备受各国重视。近代以来科学教育的嬗变如表 2-1 所示。

我国《基础教育课程改革纲要(试行)》明确指出,国家课程标准是教材编写、教学、评估和考试命题的依据,是国家管理和评价课程的基础,这一论述强调了国家课程标准是国家对基础教育课程的基本规范和要求。科学课程标准是指导学校开展科学教育的纲领性文件,反映了一个国家或地区科学教学领域的学术积累和对课堂实践的期待,是科学教育思想的集中体现。在我国,科学课程标准

表 2-1　近代以来科学教育的嬗变

时间	科学教育价值	科学教育目标
工业革命以前	从生存到理性	进行正确的思维、理解、判断,获得身心自由发展
18 世纪 60 年代后至 19 世纪末	为人的未来生活做准备,同时具有社会救亡等实用价值	进行心智、技能训练,强调科学知识
20 世纪上叶	实用价值与人文价值并重,既指向个体的物质生活与精神生活需要,又指向社会的物质生产发展与个体的思想观念转变	从知识唯上到开始强调方法、思维、精神、态度、能力等方面的目标
20 世纪中叶	社会本位:满足社会生产需要和政治需要	培养科学家和科学精英;使学生能够对自然现象进行一般的调查和探索,强调科学探索过程而不是零碎的知识内容,强调问题解决和批判性思维等
20 世纪下叶	人的发展本位:面向全体大众,同时满足个人与国家的发展需要	强调科学素养,给予每一个人适应生活、改善生活质量所需的知识、技能和态度
21 世纪以来	人的发展本位 + 社会本位:个人、社会和职业	强调核心素养,发展个人调动心理和社会资源、知识、技能和态度来处理问题和满足复杂需求的能力,具有终身学习和高度专业化的发展趋势

对教学要求和内容进行了具体阐述,是教材编写、课堂教学、教学评估和教师专业发展的依据。

20 世纪中期以来,随着科学技术的迅速发展,科学教育也发生了相应的变化,即科学教育与社会政治、经济以及文化之间的关系日益密切。科学教育的目标由原来传授学科知识逐渐转变为发展学生的科学素养,不仅要求学生掌握基本的科学知识与技能,还要培养其探究精神、科学的情感态度与价值观以及对"科学-技术-社会-环境"关系的理解,从而为其终身学习奠定基础。[①] 这些转变在科学课程标准中均有所体现,并成为科学课程与教学改革的着力点。

近代以来科学教育思想的嬗变历程

二、我国义务教育科学课程标准

新中国成立初期,我国小学自然课程以 1950 年颁布的《小学高年级自然课程

---

① 张二庆,乔建生. 小学科学课程与教学论[M]. 北京:北京师范大学出版社,2016:10.

暂行标准初稿》为指导。自 1956 年颁布《小学自然教学大纲(草案)》起,我国在很长一段时间内均以教学大纲作为小学自然课程的指导性文件。进入 21 世纪,随着第八次基础教育课程改革开启,国家出台了基础教育各学科课程标准。《全日制义务教育科学(3~6 年级)课程标准(实验稿)》于 2001 年颁布,"自然"正式更名为"科学"。2017 年,教育部颁布《义务教育小学科学课程标准》(以下简称 2017 年版《科学课程标准》),小学科学课程的开设学段由 3~6 年级延伸为 1~6 年级,课程的内容领域也拓展到了"技术与工程"。

2022 年,教育部发布新修订的义务教育课程方案和课程标准。这次科学课程标准修订以反映科学课程全面育人价值的核心素养为统领,基于科学课程要培养的学生核心素养的内涵、要素及学段特征,确定课程总目标和学段目标,选择课程内容,制订学业要求和学业质量标准,引领育人方式的转变和考试评价的改革。《科学课程标准》规定,科学课程"旨在培养学生的核心素养",要"基于学生的认知水平和知识经验,科学安排学习进阶",要"加强探究实践",要"注重综合评价"。由此,我国义务教育阶段科学课程与教学的改革与发展开启了新篇章。

(一)科学课程标准的内容体系

我国义务教育阶段科学课程标准一般包括课程性质、课程理念、课程目标、课程内容、实施建议等,此外还有附录。表 2-2 展示了 2022 年版《科学课程标准》和 2017 年版《科学课程标准》的内容体系。2022 年版《科学课程标准》有一些调整和变化,如不再设置"课程设计思路",增设"学业质量"等。概而言之,2022 年版《科学课程标准》是一个以课程性质和理念为价值引领,以课程目标、课程内容、学业质量为主体,以课程实施为落地执行和反馈的逻辑严密的体系。

表 2-2 2022 年版《科学课程标准》和 2017 年版《科学课程标准》内容体系对比

2022 年版《科学课程标准》		2017 年版《科学课程标准》	
一、课程性质		第一部分 前言	课程性质 课程基本理念 课程设计思路
二、课程理念			
三、课程 目标	核心素养内涵 总目标 学段目标	第二部分 课程目标	科学知识目标 科学探究目标 科学态度目标 科学、技术、社会与环境目标

	2022 年版《科学课程标准》	2017 年版《科学课程标准》	
四、课程内容	物质的结构与性质 物质的变化与化学反应 物质的运动与相互作用 能的转化与能量守恒 生命系统的构成层次 生物体的稳态与调节 生物与环境的相互关系 生命的延续与进化 宇宙中的地球 地球系统 人类活动与环境 技术、工程与社会 工程设计与物化	第三部分 课程内容	物质科学领域 生命科学领域 地球与宇宙科学领域 技术与工程领域
五、学业质量	学业质量内涵 学业质量描述		
六、课程实施	教学建议 评价建议 教材编写建议 课程资源开发与利用 教学研究与教师培训	第四部分 实施建议	教学建议 评价建议 教材编写建议 课程资源开发与利用建议
附录	附录 1　核心素养的学段特征 附录 2　课程内容中使用的行为动词 附录 3　教学案例 附录 4　学生必做探究实践活动	附录 教学案例	案例 1　认识空气 案例 2　水沸腾现象的观察 案例 3　西瓜虫有"耳朵"吗 案例 4　观察月相 案例 5　暗盒里有什么 案例 6　水火箭

(二) 科学课程目标

2022 年版《科学课程标准》中的课程目标指向学生的核心素养,表现出如下特点:一是按照总目标和学段目标呈现。我国义务教育科学课程目标由总目标和学段目标两部分构成,反映了国家对义务教育科学课程目标的整体架构和顶层设计。二是在横向上课程目标以核心素养四个维度为基准。总目标的设置对应核心素养的四个维度,即科学观念、科学思维、探究实践、态度责任,学段目标也是基于核心素养四个维度来分别设置的。三是在纵向上分学段呈现,体现科学学习进阶。即将九年义务教育分为四个学段,分别为 1~2 年级、3~4 年级、5~6 年级和 7~9 年级,每个学段均具有相应的目标,且四个学段的目标逐级提升,体现学习进阶。

（三）科学课程内容结构

2022 年 4 月 21 日,在教育部召开的义务教育课程方案和课程标准修订情况新闻发布会上,教育部教材局负责人指出:基于核心素养要求,遴选重要观念、主题内容和基础知识技能,精选、设计课程内容,优化组织形式;涉及同一内容主题的不同学科间,根据各自的性质和育人价值,做好整体规划与分工协调;设立跨学科主题学习活动,加强学科间相互关联,带动课程综合化实施,强化实践要求。据此,科学教育不应是给学生呈现一堆由事实和理论堆砌的知识,而应引导其深入理解少数非常具有解释力的大概念,帮助其理解与他们生活相关的事件和现象。

科学课程内容整体结构确定的原则包括:一是基于科学课程所要培养的学生核心素养的要求,体现育人为本;二是凝练 13 个核心概念,如物质的结构与性质、物质的变化与化学反应等,突破学科领域界限,实现高度综合;三是进阶设计内容,覆盖义务教育全学段,落实素养发展路径;四是提出 4 个跨学科概念,包括物质与能量、结构与功能、系统与模型、稳定与变化,横向连接核心概念,强化整体性、系统性。2022 年版《科学课程标准》加强了综合性,减少了概念和知识点的数目:与2017 年版《科学课程标准》相比,核心概念由 18 个减至 13 个,学习内容由 75 个减至 54 个。2022 年版《科学课程标准》13 个学科核心概念与 4 个跨学科核心概念相互联系,共同构成科学课程的横向内容结构。

（四）科学课程学业质量

学业质量是学生在完成课程阶段性学习后的学业成就表现,反映核心素养要求。学业质量标准是以核心素养为主要维度,结合课程内容,对学生学业成就具体表现特征的整体刻画。2022 年版《科学课程标准》综合考虑学科内容以及学生素养形成和发展的机制、思维水平的高低,最终呈现每个学段结束时学生的学业成就表现。其特点有:

首先,将知识学习与能力培养融为一体。课程核心内容支撑学生核心素养的发展是学业质量标准的鲜明特征,学习过程本身也应是知识掌握、素养提升的有机统一过程。学业质量明确要求学生掌握获取知识的过程和方法,能创造性地运用知识来解决实际问题。

其次,关注学生表现。学生能够做到什么就表明其具有某种能力或素养,因此学业质量标准多使用"描述""举例说明""分享""识别"等动词,关注学生在科学学习中的道德发展以及正确价值观的树立,不像以往那样只从认知层面提出要求。

再次,突出综合性。学业质量与以核心素养为纲的课程目标具有内在一致性,

均强调真实问题的解决。现实问题多是综合的,其解决与否取决于学生在价值理念、态度品格和能力等方面的综合素质。因而,加强学业质量的综合性,不仅与核心素养的育人要求相符,而且有利于学生成长为一个完整的人。

最后,提出适宜的分层。学业质量对学生科学学习的阶段性特征给予了明确描述,为教师提供了学生的成长框架。其中,学生达到某一层次的学业成就表明其为下一阶段的学习做好了准备。

思维发散

搜集我国不同时期科学(自然)课程和教学改革的文献资料,结合时代背景概述其发展历程和特点。

第二节　国外小学科学课程标准概述

科学课程标准是规范一个国家科学课程实施与评价的纲领性文件,决定了科学课程的价值、性质、地位等,规定了课程实施的任务、方法、原则。课程标准是编写教材和实施教学的依据,同时也是评估学生学业质量和教师教学质量的依据。本节以美国、英国、日本、韩国4个国家的科学课程标准为依据,介绍国外科学课程的基本情况。

学 习 活 动

搜索美国、英国、日本、韩国的小学科学课程标准以及相关资料,分析各国小学科学课程标准的主要特点。

一、小学科学课程设计思路

课程设计思路是课程整体设计时的思考线索。现总结归纳这几个国家的小学科学课程设计思路,以便我们从宏观视角了解这几个国家的科学课程。

(一)美国的小学科学课程设计思路

美国《新一代科学教育标准》是从幼儿园到高中统一编排的,按照学科核心概念和主题来呈现标准的具体内容,将"科学与工程实践""学科核心概念""跨学科概念"3个维度结合在每一条标准中,并以表格的形式呈现出整体化的体系结构,以此突出3个维度间的具体联系,包括"成果期望""基础框""联系框"。为了更清楚地阐释该标准的内容,下面以"生态系统:相互作用,能量和动力学"为例(如表2-3所示)进行说明。

表 2-3　生态系统:相互作用,能量和动力学

成果期望	生态系统:相互作用,能量和动力学		
	表现出有理解力的学生可以: 开发一个模型来描述植物、动物、分解者和环境之间的物质运动。 [说明:强调不能作为动物食物的物质(空气、水和土壤中的分解者)被植物改变成可作为食物的物质。系统的例子可能包括生物体、生态系统和地球。] [评价边界:评价不包括分子解释。]		
基础框	科学与工程实践	学科核心概念	跨学科概念
	开发和使用模型 3~5年级中的建模以K—2模型为基础,并逐步建立和修改简单模型,使用模型来表示事件和设计解决方案。建立一个描述现象的模型。 **与科学本质的联系** 科学模型、定律、机制和理论解释自然现象。科学解释、描述自然事件的机制	**生态系统中的相互依存关系** 几乎任何动物的食物都可以追溯到植物。生物体与食物网相关,其中一些动物以植物为食物,而另一些动物以吃植物的动物为食。某些生物,如真菌和细菌,分解死亡的生物(植物、植物的部分和动物),因此起到"分解者"的作用。分解作用最终将一些物质恢复(再循环)回土壤。生物体只能在满足其特殊需求的环境中生存。健康的生态系统是指多种不同类型的生态系统都能够在相对稳定的生命网络中满足其需求。新引进的物种会破坏生态系统的平衡。 …………	**系统和系统模型** 可以根据其组成部分及其相互作用来描述系统
联系框	与五年级其他学科核心概念的联系:物质及其相互作用		

"成果期望"描述了期望学生取得的学习成果,说明学生需要掌握的概念性知识和技能。"成果期望"是说明评测内容的栏目,也是每条标准的主要内容,描述出学生掌握该条标准后应达到的能力和水平,再由"说明"给出相关实例。

"基础框"解释了与"成果期望"相对应的3个维度的具体要求,提供了附加的有用信息,拓展并解释了具体要求。

"联系框"表示该内容与其他年级和学科核心概念之间的联系,可以分成3个部分,即与同年级段中其他学科核心概念的联系、与跨年级段间学科核心概念的关联以及与通用核心国家标准的联系。与同年级段中其他学科核心概念的联系包括同一年级段内具有相关核心概念的其他学科主题的名称;与跨年级段间学科核心概念的关联包括其他科学主题的名称,这些主题可能出现在之前的年级段,以给学生提供理解该条标准概念的基础,也可能出现在后续的年级段,以说明该条标准为后续学习提供的基础;与通用核心国家标准的联系包括在《英语

语言艺术通用核心标准(CCSS-ELA)》《数学通用核心标准(CCSS-Math)》中出现的与该条标准相关的代码和名称,以说明该条标准与语言、数学等其他学科教学的联系。

(二) 英国的小学科学课程设计思路

英国于 2015 年 5 月发布了《国家科学课程标准》。《国家科学课程标准》包括四大部分:科学课程的概述、教学目标、学习计划和建议指导。概述部分简要说明了科学课程在学校教育中的地位以及学习目的;教学目标部分从整体上描述了科学课程所应达成的目标;学习计划和建议指导是该标准的主体部分。《国家科学课程标准》分学年逐条清晰地规定了各年级主要的学习内容和学习范畴,并就小学科学教学提出了一系列建议和指导,这两部分相当于我国课程标准中的内容标准和实施建议。《国家科学课程标准》把关键阶段 1 到关键阶段 4(相当于我国的小学到高中二年级)作为一个连贯的整体,这样既有利于全面培养学生的科学素养,也有利于学生整体把握科学知识。

(三) 日本的小学科学课程设计思路

日本小学《学习指导要领》由总目标、各年级目标与内容、指导计划的制定和内容的处理三部分组成,各年级目标与内容分为"物质·能量"领域和"生命·地球"领域。其中日本小学理科学习指导要领的结构框架是按年级划分的,分别详细列出了每个年级的目标和内容,每个年级均包含"物质·能量"和"生命·地球"两个领域。日本小学理科学习指导要领在结构框架上的优势在于,目标和内容具体明确,操作性强,有利于教师做到心中有数,针对每个年级的内容和特点开展有效教学及学生学习成绩评价;其劣势在于内容重复,逻辑不够清晰。整体而言,日本学习指导要领结构层次分明,兼顾学科逻辑顺序和学生身心发展规律,具有较强的可操作性。[①]

(四) 韩国的小学科学课程设计思路

韩国《科学与教育过程》告知学生学习科学的原因、目标以及课程的设计思路,让学生对科学课程有大体的认知和了解;明确指出在科学知识、科学技能和科学情感、态度与价值观方面的学习内容、教学要求和评价要求。韩国将小学科学课程内容细分为不同的主题单元,关注的是学生学习每个单元后取得的成就,并且更为关注学生的成长和发展,体现以学生为主体的教学理念(见表 2-4)。

---

① 孟令红.加强科学课程的小初高一体化设计:日本基础教育科学课程修订的启示[J].基础教育课程,2020(21):73-80.

表 2-4　韩国小学科学课程标准体系结构 [1]

栏目	主要内容
前言	课程性质 课程基本理念 课程设计思路
课程目标	成就标准说明
课程内容	3~4 年级 物质的性质、磁铁的应用、动物生活、地表变化、植物的生活、地层和化石、物质的状态、声音的性质、物质的重量、动物的生活史、火山和地震、混合物的分离、植物的发育、水的状态变化、阴影和镜子、地球面貌、水循环 5~6 年级 温度和热、太阳系和星星、溶解和溶液、多种生物和我们的生活、生物和环境、天气和我们的生活、物体的运动、酸和碱、地球和月球的运动、多种气体、光和透镜、植物的结构和功能、电的利用、季节的变化、燃烧和消化、我们身体的结构和功能、能源和生活
实施建议	教学方法和注意事项 评估方法和注意事项
附录	探究活动 学习要素

二、小学科学课程目标

课程目标是一定教育价值观包括教育目的、教育宗旨在课程领域的具体化,是课程本身要实现的具体目标,它指导小学科学课程设置、实施和评价。课程目标不仅是小学科学教育的指导准则,而且也反映小学科学课程的基本性质和理念。

(一) 美国的小学科学课程目标

在美国《新一代科学教育标准》中,课程目标在横向上分为物质科学、生命科学、地球与宇宙科学以及工程、技术和科学应用;在纵向上具体目标即学生学习的预期表现融于学科核心概念之中,每个预期表现由特定的科学与工程实践、学科核心概念与跨学科概念共同组成。美国科学课程注重学生对科学知识的理解与积累,强调学生对探究过程的亲身经历与体验,强调科学教育使学生热爱科学或自然,对科学或自然产生探索的热情,对科学的魅力有所认识,重视科学教育对学生社会责任感和社会活动参与能力的培养,注重科学教育与社会、环境的联系。美国科学课程总目标为:在科学知识方面,学生具备必备的科学与工程知识;在科学实践方面,

---

[1] 因韩国小学科学课程的开设年级为 3~6 年级,故表中"课程内容"按照该国课程标准分两个学段展开。

学生能够继续在校外学习科学知识,具备职业技能,包括但不限于科学、工程和技术方面的职业;在科学态度方面,学生对科学的魅力有所认识;在科学、技术、社会与环境方面,学生能参与相关问题的公共讨论,能做与日常生活相关的科技信息的谨慎消费者。

美国小学科学课程目标的突出特点是要求学生通过科学实践解决现实生活中的真实问题。美国重视 STEM 教育,但是《新一代科学教育标准》总目标中未直接提及"科学探究",而是通过强调工程实践等强调科学探究,为培养掌握科学知识的未来工作者奠定基础。美国强调科学技术解决实际问题的效果以及对社会、环境的影响,更加符合 STEM 教育理念。例如,《新一代科学教育标准》通过预期表现对各年级和不同领域的分目标进行阐述,为课程、教学、评估提供了明确的标准。

(二) 英国的小学科学课程目标

英国的科学课程标准将课程内容分科学探究、生命过程和生命世界、物质及物质性质、物理过程四个部分阐述,同时包括需要学生掌握的技能和相关学科间的联系。英国科学课程标准按阶段划分学段目标,根据学生的身心发展规律和学科逻辑,在每一学段的教学计划前概括地说明该学段的课程目标。其中,关键阶段 1 是指小学 1~2 年级;关键阶段 2 是指小学 3~6 年级,其中又分为关键阶段 2 低级(3~4 年级)和关键阶段 2 高级(5~6 年级);关键阶段 3 则是指中学前三年(7~9 年级),在科学课程中不进行具体的年段划分;关键阶段 4 是指中学 10~11 年级。按阶段划分学段目标有利于地方、学校、教师灵活地安排课程,体现了英国科学课程的灵活性。

以关键阶段 1 为例,课程标准要求学生能体验和观察现象,更仔细地观察周围的自然和人类构建的世界。教师应该激发学生的好奇心并询问他们注意到什么;应该帮助学生通过使用不同类型的科学探究来回答他们自己的问题,从而增进他们对科学思想的理解。科学探究方式包括观察一段时间内事物的变化,将事物分组和分类,进行简单的比较测试,以及发现事物,使用二手来源信息,等等。这样的统领性描述方便教师对科学教育形成总体性的理解,教师为了达到这样的目标可以进行不同种类的教学手段的选择。以关键阶段 1 中的分目标"日常用品"为例:学生能区分物体和制造物体的材料;识别各种日常物品,包括木材、塑料、玻璃、金属、水和岩石;描述各种日常材料的简单物理性质;基于其简单的物理性质,将各种日常材料组合在一起。这些分目标较为具体,但仍给了教师一定的自由拓展空间。且这些分目标仍契合总目标中"体验和观察现象,更仔细地观察周围的自然和人类构建的世界"的要求,同时每个学段目标后都有说明与指导,保证了分目标实现的可能性。

（三）日本的小学科学课程目标

日本义务教育阶段科学课程从"资质与能力"的三个维度——知识与技能，思考、判断与表现能力和自主学习能力与人文情怀出发，设计课程目标。例如，日本小学科学课程的总目标有两点。第一，亲近自然，能运用理性的看法与想法，进行有预测的观察、实验等，形成科学地解决与自然事物及现象相关的问题的品质与能力，主要包括：(1) 理解自然事物与现象，培养观察、实验等基本技能；(2) 通过观察、实验，培养问题解决能力；(3) 培养热爱自然的情感和自主解决问题的态度。第二，通过参与自然事物和现象，按照科学的观点和思考方式观察和预测、进行实验等，科学地探索自然事物和现象，培养相应的品质和能力，主要包括：(1) 加深对自然现象和事物的理解，掌握与科学探索所必需的观察、实验等相关的基本技能；(2) 通过观察、实验等，培养科学探索的能力；(3) 逐步加深对自然事物和现象的认识，培养科学探索的态度。

例如，六年级"物质·能量"领域要求学生能够：理解燃烧的机理、水溶液的性质、杠杆原理及电的性质与作用，掌握观察、实验等相关的基本技能；通过探究燃烧的机理、水溶液的性质、杠杆原理及电的性质与作用，理解其机理、性质、规律性及应用，形成更加完善地思考、创造的能力以及自主解决问题的态度。"生命·地球"领域要求学生能够：理解人体的结构和功能、生物与环境的关系、土地的形成与变化、月亮形状和太阳的位置，掌握观察、实验等相关的基本技能；通过探究人体的结构和功能、生物与环境的关系、土地的形成与变化、月亮形状和太阳的位置，理解其机理、性质、规律性及应用，形成更加完善地思考、创造的能力以及尊重生命和自主解决问题的态度。日本科学课程目标取向多样化，旨在促进学生的全面发展，强调以探究为中心，着重培养学生的科学素养。课程目标虽然较简略，但给了教师较大的自主空间，教师在遵循课程标准的同时，可根据地方文化、学校传统、学生需要等补充、整合教学目标，这展现出日本科学课程发展较为成熟的一面。

（四）韩国的小学科学课程目标

韩国科学课程目标分为总目标和成就标准。总目标强调培养学生成为有民主精神的高素质市民，培养学生对自然现象和事物的好奇心与兴趣，增进学生对科学核心概念的理解，培养其探索能力和科学素养，使学生能科学地解决个人和社会的问题。具体而言，总目标包括：培养对自然现象的好奇心和兴趣，以及科学解决问题的态度；培养科学研究自然现象及日常生活问题的能力；探究自然现象，了解科学核心概念；理解科学和技术、社会的相互关系，以此为基础提升民主市民的素质；体验科学学习的乐趣和科学的有用性，培养终身学习的能力。成就标准以单元为单位,分别阐述 3~4 年级和 5~6 年级两个学段力量和运动、电与磁、热量和能量、波、物质结构等 15 个领域的具体分目标。3~4 年级"物质的性质"单元成就标准如表 2-5 所示。

表 2-5　韩国 3~4 年级"物质的性质"单元成就标准

年级	单元	学习要素	成就标准
3~4 年级	物质的性质	物体和物质的变化,物质的性质,物体的功能	通过比较不同状态的水,将物质功能和物质性质联系起来;根据不同大小和形状的物质组成的物体,比较物质的各种性质;混合不同物质,根据物质先后变化判别和说明物质的性质;选择多种物质,设计多种物体,讨论其优缺点

三、小学科学课程内容

课程内容是课程标准的主体与核心部分,也是课程目标的体现和细化。各国科学课程标准中课程内容的呈现形式各不相同,主要有以学科(主要是物理科学、化学、地球科学、生命科学等)为主和以核心概念或大概念主题为主两种呈现形式。

(一) 美国的小学科学课程内容

美国小学科学课程内容分为物质科学、生命科学、地球与宇宙科学以及工程、技术和科学应用四大部分(图 2-1),体现出对知识之间联系的重视,且美国《新一代科学教育标准》更加突出学习进阶的思想,从构建数据、建立模型、测试和研究到形成结论等方面,对不同年级的学生提出不同的要求,并要求教师列举生活中的实例来协助教学,这一循序渐进的过程体现了表现期望的进阶发展。

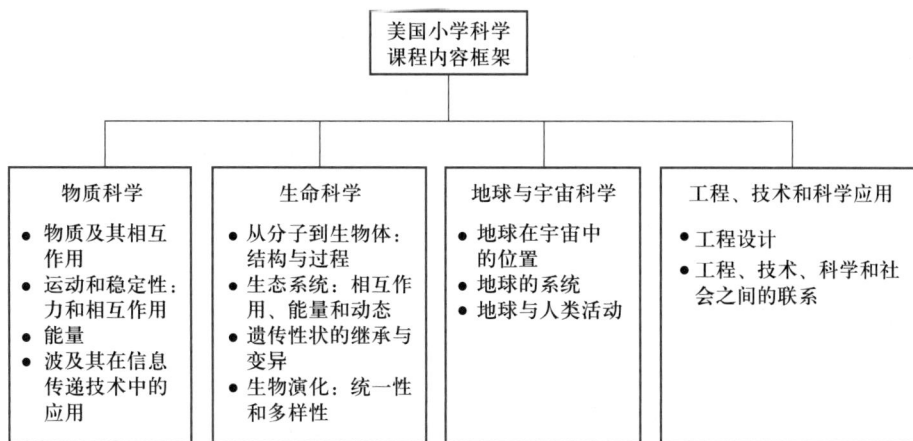

图 2-1　美国小学科学课程内容框架图

首先,在内容的选择上,美国小学科学课程内容涉及物理、生物、地球科学、工程与技术等方面。课程内容范围较广,覆盖较为全面,有利于扩大学生的知识面。同时,美国小学科学课程用跨学科概念来加强知识之间的联系,课程内容注重学科间的整合,有科学课程综合化的趋势,这有利于学生了解科学知识之间的内在联系,实现知识迁移。除此之外,美国小学科学课程内容与实际生活的联系较为紧密,能够激发学生的学习兴趣与热情,有利于培养学生的批判性思维。

其次,课程内容体现"少而精"的理念。美国《新一代科学教育标准》强调强大的核心知识和能力基础,强调深入理解并使用这些知识和能力,以使学生在离开学校后可以更好地依靠科学知识和实践工作和生活,而且对进一步学习科学更有兴趣。科学知识的不断扩展使得在 K—12 期间无法详尽地教授与某一学科相关的所有知识,但是,鉴于如今我们生活在可以获得丰富多彩的信息的时代,科学教育的重要作用不是教授"所有事实",而是要培养具有充足核心知识的学生,以便他们以后可以自行获取更多信息。除此之外,学科核心概念统领科学课程内容。学科核心概念与大概念意思相近,是位于学科中心的概念性知识,是对重要的概念、原理、理论等的基本理解和解释,这些内容能够展现当代学科图景,是学科结构的主干部分。因此,教师帮助学生构建知识体系将有助于学生对知识的深入理解与运用,为他们的学习与未来的工作打下良好的基础。于是,围绕核心概念构建科学课程就成了科学教育者关注的焦点。科学课程强调核心概念,聚焦于学生对主干知识的良好理解和应用,而非对细枝末节内容和考试题目的记忆和背诵。在当今时代,培养学生的科学素养和能力比单纯地向学生灌输科学知识更有意义。

最后,课程内容设置体现学习进阶和实践要求。美国科学课程内容的设置呈现出一定的规律性,即随着年级的增长,课程内容增多、难度增强,也就是说融入了学习进阶的理念,使学生的科学学习内容螺旋式上升。该设置体现了科学教育关注不同年级学生的学习特点、关注不同学段学生发展的理念。另外,美国《新一代科学教育标准》中的科学实践不是独立于其他部分而存在的,而是作为核心要素之一与学科核心概念、跨学科概念相互结合的。而且,科学实践并不只是"科学"的实践,而是科学、工程、技术三个领域的实践,是三者相整合的实践,对实践的强调凸显了对学生主体性与主观能动性的重视。

(二) 英国的小学科学课程内容

在课程内容方面,英国《国家科学课程标准》以学年(学段)为单位,提出了学年(学段)的学习计划,对课程内容进行了比较详细和具体的规定和说明,为一线科学教师的教学提供了明确的指导意见。英国1~6年级的科学课程内容按模块划分,包括植物、动物(包括人类)、日常用品、季节变化等 16 个模块(如图 2-2 所示)。在具体内容方面,英国小学科学课程按专题划分相应学年学生应当学习的内容,重要的专题根据学生的认知水平以螺旋式结构呈现,以此提高学生的科学素养。课程内容标准在学年(学段)计划部分体现,并未单独列出;学年计划主要阐述了科学课程的知识目标,技能目标和情感态度与价值观目标则主要渗透在各关键阶段的目标中。

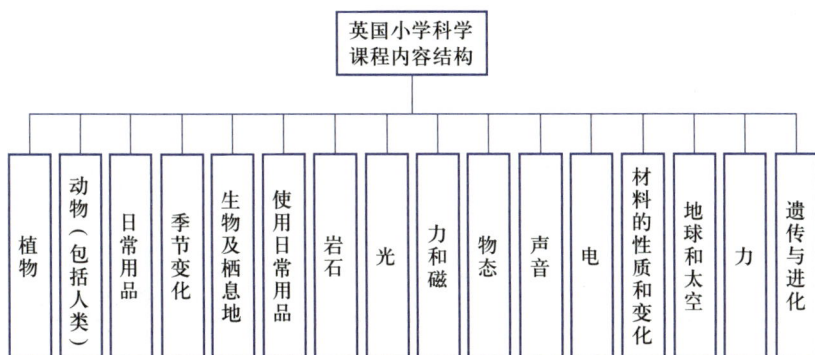

图 2-2　英国小学科学课程内容结构图

(三) 日本的小学科学课程内容

日本小学科学课程内容注重生活化、综合性,注重课程与学生生活和社会生活的有效结合,这有利于综合素质的培养。在日本小学理科学习指导要领中,内容与目标相对应,分别从"物质·能量"和"生命·地球"领域提出每一学年的内容,"物质·能量"包含 15 个主题,"生命·地球"领域包含 16 个主题(如表 2-6 所示),共包括 72 个知识点。日本理科课程标准不仅涉及基本的科学概念,强调学生理解掌握这些科学概念,而且注重学生相关的观察和实验等技能的培养,以及比较、分析、判断等思维能力的锻炼,并且最终都指向综合能力特别是问题解决能力的提升。这样的设计有利于学生认识到理科的重要作用,感受到学习理科的意义,提高自身对理科的兴趣,并理解理科课程与社会生活之间的关系。

表 2-6　日本的小学科学课程内容

领域	物质·能量	生命·地球
内容主题	物体和重量	我们周围的生物
	风力与橡胶力的作用	太阳和地表的样子
	光与声音的性质	人体的结构和运动
	磁铁的性质	季节和生物

续表

领域	物质·能量	生命·地球
内容主题	电路	雨水的行踪及地面的样子
	空气和水的性质	天气情况
	金属、水、空气和温度	月亮和太阳
		月亮和星星
	电流的作用	植物的发芽、成长与结果
	物质的溶解方式	动物的诞生
	钟摆运动	流水的作用和土地的变化
	电流产生的磁力	天气的变化
	燃烧的机理	人体的结构和功能
	水溶液的性质	植物的养分和水的通道
	杠杆定律	生物和环境
	电的作用	土地的形成和变化

（四）韩国的小学科学课程内容

韩国小学科学课程内容按学段划分,3~4年级、5~6年级的内容主题如表2-7所示。韩国小学科学课程在物质科学领域、生命科学领域、地球与宇宙科学领域中的内容具有重复性,较为细致、生活化,从而降低了学生掌握和理解学习内容的难度。课程内容安排考虑到学生的学习能力,更注重学生对所学知识的掌握程度,体现了韩国科学课程以学生为中心的理念。

表2-7　韩国的小学科学课程内容

学段	3~4年级	5~6年级
内容主题	物质的性质	温度和热
	磁铁的应用	太阳系和星星
	动物的生活	溶解和溶液
	地表变化	多种生物和我们的生活
	植物的生活	生物和环境
	地层和化石	天气和我们的生活
	物质的状态	物体的运动
	声音的性质	酸和碱
	物体的重量	地球和月球的运动
	动物的生活史	多种气体
	火山和地震	光和透镜

续表

学段	3~4 年级	5~6 年级
内容主题	混合物的分离	植物的结构和功能
	植物的发育	电的利用
	水的状态变化	季节的变化
	阴影和镜子	燃烧和消化
	地球面貌	我们身体的结构和功能
	水循环	能源和生活

思维发散

不同国家有关小学科学的课程标准有何异同？国外科学课程标准可为我国科学课程与教学带来哪些启示？

第三节 我国义务教育科学课程标准的发展动向

《科学课程标准》立足学生终身学习和未来发展的需求，顺应了科学教育改革与发展的总趋势，充分吸纳了科学课程与教学实践的优秀经验，以及科学教育领域理论与实证研究的最新成果。

学 习 活 动

分析《科学课程标准》，尝试解读其所蕴含的科学教育改革成果。

一、贯彻落实我国国家政策要求

科学教育是当前我国基础教育的重要组成部分。科学教育涉及的学科范围广，但各学科在课程的内容和理念方面又有许多共同之处。通过综合分析近年来我国重要的教育政策，如《中国教育现代化 2035》《国家中长期教育改革和发展规划纲要(2010—2020 年)》《全民科学素质行动规划纲要(2021—2035 年)》等，我们发现科学课程标准体现了我国相关政策中的科学教育的理念、目标与内容。

（一）科学课程标准体现国家政策中的科学教育理念

众多国家政策不约而同地强调科学教育中实践的重要性。这体现在《科学课程标准》的不同部分：“课程理念”指出，倡导以探究和实践为主的多样化学习方式，让学生主动参与、动手动脑、积极体验,经历科学探究以及技术与工程实践的过程;"课程目标"指出,科学课程要培养的学生核心素养,主要是指学生在学习科学课程的过程中,逐步形成的适应个人终身发展和社会发展所需的正确价值观、必备品格和关键能力,是科学课程育人价值的集中体现,包括科学观念、科学思维、探究实践、态度责任等方面;"课程内容"中设置"工程设计与物化"主题,要求教师在完成任务的过程中,培养学生的工程实践能力和创新能力。

由此可见,"探究"和"实践"作为科学课程的核心与关键,成为科学课程与教学的重要内核。

(二) 科学课程标准体现国家政策中的科学教育目标

2021 年 6 月,国务院印发的《全民科学素质行动规划纲要(2021—2035 年)》指出,科学素质是国民素质的重要组成部分,是社会文明进步的基础。公民具备科学素质是指崇尚科学精神,树立科学思想,掌握基本科学方法,了解必要科技知识,并具有应用其分析、判断事物和解决实际问题的能力。提升科学素质,对于公民树立科学的世界观和方法论,对于增强国家自主创新能力和文化软实力、建设社会主义现代化强国,具有十分重要的意义。针对青少年,《全民科学素质行动规划纲要(2021—2035 年)》要求激发青少年好奇心和想象力,增强科学兴趣、创新意识和创新能力,培育一大批具备科学家潜质的青少年群体,为加快建设科技强国夯实人才基础。《科学课程标准》指出,科学课程旨在培养学生的核心素养,为学生的终身发展奠定基础。《全民科学素质行动规划纲要(2021—2035 年)》中的"科学素质"与《科学课程标准》中的"核心素养"对接,均注重培养和提升学生的科学观念、意识、能力等。

科学课程应以培养学生的核心素养为宗旨。21 世纪,科技的飞速发展既为学校教育带来了机遇,也给学校教育提出了挑战。世界各国都在为培养学生的核心素养而努力,基础教育的重点应是培养学生的综合能力和学生的基本素养,而不是培养学科专才。结合科学学科的性质培养学生的正确价值观、必备品格和关键能力应作为科学课程的核心宗旨。与一贯制的《科学课程标准》相呼应,课程目标和内容在分学段和年级的基础上,层次分明、结构统一;目标的具体表述是融入具体行为动词的陈述式,具有可学、可评、易操作等特点。

(三) 科学课程标准体现国家政策中涉及的科学教育内容

国家政策文件中所涉及的科学教育内容主要包括安全与健康、环境保护与生态文明、防灾减灾,这些内容在《科学课程标准》中均有所体现。

首先,安全与健康是中小学科学教育的重要话题。国家出台的一系列发展规划均强调健康教育的重要性,例如《中国教育现代化 2035》要求学生增强综合素质,树立健康第一的教育理念。《科学课程标准》中"生物与环境的相互关系"这一核心概念涉及人的生活习惯影响机体健康等内容。

其次,环境保护与生态文明是国家政策文件反复强调且与科学教育密切相关的内容,该领域科学教育的目的是引导学生树立尊重自然、顺应自然、保护自然的发展理念,养成勤俭节约、低碳环保、自觉劳动的生活习惯,形成健康文明的生活方式。课程内容分为两大类:基本国情和绿色生活。整合环境教育,培养学生的环境素养,逐渐成为许多国家科学课程改革的重点。例如,"人类活动与环境"这一学科核心概念要求学生认识到:人类只有一个地球,人类的生存和发展需要开发和利用自然资源;人类活动会对环境产生影响,良好的生态环境是一种重要的公共资源;要坚持绿水青山就是金山银山的理念,践行绿色低碳生活方式;等等。

最后,国家高度重视青少年防灾减灾意识与技能的培养,将防灾减灾知识纳入科学课程、教材和日常教学。教师结合学生的年龄特点和认知发展规律,通过课堂教学、参观考察、体验操作、知识考核等多种方式开展学生防灾减灾教育,提升学生在遇到突发灾害时的自救互救能力,这些内容均在课程标准中体现了。

二、顺应国际科学教育发展趋势

我国科学课程标准的研制也顺应了国际科学教育研究的最新动态及发展趋势,例如:注重学科核心概念与跨学科融合教学,加强课程内容的整合性与连贯性,重视科学本质的系统化教学,强化科学探究与工程实践,以项目研究助力学生深度学习和理解科学,以及基于学习进阶构建九年一贯制科学课程标准。

(一)注重学科核心概念与跨学科融合教学

随着时代的进步,科学不断突破未知领域,科学课程也在不断向前发展。设置综合课程是对知识、科技、数字化发展带来的变革的回应,打破学科界限是国际科学教育的发展趋势。科学课程作为综合课程,有机融合了物理、化学、生物、地理、工程与技术等学科,强调各领域知识的相互渗透和整合。科学课程有助于学生从整体上认识自然和科学,根据科学概念、原理和各领域知识之间的联系建立起的开放性知识结构有助于学生知识的迁移和学习能力的发展,有助于学生科学探究能力的提升。

跨学科课程除了要学科内容精准、选题真实外,还要利用学科核心概念来支撑。科学教育的目的是培养知情的决策者,使学生具有进行正确决策的基础知识和能力。科学教育要把学生培养成为能对自己的生活方式、生涯选择、事业发展,以及对事关环境、能源、科学技术应用、科学伦理等涉及社会经济发展的关键问题,做出知情、明智抉择的理性人。基于这样的目的,义务教育阶段科学课程的学习内容应该少而深,教师应该组织趋于核心概念的、连续的、有联系的教学活动。

在内容上,科学教育不是给学生讲授一些零碎的、不连贯的知识片段或堆积在一起的科学定律,而是要围绕重要科学领域的有结构、有联系的科学核心概念和模型来引导学生学习。不管学生将来是否进一步学习科学,是否直接从事科技工作,这些核心概念和模型对于他们理解所观察到的自然界以及依据科学知识参与那些影响自己和他人生活质量的决策都是十分必要的。[①]

(二)加强课程内容的整合性与连贯性

在小学科学课程内容的组织与呈现形式上,如何与初中阶段相关课程内容有机衔接,课程内容采取何种逻辑形式编排和组织,直接影响着小学科学课程内容的性质,也直接制约着学生的学习方式。20世纪40年代,美国学者泰勒就明确提出了课程内容编排和组织的三条逻辑规则:连续性、顺序性、整合性。连续性是指直线地陈述主要的课程要素;顺序性要求后一段的内容以前一段的内容为基础,同时广泛、深入地展开;整合性是指保持各种课程内容资源间的横向联系,以使学生获得统一的观念。泰勒提出的逻辑规则对各学科课程内容编排和组织产生了深远影响,如美国科学课程内容整合物质科学、生命科学、地球与宇宙科学以及工程、技术和科学应用等领域的内容,同时重视学段之间的连贯设计,实现从幼儿园到12年级的学习进阶。我国科学课程也顺应国际科学课程改革与发展趋势,《科学课程标准》在课程内容上重视跨学科实践,并对一年级到九年级的课程内容进行一体化设计。

(三)重视科学本质的系统化教学

帮助学生和教师理解科学的本质已成为全球各国科学教育改革的核心。在小学科学课程与教学中落实与科学本质相关的内容尤为重要,这主要可以从以下两个方面展开:一是加强对科学本质的重视程度,将理解科学本质作为科学课程与教学的目标。国际科学教育界普遍认为,理解科学本质应该是公民科学素养的关键。近年来,理解科学本质已经在世界各国的科学教育改革文件中被列为重要的教育目标。例如,美国科学促进协会(AAAS)、美国国家研究理事会(NRC)、美国科学教师协会(NSTA)等出台的文件均指出,理解科学本质是科学教育的重要目标之一。二是明确科学本质的内涵。正确理解和认识科学本质是开展教学的基础,对科学教师而言尤为重要。不同的研究者因视角不同对科学本质有不同的理解。有

---

① 哈伦.以大概念进行科学教育[M].韦钰,译.北京:科学普及出版社,2016:1-3.

研究者认为科学本质是一个混合领域,它将科学史、科学社会学和科学哲学等社会科学研究的各个方面与认知科学的研究结合起来,以便于丰富而有效地描述科学是什么以及如何运作。《科学教育研究手册》指出,为了描述科学本质,首先要强调:学生应了解观察与推论;应明确科学规律和理论之间的区别;即使科学知识是经验性的,它仍然包含人类的想象和创造;科学知识是主观的;作为人类事业的科学是在一个更大的文化背景下实践的,其实践者(科学家)是这种文化的产物;科学知识从来不是绝对的或确定的。其次,要注意到人们常常把科学本质与科学过程或科学探究混为一谈。概括来说,科学本质的要素包括科学知识是暂定的、主观的、基于经验的、融入社会的,同时基于人类的想象和创造。[①]

科学本质对于学生知识观与世界观的形成具有重要影响,科学课程标准应提倡科学课程帮助学生形成对科学本质的深刻认识,引导教师进行科学本质的系统化教学,加强对科学本质的教育价值和教学策略的研究。小学科学课程旨在提高每一个学生的核心素养,加深其对科学本质的认识,促进全体学生的终身发展。

(四) 强化科学探究与实践

科学课程注重问题解决和实践探索,这有助于学生科学实践能力的提高。在活动中,学生需要灵活调动所学各领域的知识和技能,既需要"动手",也需要"动脑",此外学生之间还需要合作、交流。科学课程将各学科内容加以整合,将知识整合为一个体系,而不是分割为一个个孤立的单位。需要注意的是,为了使学生的科学学习由"探究"向"实践"转变,我国中小学应该切实设置综合实践类科学课程,为我国小学科学探究的开展注入新的力量,让课堂在学生参与科学实践的过程中生动起来。

科学探究与科学实践是国内外中小学科学教育领域的焦点。学生要经历科学探究的过程,掌握科学探究的一般方法,形成科学探究的能力。科学实践关注具体的学生活动,科学知识与科学实践是相互融合的,科学和工程均需要科学知识和科学实践,科学不仅仅反映人们当前对世界的理解,在学习过程中,人们还要通过科学实践形成、扩展和完善科学知识。[②]

(五) 以项目研究助力学生深度学习和理解科学

近年来,世界科学教育研究已逐渐从关注整体向关注个体及群体性差异转变,更加重视基于个人或群体学习背景的科学教育。虽然我国在科学课程设计中突出

---

① LEDERMAN N G, ABELL S K. Handbook of research on science education [M]. New York: Routledge, 2007:831-835.

② 卢珊珊,毕华林.从"科学探究"到"科学实践":科学教育的观念转变[J].教育科学研究,2015(1):65-70.

了选择性,但这种选择性主要是以学生的学习兴趣和能力作为选择依据的,并且在课程实施中,选择性也往往因受到各种因素(如高利害性考试、教育资源等)的制约又还原成了一致性。因此,教师要真正关注科学教育中的群体性差异,就一定要深入到课程实施的微观层面,回归到科学教育与个人成长履历、背景、经验、体验、生活状态、兴趣爱好的关系上来;要深入到特殊的受教育群体(如贫困生、学困生、语困生等)中去,探索其学习特点、学习问题、学习路径,研究基于其需要的科学课程设计方案和科学教学与评价策略。

《科学课程标准》倡导围绕一个主题以项目研究的形式开展活动,遵循学科知识之间的内在逻辑关系,把握问题、证据、解释和交流评价等核心要素,促使学生进行深度学习,帮助学生理解概念的本质和内涵。实际上,进入 21 世纪,我国基础教育领域中的科学教育改革就提倡科学探究。改革实施以来的成绩是不容忽视的,但也存在一系列的问题,例如在科学教学中出现假探究、伪探究。出现这些问题的根本原因在于没有注重科学探究的实践性,因此《科学课程标准》增加了项目研究的相关内容。

(六) 基于学习进阶构建九年一贯制科学课程标准

我国以往的科学课程标准强调学生对学科知识的掌握,对学科的分类也比较细,但是缺乏整体设计,未能体现学科交叉融合、跨学科学习等,课程内容在小学与初中阶段之间的衔接不够紧密和连贯。为此,我国研制了九年一贯制的科学课程标准。

在课程结构和内容方面,《科学课程标准》重视以核心概念为基础的学习进阶,以“少而精”为基本理念,精选核心概念,依据学生从小学到初中在认知、情感和行为等方面的发展,进行九年一贯制科学课程的整体设计。科学是一门具有基础性、实践性与综合性的课程。科学教育应该贴近学生的生活,从学生生活中提炼、梳理科学问题,回归生活实际问题的解决。教师在科学教学中要将课程内容与学生未来的发展紧密联系起来,促使学生理解科学与社会、生活的关系,并通过加强科学课程的实用性和应用性,培养学生的问题解决能力,从而使学生领悟学习科学的意义,对科学学习产生兴趣。

思维发散

1. 请结合我国科学教育实践的情况,谈谈我国科学课程标准是如何顺应国际科学教育发展趋势的。

2. 我国小学科学课程改革与发展借鉴了国际科学教育的哪些先进经验? 自身又进行了哪些探索和创新?

📖 **学习评价**

请根据表 2-8,对本章学习情况进行评价(非常符合 =5 分,比较符合 =4 分,一般符合 =3 分,不太符合 =2 分,不符合 =1 分)。

表 2-8　学习评价表

学习本章内容后		非常符合	比较符合	一般符合	不太符合	不符合	综合得分
能简述《科学课程标准》的主要内容	自评						
	互评						
	师评						
能概述美国、英国、日本、韩国小学科学课程标准的基本情况	自评						
	互评						
	师评						
理解《科学课程标准》对我国国家政策的贯彻落实以及对国际科学教育发展趋势的顺应	自评						
	互评						
	师评						

❓ **理解 · 分析 · 实训**

1. 名词解释:课程标准。

2.《科学课程标准》的颁布会给我国小学科学课程与教学带来哪些重要影响? 教师应如何应对这些影响?

3. 一线小学科学教师在进行教学设计时常常忽视课程标准,许多教师认为课程标准是教研员或课程与教学专家需要深入研究的,对此你如何看? 如果你是一名小学科学教师,你会如何使用课程标准?

第三章
小学科学课程改革的主要特征和理论基础

■ **学习目标**

1. 理解科学课程要培养的学生核心素养的内涵。

2. 理解科学课程中学科核心概念和跨学科概念的设计思路与具体内涵。

3. 理解学习进阶理论,了解学习进阶在小学科学课程中所发挥的作用。

4. 能概述从注重科学探究到注重探究实践的发展过程,理解探究实践在科学课程中的地位与作用。

5. 了解促进探究实践的跨学科融合教育理念。

■ 知识地图

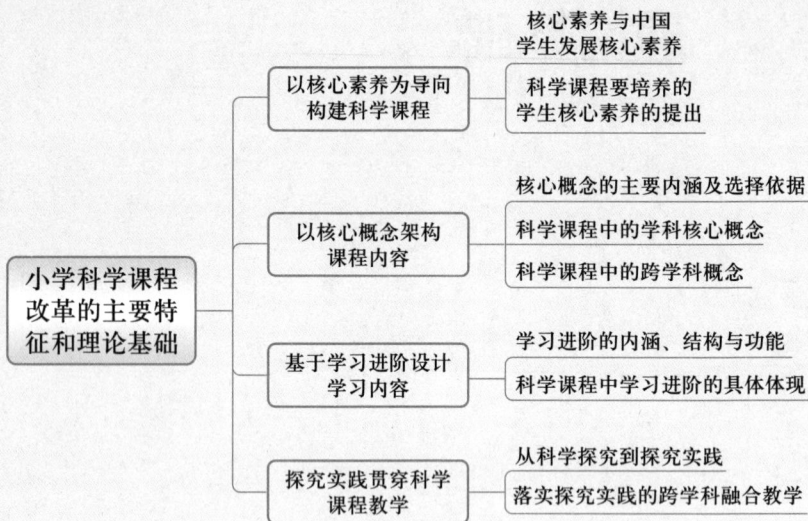

■ 关键问题

小学科学课程改革有哪些主要特征?

小学科学课程改革依据了哪些理论?

■ 经验联结

为适应新时代义务教育改革发展的需要,2019年教育部启动了义务教育课程标准修订工作。2022年,教育部正式印发《义务教育课程方案(2022年版)》和各学科课程标准,明确了基础教育未来一段时间发展的方向。其中《科学课程标准》第一次较为完整地建构了义务教育阶段科学课程的内容体系。科学课程的改革方向及具体内容的设计思路将影响一线教学实践。因此,从理论的角度审视科学课程,从实践的角度解析科学课程改革至关重要。

《科学课程标准》提出面向全体学生,立足素养发展;聚焦核心概念,精选课程内容;科学安排进阶,形成有序结构;激发学习动机,加强探究实践;重视综合评价,促进学生发展五个层面的课程理念。这些理念的提出有何依据? 在科学课程中又如何具体落实?

第一节　以核心素养为导向构建科学课程

在日新月异的时代格局中,培养什么样的人成为世界性的重要议题。核心素养的理念在此背景下应运而生。将核心素养落实到科学课程中则需进一步明确其在科学课程中的内涵,由此才能重构科学课程的目标,并指导科学课程与教学工作。

学 习 活 动

阅读2014年教育部颁布的《关于全面深化课程改革　落实立德树人根本任务的意见》,思考:核心素养为什么会成为我国新一轮课程改革的重要议题? 引入核心素养对一线科学教师有什么样的意义?

一、核心素养与中国学生发展核心素养

(一) 核心素养的提出背景

核心素养,英文为 key competency。最早系统提出核心素养理念的是经合组织。1997 年,经合组织启动了"素养的界定与遴选:理论和概念基础"项目,历时六年,提出多学科整合的三大核心素养——交互地使用工具的能力、在异质社会团体中互动、能自律自主地行动(见表 3-1)。经合组织指出,核心素养是以知识与技能、思想方法为基础,整合情感、态度与价值观在内的,在特定情景中,通过利用和调动心理社会资源(包括技能和态度)满足复杂需要的能力。

表 3-1　经合组织提出的学生核心素养框架

交互地使用工具的能力	在异质社会团体中互动	能自律自主地行动
互动地使用语言、符号和文本; 互动地使用知识与信息; 互动地使用新技术	与他人建立良好关系的能力; 合作能力; 管理与解决冲突的能力	在复杂大环境中行动; 设计人生规划与个人计划的能力; 维护权利、兴趣、范围与需要的能力

欧盟于 2005 年发布《终身学习核心素养:欧洲参考框架》,要求教育同时关注社会和经济发展,全体公民应终身学习,不断地更新自身的知识和技术。以此为理念,欧盟提出了八项主要能力——母语、外语、数学与科学技术素养、信息素养、学习能力、公民与社会素养、创业精神以及艺术素养,并从知识、技能、态度三个维度

分别进行详细阐述。此后,欧盟的教育政策与计划均围绕核心素养展开。

美国教育部联通全美国际教育协会等社会组织、跨国企业和民间研究机构成立 21 世纪学习合作组织(Partnership for 21st Century Learning,简称 P21),提出 21 世纪技能框架,它包含学习和创新技能,生活和职业技能,信息、媒体和技术技能三项 21 世纪必备的技能,以及标准和评价、课程和指导、专业发展、学习环境四个支撑体系(如图 3-1 所示)。

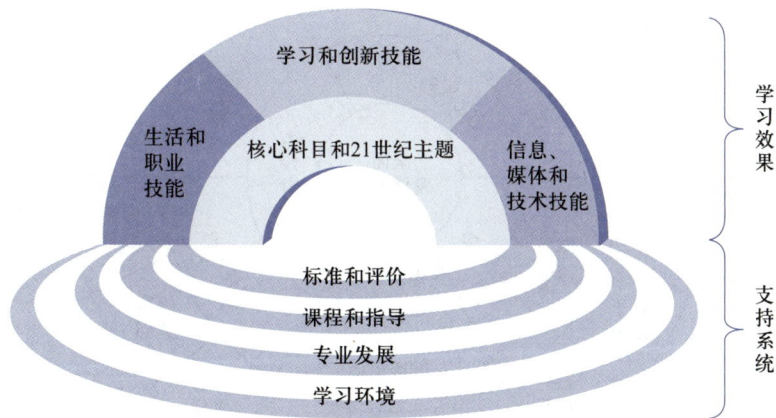

图 3-1　美国 21 世纪技能框架

纵观不同国际组织或国家的核心素养框架,尽管关注点和具体内容存在差异,但是它们也表现出一些共性:第一,现有的核心素养框架都具有很强的时代性,反映了社会发展的新要求,其中强调的创新素养、信息素养、全球视野、自我规划与管理、沟通与交流等有助于学生应对 21 世纪挑战的素养,可以帮助学生应对未来社会的不确定性和复杂性;第二,核心素养框架都体现出学科的综合性,教师需要通过整合不同学科的内容、设置跨学科的主题来培养学生的这些素养;第三,核心素养支撑人的全面发展,素养的发展不限于特定的目标或者领域,而是寻求个人发展与社会发展的统一,能力发展和品格养成的统一。[1] 价值观是核心素养的核心,为人的全面发展提供原动力,也是学生核心素养发展的重要保证。

(二) 中国学生发展核心素养

我国吸收国际核心素养的研究经验,同时结合我国社会对人才的具体需求,把对学生德智体美劳全面发展的总体要求和社会主义核心价值观的有关内容具体化、细化。2016 年,我国核心素养课题组以培养"全面发展的人"为核心,将中国学

---

[1] 张传燧,邹群霞.学生核心素养及其培养的国际比较研究[J].课程·教材·教法,2017(3): 37-44.

生发展核心素养分为文化基础、自主发展、社会参与三个方面,综合表现为人文底蕴、科学精神、学会学习、健康生活、责任担当、实践创新六大素养,具体细化为国家认同等 18 个基本要点(如图 3-2 所示)。

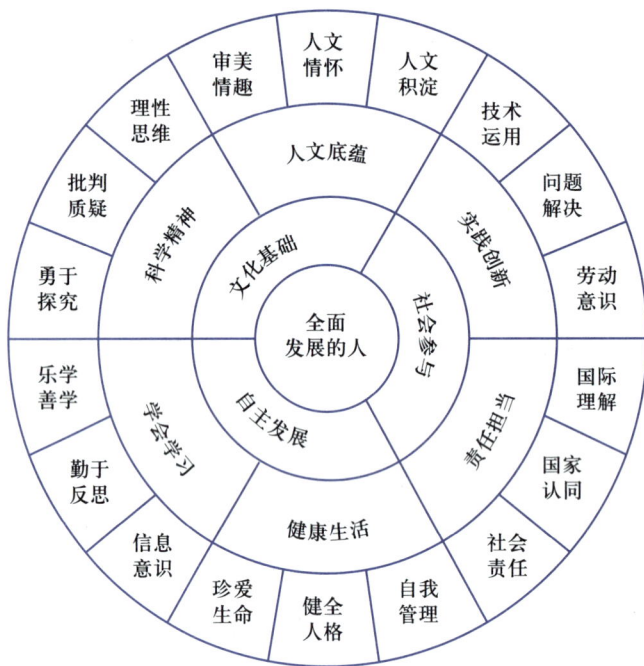

图 3-2　中国学生发展核心素养

可以看出,核心素养理念的发展与社会发展密切相关。在不同历史时期、不同社会背景下,人们对核心素养的理解不同,这些都是人们对"培养什么样的人"这一问题的回答。在以信息经济为主导的当代社会背景下,核心素养是培养自我实现与促进社会和谐发展的高素质公民的基础。

中国学生发展核心素养能够落实到课程中的前提,就是建立各学科所要培养的核心素养。基于学科核心素养的 2017 年版高中课程标准颁布,代表着课程目标从"双基"目标、三维目标向核心素养转换,中小学课程教学改革自此进入核心素养时代。

二、科学课程要培养的学生核心素养的提出

《科学课程标准》提出了科学课程要培养的学生核心素养,其背后包含了众多学者对科学课程定位的省思。吸收国内外科学素养、科学学科核心素养的相关研究成果,更有助于我们认识科学课程要培养的学生核心素养的内涵。

(一) 关于科学素养的研究成果

科学课程中核心素养的研究可以溯源到对科学素养的探讨。第一次对"科学素养"进行解释的是著名科学教育家赫德。20 世纪 50 年代末,他在题为《科学素养:对美国学校的启示》的文章中把科学素养界定为"理解科学及其在社会中的应用"。可以看出,赫德对于科学素养的解释比较宽泛,且主要关注科学素养的社会性知识与应用,对于其他的要素及构成并没有涉及。因此,从某种程度上讲,该时期的科学素养还没有一个完整的框架,且在很大程度上体现在美国高中物理等新理科课程的编制上,这些理科课程所要实现的科学素养,注重"概念性知识""科学的本质""科学的伦理"。①

PISA 是由经合组织发起的国际学生评估项目。PISA 2015 与 PISA 2018 均将科学素养定义为:一个具有反思意识的公民所具备的能够参与讨论与科学有关的问题,提出科学见解的能力。其科学素养测试框架由背景、知识、能力和态度四个部分组成,同时将科学地解释现象、评价和设计科学探究、科学地解释数据和证据定义为科学素养的三种能力。PISA 2015 注重学生对科学的积极态度,这是大多数学者或组织不曾强调的。②

TIMSS 是由国际教育成就评价协会发起的国际教育评价研究和评测活动。TIMSS 2015 和 TIMSS 2019 虽然没有明确指出科学素养的一般概念,但从测量的需要出发,从科学内容(science content)、科学认知(science cognitive)和科学实践(science practices)三个方面对学生的科学素养进行评价。尤其 TIMSS 2015 首次将科学实践加入测评内容,且 TIMSS 2019 依旧沿用这一内容,同时强调不能孤立地评估科学实践,而是要将其放在科学内容领域的各个部分中评估。③

2017 年版《科学课程标准》指出,科学素养是指了解必要的科学技术知识及其对社会与个人的影响,知道基本的科学方法,认识科学本质,树立科学思想,崇尚科学精神,并具备一定的运用它们处理实际问题、参与公共事务的能力。

可以看出,科学素养大多包含知识、实践、探究与态度四个方面的内容。这些研究成果为科学课程要培养的学生核心素养的提出提供了依据。

(二) 科学课程要培养的学生核心素养的内容

新一轮科学课程改革提出了学生在学习科学课程的过程中应逐步形成的核心

① 钟启泉. 国外"科学素养"说与理科课程改革[J]. 比较教育研究,1997(1):16–21.
② 刘克文、李川.PISA2015 科学素养测试内容及特点[J]. 比较教育研究,2015,37(7):98–106.
③ 胡进.TIMSS 2015 科学评估框架概况、发展及启示:兼与 TIMSS 2007、2011 科学评估框架的比较[J]. 外国中小学教育,2014(10):7–12.

素养,包括科学观念、科学思维、探究实践、态度责任四个方面。

I. 科学观念

2022 年版《科学课程标准》首次在课程文件中提出了"科学观念"一词。在 2017 年版《科学课程标准》中,课程目标中的科学知识目标同科学、技术、社会与环境目标均蕴含了科学观念的内涵。

任何一个研究领域的知识体系都包含了经验要素、理论要素和观念要素,其中观念要素是知识体系中最为本质的内容,处于核心地位。因此,科学观念位列科学课程要培养的学生核心素养之首,位于科学知识体系中的最深层、最上位。2022 年版《科学课程标准》(以下简称为《科学课程标准》)将科学观念定义为在理解科学概念、规律、原理的基础上形成的对客观事物的总体认识。

科学观念具体包括三个部分的内容:科学、技术与工程领域的一些具体观念;对科学本质的认识;科学观念在解释自然现象、解决实际问题中的应用。

科学、技术与工程领域的一些具体观念,是对科学及其形而上的概括的认识,常常与各学科的特色和学科所需要解决的基本问题相关[①],如物理学中的能量观念、化学中的元素观念、生物学中的进化观等。《科学课程标准》仅列举了部分具体观念,如物质观、能量观、结构观、功能观等。

对科学本质的认识即科学本质观。国际科学教育已将科学本质观作为课程内容的重要组成部分,它是科学观念的核心内容之一。科学本质,一般是指对于科学知识、科学研究过程、科学方法、科学精神、科学的历史、科学的价值、科学的限度等方面最基本的认识,是一种对科学本身全面的、哲学性的基础认识。美国《新一代科学教育标准》对科学本质的内涵作了阐释:(1) 科学知识基于实证;(2) 科学知识是开放的,随着新证据的出现而不断修订;(3) 科学模型、定律、机制和理论可解释自然现象;(4) 科学探究应用多样的方法;(5) 科学是一种思维方式;(6) 科学假设在自然系统中存在某种秩序和共性;(7) 科学是人类努力建构的;(8) 科学致力于解决自然和物质世界的问题。《科学课程标准》列举的对科学本质的认识有:对科学知识的可验证性、相对性、暂时性的认识,对人与自然关系的认识,以及对科学、技术、社会、环境之间关系的认识。

✎ **知 识 链 接**

表 3-2 呈现了低学段小学生对科学本质的理解模型,理解其架构及内涵有助于实现科学本质在课程与教学中的渗透。

---

① 蔡铁权,郑瑶. 科学观念及其科学教育价值[J]. 教育科学研究,2019(10):5-11.

表 3-2　低学段小学生对科学本质的理解模型 [①]

维度	指标	内涵
科学知识的本质	暂定性	所有科学知识都可能发生变化
	主观性	科学知识在某种程度上受个人背景、信仰、喜好、知识的影响
	观察与推论	所有的科学知识都是由观察和部分推理组成的
	科学基于实证	科学知识至少部分是参照经验世界而发展起来的
科学探究的本质	科学探究以问题开始	科学探究涉及提问、回答问题和将答案与科学家已知的世界相比较
	收集数据以回答问题	科学通过使用经验证据来解释世界的运作方式,从而区分自己与其他认识方式;科学家专注于从观察现象中获得准确的数据
	使用数据和已有知识回答问题	科学家利用观察(证据)和他们对世界的了解(科学知识)进行解释
	科学方法多种多样	没有任何一套或一系列步骤可以表征所有的科学研究;除了经典的实验设计,描述性和相关性调查也是开发科学知识的有效方法;科学家根据他们试图回答的问题使用不同种类的调查

科学观念在解释自然现象、解决实际问题中的应用,反映出此次课程改革的重要导向,即强调学生的科学学习贴近生活实际、时代发展,引导教师重视通过实践、应用去帮助学生建构与发展科学观念。

2. 科学思维

近年来随着面向核心素养的基础教育改革的推进,对思维的培养成为教育改革的重要方向。

《科学课程标准》将科学思维定义为从科学的视角对客观事物的本质属性、内在规律及相互关系的认识方式,主要包括模型建构、推理论证、创新思维等。

首先是模型建构。科学建模能力是主体意识对客体现象复杂加工过程中表现出来的个性化心理品质:基于原有认识,观察、分析物理现象,形成初步的心智模型,通过推理、论证等复杂的认知行为对心智模型进行修正,并最终形成概念模型,是一种主动的内在心智行为能力。[②] 依据建模过程,建模能力可以分为模型选择、模型建构、模型验证、模型分析、模型应用等维度。《科学课程标准》指出,模型建

① 李秀菊,薛松,崔鸿. 低学段小学生科学本质观现状调查研究:以四省调查结果为例[J]. 上海教育科研,2020(11):39-44.

② 翟小铭,郭玉英. 科学建模能力评述:内涵、模型及测评[J]. 教育学报,2015,11(6):75-82.

构体现在：以经验事实为基础，对客观事物进行抽象和概括，进而建构模型；运用模型分析、解释现象和数据，描述系统的结构、关系及变化过程。

其次是推理论证。它包含科学推理与科学论证两个方面。《科学课程标准》指出，推理论证体现在：基于证据与逻辑，运用分析与综合、比较与分类、归纳与演绎等思维方法，建立证据与解释之间的关系并提出合理见解。

科学推理在个体认知世界的过程中扮演着重要的角色，能够帮助人们了解观察到的现象之间的关系，设计实验并检验实验结果，预测逻辑推论，权衡证据，并使用一定量的证据来证明一个特定结论的合理性。科学推理这种思维形式涉及归纳思维和演绎思维：归纳思维是指获取、形成概念，逐步进行图式的建构；演绎思维是基于创造力，通过观察，建构模型以及进行经验证据的评价。

论证是个体企图向他人解释自己推理的过程，透过论证可以看到个体的高层次思维以及推理的过程。科学论证是一种复杂的推理过程，是指在基于科学知识的情况下，建构或批判主张和证据之间的联系。证据包括科学数据，比如通过观察或者测量得到的数据。推理解释了为什么证据支持主张，常常需要使用跨学科的概念。这些内容可以用于对话交互过程中的论证建构和批判。

最后是创新思维。创新思维也可以称为创造性思维，具体表现为：往往与创造性活动联系在一起，其结果是产生具有社会价值的、新颖而独特的思维成果；思维与想象有机统一，创造性思维是在现成资料的基础上进行想象、加以构思得以实现的；伴有灵感的出现；发散思维和聚合思维、分析思维与知觉思维统一。《科学课程标准》指出，创新思维体现在：从不同角度分析、思考问题，提出新颖而有价值的观点和解决问题的方法。

3. 探究实践

随着美国《新一代科学教育标准》的发布，科学探究与科学实践的关系逐渐成为国际科学教育领域的热点话题。世界各国的科学课程标准都将探究实践素养纳入课程目标。《科学课程标准》将探究实践定义为：在了解和探索自然、获得科学知识、解决科学问题，以及技术与工程实践过程中，形成的科学探究能力、技术与工程实践能力和自主学习能力。可见，探究实践这一方面的核心素养包含三个维度：科学探究能力、技术与工程实践能力和自主学习能力。

根据《科学课程标准》，科学探究能力体现在：理解科学探究的一般过程和方法；提出科学问题，并针对科学问题进行合理猜想与假设；制订计划并搜集证据，分析证据并得出结论；对结果进行解释与评估；准确表达观点，反思探究过程与结果。技术与工程实践能力体现在：了解技术与工程实践的一般过程和方法，针对实际需要明确问题，提出有创意的方案，并根据科学原理或限制条件进行筛选；实施计划，利用工具和材料进行加工制作；根据实际效果进行修改迭代；用自制的简单装置及实物模型验证或展示某些原理、现象和设想。自主学习能力体现在:自主确定学习目标、选择学习策略、监控学习过程、反思学习过程与结果。

我们将三大能力置于统一的时间轴上,如图 3-3 所示。可以看出,三大能力之间存在明显的联系。当学生像科学家一样参与科学探究活动时,他们会更多地表现出科学探究能力;当学生像工程师一样参与技术与工程实践活动时,他们会表现出技术与工程实践能力;而自主学习能力将贯穿科学探究和技术与工程实践活动的全过程。

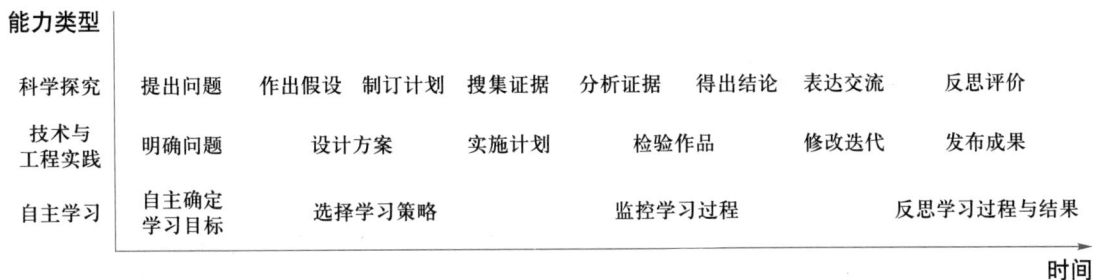

能力类型

科学探究	提出问题	作出假设	制订计划	搜集证据	分析证据	得出结论	表达交流	反思评价
技术与工程实践	明确问题		设计方案	实施计划		检验作品	修改迭代	发布成果
自主学习	自主确定学习目标		选择学习策略		监控学习过程		反思学习过程与结果	

时间 →

图 3-3　探究实践核心素养包含的三大能力时间轴

4. 态度责任

态度责任是核心素养目标实现增值的关键因素,有学者用“素养 =(知识 + 能力)^{态度}”这一表达式来阐述。[①] 科学教育中最重要的不是科学知识的灌输,而是科学态度的培养。《科学课程标准》将态度责任定义为:在认识科学本质及规律,理解科学、技术、社会、环境之间关系的基础上,逐渐形成的科学态度与社会责任。教师要通过态度责任的培养,激发学生的民族自豪感,以便其将来积极投身到国家的建设中。

一个对科学有积极态度的学生,会对科学实验和活动感兴趣。这些活动可以提升学生的推理能力,进而促进其认知的发展,提高其学习能力,使其获得科学技能。加德纳将与科学态度相关的内容划分成两类:一是反映科研思维和处事心态的科学态度,比如好奇心、理性、客观性、中止判断等;二是对待科学的态度,指对科学或特定科学学科、科学家、科学生涯,以及特定科学议题等的态度。《科学课程标准》指出,科学态度体现在:保持好奇心和探究热情,乐于探究和实践;有基于证据和逻辑发表自己见解的意识,严谨求实;不迷信权威,敢于大胆质疑,追求创新;尊重他人的情感和态度,善于合作,乐于分享。可以发现,其中暗含了“科学的态度”和“对科学的态度”两个方面的内容。

与此同时,世界上许多国家十分重视社会责任教育,有的国家甚至将社会责

---

① 曹俊,钟志鹏.核心素养视阈下科学态度与责任培养的实践与思考[J].物理之友,2017,33(12):15-17.

任教育作为重要的教学内容,开设专门的课程来培养学生的责任感,或者将参与社会实践活动作为考核学生的标准之一。科学课程作为综合课程,是社会责任教育的重要载体。《科学课程标准》指出,社会责任体现在:珍爱生命,践行科学、健康的生活方式;热爱自然,具有节约资源、保护环境、推动生态文明建设和可持续发展的责任感;对与科学技术相关的社会热点问题作出正确的价值判断,遵守科学技术应用中的公共规范、法律法规和伦理道德,维护自身和他人的合法权益,捍卫国家利益。

(三) 核心素养四个方面之间的关系

学 习 活 动

结合表3-3,思考科学课程要培养的核心素养的具体内涵,分析核心素养各维度之间存在什么样的关系。

表 3-3 科学课程要培养的核心素养的结构与主要内容

核心素养	主要内容	举例
科学观念	具体观念	对物质、能量、结构、功能、变化等的认识
	对科学本质的认识	对科学知识的可验证性、相对性、暂时性等的认识
	科学观念的应用	在解释自然现象、解决实际问题中的应用
科学思维	模型建构	建构模型,运用模型分析、解释现象和数据
	推理论证	科学推理、科学论证
	创新思维	新观点、新方法
探究实践	科学探究能力	提出问题、作出假设、制订计划、搜集证据、分析证据、得出结论、表达交流、反思评价
	技术与工程实践能力	明确问题、设计方案、实施计划、检验作品、修改迭代、发布成果
	自主学习能力	自主确定学习目标、选择学习策略、监控学习过程、反思学习过程与结果
态度责任	科学态度	探究兴趣、实事求是、追求创新、合作分享
	社会责任	健康生活、人际协调、价值判断、道德规范、家国情怀

就内容来看,科学课程要培养的核心素养融合了各理科学科核心素养的内涵。义务教育科学课程标准修订组组长胡卫平教授对核心素养各维度之间内在关联的解析如图3-4所示。

科学观念是科学育人价值最为显著的表现,涵盖了物理学科中的物理观念、化学学科中宏观辨识与微观探析的化学观念、生物学学科中的生命观念等。科学观念居于突出的位置,是其他核心素养的基础。科学观念凝聚着科学思想的精华,凸显科学事实的规律性,具有自上而下的指导作用,能为学生学习提供基本框架,为理论和实践活动奠定思想框架和行动准则。

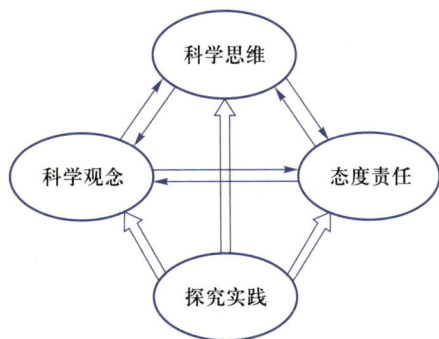

图 3-4　核心素养各维度的内在关联

　　科学思维是科学课程要培养的核心素养能力因素的关键部分,是从科学的视角认识客观事物的本质、规律与关系的方式,也是适应现代社会发展的核心思维方式,而且可以迁移到其他领域。通过科学思维对感性材料进行加工,学生能形成科学观念,因此科学思维既是概念形成的工具,又是科学观念建立的工具。此外,科学思维贯穿探究实践,有助于提升学生探究实践的能力。

　　探究实践是学生形成其他核心素养的主要途径,它充分体现了科学发生、发展、应用的过程。因此,探究实践是了解科学现象、测量科学数据、获得科学知识的源泉,是建立、发展和检验科学理论的实践基础,是获得科学思维的有效途径,有助于促进科学知识的内化与外化,实现学生对科学知识的深度理解。

　　态度责任是一个人在社会生活中品格、能力外显的途径,是学生基于对科学观念的深度理解,在探究实践的支撑下,通过内化科学思维而形成的必备品格,是社会主义核心价值观在科学课程中的集中体现。因此,培养学生的态度责任,有助于激发学生应用科学原理探索自然、理解自然的原动力,促进科学观念、科学思维、探究实践等核心素养的发展,激发学生的民族自豪感、责任感,培养学生积极投身于国家建设的意识。

思维发散

　　查阅文献,结合《科学课程标准》,分析核心素养在架构科学课程时的地位与作用。

第二节　以核心概念架构课程内容

　　在知识爆炸式发展和科技飞速进步的大背景下,科学教育的目标不是使学生掌握海量的事实性和理论性知识,而是引导其深入理解少数非常具有解释力的学

科大概念,帮助其理解与生活相关的事件和现象。

一、核心概念的主要内涵及选择依据

(一)主要内涵

核心概念,也被称为基本概念、大概念,是指反映学科本质及其特殊性的概念,是一种高度形式化、兼具认识论与方法论意义、普适性极强的概念。它超越了特定的学科领域,设法解决更深层次的问题。核心概念可以促进学生的深度学习,并使知识和技能更有效地迁移。

从认知发展角度来看,核心概念是个体认知结构中重要的关联点。怀特利在强调核心概念在个体认知发展中的作用时,将其比喻为使人们能够有意义地联结零散知识点的"建筑骨架"。[1]

从学科知识结构的角度来看,核心概念处于学科知识的顶端,具备极强的解释力、抽象性、概括性和包容性,是在事实基础上抽象出来的深层次的、可迁移的概念。温·哈伦认为,大概念是能够解释和预测较大范围自然现象的概念,处于交叉学科的水平。[2]

从课程与教学的角度来看,核心概念是一个学科连接其他学科知识的"概念锚点",使课程教学更加聚焦连贯[3],是整个学科教学的连心锁,是赋予学生学习以整体性的关键。将大概念引入科学课程,有助于实现"少而精"的课程与教学目标,能够在促成知识向素养转化的同时,减轻学生的学业负担。

(二)遴选依据

核心概念的设置有助于学科核心素养的落实,促进学生形成对知识的本质性理解,形成学科观念;有助于促进知识联结的产生,发展学生的适应能力;有助于促进学生的自我建构,指向终身素养。[4]从奥苏贝尔1963年提出将核心概念作为科学课程的"先行组织者"起,国际教育界对科学课程内容的整合展开了持续半个多世纪的讨论。

科学教育领域较早树立起大概念研究标杆并引起广泛关注的是哈伦,他在

① WHITELEY M. Big ideas: a close look at the Australian history curriculum from a primary teacher's perspective[J]. Agora, 2012(1): 41-45.
② 哈伦.科学教育的原则与大概念[M].韦珏,译.北京:科学普及出版社,2011:18.
③ 威金斯,麦克泰格.追求理解的课程设计:第二版[M].闫寒冰,宋雪莲,赖平,等译.上海:华东师范大学出版社,2017:75.
④ 李刚,吕立杰.大概念课程设计:指向学科核心素养落实的课程架构[J].教育发展研究,2018,38(Z2):35-42.

《科学教育的原则与大概念》中将大概念分为两类:科学知识的核心概念和关于科学本身的核心概念。美国《新一代科学教育标准》对学科核心概念的设置进行了阐释。哈伦和美国《新一代科学教育标准》遴选核心概念的依据如表 3-4 所示。

表 3-4　核心概念的遴选依据

来源	编号	维度
哈伦[①]	1.1	能够用于解释有关的大范围里的物体、事件和现象,而这些物体、事件和现象是学生在就学期间和毕业以后的生活中会遇到的
	1.2	为学生需要参与决策的问题提供科学知识的基础,而这些问题会影响学生自己和他人的健康、福祉以及环境,例如能源的使用
	1.3	能够对人们提出的有关自身和自然的问题作出回答,或是寻求答案,将会给学生带来愉悦和满足
	1.4	具有文化上的意义,例如对人类存在带来影响的看法——对科学发展史中成就的回顾,从研究自然中获得的激励和了解人类活动对环境的影响
美国《新一代科学教育标准》[②]	2.1	学科显著性,即核心概念在该学习领域具有广泛的重要性,并且是关键的组织概念
	2.2	解释能力,核心概念能解释领域内的其他概念及问题
	2.3	一般性,能作为理解或探究更复杂概念的关键工具
	2.4	与生活实际紧密关联,包括两方面:既要与学生的生活体验和兴趣紧密相关,还要与重大社会生活议题相关
	2.5	持续延伸性,核心概念需从幼儿园到 12 年级都具有可教性与可学性

注:为便于比较,表中将哈伦的遴选依据标注为 1.1—1.4,将美国《新一代科学教育标准》的遴选依据标注为 2.1—2.5。

　　比较上述两种遴选依据,可以发现两者存在以下共同点和差异:1.1 与 2.1、2.2 均强调核心概念的重要性及其解释领域内其他概念和问题的能力;1.2 与 2.4 都关注核心概念与学生生活及社会环境等议题的紧密关联;1.3 和 2.3 期望核心概念能成为理解更复杂知识的重要工具。而 1.4 特别指出了核心概念的文化意义,这在《新一代科学教育标准》中未被明确强调。另外,2.5 要求核心概念需具备从幼儿园到 12 年级的持续性,这一点在哈伦的观点中未直接提及。基于国内外的研究,义务教育科学课程标准修订组提出学科核心概念的确定原则:

　　(1) 所确定的学科核心概念符合核心概念的基本要求,属于核心概念的范畴。

---

① 哈伦. 以大概念理念进行科学教育[M]. 韦钰,译. 北京:科学普及出版社,2016:16.

② 郭玉英,姚建欣,张静. 整合与发展:科学课程中概念体系的建构及其学习进阶[J]. 课程·教材·教法,2013,33(2):44-49.

（2）突破学科领域(物质科学、生命科学、地球与宇宙科学、技术与工程)的界限确定核心概念,实现更进一步的综合。

（3）保持课程标准的继承性、连续性、稳定性。此次确定的核心概念尽量与2011年版、2017年版课程标准中的核心概念保持一致。

（4）基于科学课程分科与综合共存的现状,初中阶段科学课程应与物理、化学、生物学、地理等课程保持一致的内容要求和学业要求。

（5）尽量减少学科核心概念的数目。

（6）尽量与国际上认同的核心概念一致。

在《科学课程标准》中,核心概念包含学科核心概念和跨学科概念,由核心概念组成的科学课程的内容结构如图3-5所示。13个学科核心概念作为科学课程的核心内容,旨在促进学生跨学科概念的学习和核心素养的形成。

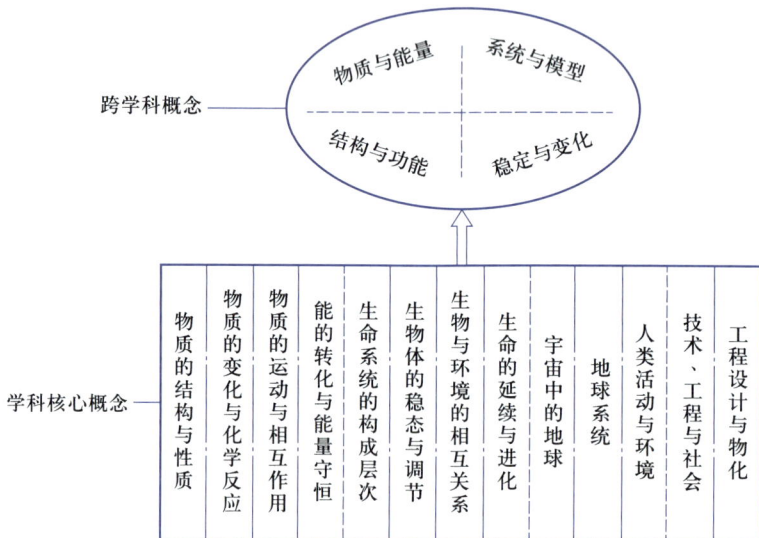

图3-5　科学课程的内容结构

二、科学课程中的学科核心概念

13个学科核心概念是所有学生在义务教育阶段应该掌握的科学课程的核心内容,学生通过对学科核心概念的学习,形成核心素养。

学 习 活 动

扫描二维码,了解美国、英国、法国、德国科学学科核心概念的内容并思考:不同国家科学学科核心概念有何异同? 这对我国选择科学学科核心概念有何启示?

美国、英国、法国、德国科学学科核心概念

《科学课程标准》突出了科学课程的综合性,打破了学科领域的界限,按照物质的结构与性质,物质的变化与化学反应,物质的运动与相互作用,能的转化与能量守恒,生命系统的构成层次,生物体的稳态与调节,生物与环境的相互关系,生命的延续与进化,宇宙中的地球,地球系统,人类活动与环境,技术、工程与社会,工程设计与物化共13个核心概念设计课程内容。13个核心概念的内涵如表3-5所示。可以看出,各核心概念仍主要偏重某一领域,学科核心概念1—4偏重物质科学领域,5—8偏重生命科学领域,9—11偏重地球与空间科学领域,12—13偏重技术与工程领域。

表 3-5 我国科学学科核心概念的内涵

学科核心概念	内涵
1. 物质的结构与性质	世界是物质的,太阳系、地球、原子、基本粒子、电磁场等都是物质。不同组成与结构的物质具有不同的性质,物质的性质决定了其功能与用途
2. 物质的变化与化学反应	物质是不断变化的,物质的变化分为物理变化和化学变化。物理变化是物质的状态发生了改变,没有新物质生成;化学变化是物质的性质发生了改变,有新物质生成。化学变化通过化学反应得以实现,其实质是原子的重新组合。化学反应需要一定的条件,合理利用与调控化学反应可以创造新的物质并为人类解决面临的问题
3. 物质的运动与相互作用	物质是运动的。物质的运动包括机械运动、热运动和电磁运动。物体之间存在相互作用力,包括电磁力、万有引力、强相互作用与弱相互作用;力可以改变物体的形状和运动状态
4. 能的转化与能量守恒	在物质的一切属性中,运动是最基本的属性。对应物质的各种运动形式,能有各种不同的形式,如在机械运动中表现为机械能,在热现象中表现为系统的内能。能量是一切运动着的物质的共同特性,也是各种运动的统一量度。能的形式是多样的,可以通过做功相互转化。能在转移与转化过程中,总量保持不变
5. 生命系统的构成层次	生命系统是一种复杂的开放系统,与其他物质系统一样具有层次性,遵循自然界的共同规律。细胞、组织、器官、系统、个体、种群、群落、生态系统和生物圈是生命系统的构成层次,细胞是生物体结构与生命活动的基本单位。一些生物由单细胞构成,一些生物由多细胞组成
6. 生物体的稳态与调节	生物体是一个在内部和外部不断进行物质循环、能量流动和信息交流与反馈的开放系统,能通过自我调节机制维持稳态。植物可以制造有机物,为其他生物提供食物;动物通过获取其他生物的养分来维持生存;人体通过一定的调节机制,完成一系列复杂的生命活动
7. 生物与环境的相互关系	地球上每一种生物的生存都与环境密切相关,生物与环境之间的相互作用与相互协调构成了生态系统的动态平衡。人类的活动能对环境产生重大的影响,而生活环境与习惯也会影响人体健康
8. 生命的延续与进化	生物通过生殖、发育和遗传使遗传信息代代相传,实现生命的延续。在生命延续的过程中,遗传信息可能会发生改变。生物的遗传、变异与环境因素的共同作用导致了生物的进化

续表

学科核心概念	内涵
9. 宇宙中的地球	地球是太阳系中的一颗行星,地球和月球组成地月系,太阳、绕太阳运转的行星及其卫星和各类小天体组成太阳系,太阳是银河系中的一颗普通恒星,银河系是宇宙中的一个普通星系。地球的自转和公转,形成了昼夜交替和四季变化等周期性的自然现象。人类对太空的探索,正在逐步揭开宇宙的奥秘
10. 地球系统	地球是一个由不同圈层组成的系统。地球的外部包括大气圈、水圈和生物圈,内部包括地壳、地幔和地核,地壳和地幔的一部分组成了岩石圈。不同圈层之间存在物质交换和能量传输,决定了整个地球的演化方向。大气运动形成了天气和气候现象,岩石风化形成了土壤,流水和地壳运动是塑造地表形态的重要力量
11. 人类活动与环境	人类只有一个地球。人类的生存和发展需要开发和利用自然资源,同时也面临着各种自然灾害的威胁。人类活动会对环境产生影响,良好的生态环境是一种重要的公共资源。坚持绿水青山就是金山银山的理念,合理利用自然资源,科学防灾减灾,践行绿色低碳生活方式,是人类社会可持续发展的必然选择
12. 技术、工程与社会	人类在与自然界打交道的过程中,为了适应自然、改善生存条件而产生了技术;人类对已有的物质材料和生活环境加以系统的开发、生产、加工、建造,以满足人们的需求,就产生了工程。早期技术、工程和科学相对比较独立,而现代技术、工程和科学相互影响与相互促进,越来越密不可分,共同推动了社会进步
13. 工程设计与物化	工程活动的本质是创造人工实体,设计与物化是其中的重要环节。工程首先要定义与界定问题,明确需要满足的标准和受到的限制条件,形成多种可能的解决方案,基于证据进行优化并确定方案;物化是选择合适的工具和材料,实施设计方案,做出初步的产品或实物模型。经过对结果的评估,发现存在的问题并进行改进,对于比较复杂的产品或实物模型,可能需要多次迭代改进

三、科学课程中的跨学科概念

科学教育领域的跨学科概念是指在所有科学领域都有所运用的主要概念,可以帮助学生加深对学科核心概念的理解,并形成一种连贯的、基于科学的世界观框架。

(一) 国外跨学科概念研究成果

美国对跨学科概念的研究较为成熟。1964年,美国科学教师协会课程委员会提出科学课程的概念框架:(1) 所有物质都是由基本粒子组成的;(2) 物质以单元形式存在,可分为组织层次结构;(3) 宇宙中物质的状态可以用统计学来描述;(4) 物质单元相互作用;(5) 所有物质单元的相互作用都会趋于平衡状态;(6) 能量的一种形式是物质单元的运动;(7) 物质有某种程度的变化。其中蕴含着物质与能量、结构与功能、稳定与变化的跨学科概念要素,它们被认为是科学教育领域跨学科概念的雏形。

　　之后50年,美国不断深入跨学科概念的研究。2011年7月美国颁布的《K—12科学教育框架:实践、跨学科概念和核心概念》(以下简称《框架》)正式提出跨学科概念,并将跨学科概念同科学与工程实践、学科核心概念整合,使之成为课程的三个维度,这奠定了跨学科概念在科学课程中的领导地位。《框架》中跨学科概念的内涵如表3-6所示。

表3-6　《框架》中跨学科概念的内涵

跨学科概念	内涵
模式	观察到的形式和事件模式指导组织和分类,并引发有关关系和影响关系的因素的问题
因果关系	机制和解释。事件有其原因,有时是简单的,有时是多方面的。科学的一项主要活动是调查和解释因果关系及其调节机制。这样的机制可以在给定的环境中进行测试,并用于在新的环境中预测和解释事件
尺度、比例和数量	在考虑现象时,关键是要认识到在大小、时间和能量的不同度量中什么是相关的,并认识到尺度、比例或数量的变化如何影响系统的结构或性能
系统与系统模型	定义研究中的系统,明确其边界,明确该系统的模型,为理解和测试适用于整个科学和工程的想法提供了工具
物质与能量	流动、循环和守恒。追踪能量和物质流入、流出和在系统内的流动有助于了解系统的可能性和局限性
结构与功能	物体或生物的形状及其子结构决定了其许多特性和功能
稳定与变化	对于自然系统和人工系统来说,稳定性条件和系统变化率或进化率的决定因素都是研究的关键要素

　　跨学科概念的构成要素依据性质可分为两类:第一类主要说明事物变化的特征,是对科学内容的高度抽象和概括,称为框架性要素,如物质与能量、结构与功能等;第二类主要反映事物运作的根本原因,是对事物进行外在描述,以及对事物进行分析的方法,重点指向科学本身,属于分析方法的范畴,称为工具性要素,如模式、系统模型等。[①]

美国《新一代科学教育标准》中的跨学科内容

(二) 我国科学课程中的跨学科概念

　　我国在吸收国外科学课程经验的同时,立足我国科学教育的实际情况,最终遴

[①] 李瑞雪,王健.美国科学课程中的跨学科概念:演进、实践及启示[J].外国教育研究,2021,48(4):102—117.

选出物质与能量、结构与功能、系统与模型、稳定与变化四大跨学科概念。从内容来看,我国更注重框架性跨学科概念,选定的跨学科概念是对各领域科学内容的高度抽象,较少涉及分析方法的范畴。这是由我国对跨学科概念的定位决定的。跨学科概念是我国科学课程内容的重要组成部分,是从 13 个学科核心概念中提取的共同内容。

《科学课程标准》对跨学科概念的落实要求反映在各学科核心概念的帽段之中,如"生物体的稳态与调节"的帽段如下:

生物体是一个在内部和外部不断进行物质循环、能量流动和信息交流与反馈的开放系统,能通过自我调节机制维持稳态。植物可以制造有机物,为其他生物提供食物;动物通过获取其他生物的养分来维持生存;人体通过一定的调节机制,完成一系列复杂的生命活动。本学科核心概念的学习有助于学生形成物质与能量、稳定与变化等跨学科概念。

可见,在"生物体的稳态与调节"的教学中应融入物质与能量、稳定与变化等跨学科概念。表 3-7 呈现了学科核心概念与跨学科概念的关系,13 个学科核心概念中贯穿的主要跨学科概念在表中用"√"表示。

表 3-7 学科核心概念与跨学科概念的关系

学科核心概念	跨学科概念			
	物质与能量	结构与功能	系统与模型	稳定与变化
物质的结构与性质	√	√	√	√
物质的变化与化学反应	√			√
物质的运动与相互作用			√	
能的转化与能量守恒	√			√
生命系统的构成层次		√	√	
生物体的稳态与调节	√			√
生物与环境的相互关系	√	√		√
生命的延续与进化		√		√
宇宙中的地球	√		√	√
地球系统	√		√	
人类活动与环境			√	√
技术、工程与社会	√	√	√	√
工程设计与物化	√	√	√	√

思维发散

　　学科核心概念与跨学科概念密不可分。下面选取了《科学课程标准》中的部分内容要求,请分析其中涵盖的跨学科概念,并思考如何在教学中落实这些跨学科概念。

　　(1) 1~2 年级:观察并描述物体的轻重、薄厚、颜色、表面粗糙程度、形状等外部特征,能根据物体的外部特征对其进行简单分类。

　　(2) 3~4 年级:举例说出生活在不同环境中的植物的外部形态具有不同的特点,以及这些特点对维持植物生存的作用。

　　(3) 5~6 年级:知道地球表面覆盖着岩石,岩石是由矿物组成的;学会通过观察和使用简单工具,比较不同岩石的颜色、坚硬程度、颗粒粗细等特点。

第三节　基于学习进阶设计学习内容

　　学生对核心概念的认识并不是一蹴而就的,在学习科学概念前,学生往往会用非科学的方式理解科学现象。因此,学生如何从前概念阶段逐步转变到深入理解概念的阶段,其中的认知发展规律如何,这些问题促进学习进阶(learning progressions,LPs)研究的展开。

一、学习进阶的内涵、结构与功能

　　学习进阶理论主张根据学生不同阶段的认知发展规律,提出适合不同阶段学生认知发展的表现期望,其可以被视为一个领域中学生想法的"地图"。

(一) 学习进阶的内涵

　　"学习进阶"一词最早出现在教育测量与评价领域,源自认知发展和学习知识理论所发展出的理论架构,用来探讨学生在某领域的概念学习,要求人们从科学和发展的角度对待学生的学习,描述学生在掌握科学概念时的实际想法和行为。美国国家研究理事会将其定义为对学生连贯且逐渐深入的思维方式的描述。在较大时间跨度内(如6~8 年),学生学习和研究某一主题时,思维方式依次进阶。正是因为学习进阶来源于学者基于证据对学生认知发展的理论建构,所以它是随着时间的推移,学生从对某一个概念或主题的粗浅认识,到深刻理解的学习成长历程的一种假设性模式。

(二) 学习进阶的结构

完整的学习进阶一般由终点、起点和中间水平三个部分组成,其一般模型如图 3-6 所示。(1) 终点,即上锚(upper anchor),代表学习进程结束后,社会所期望的、学生毕业时对核心概念或实践所应持有的理解,表现为学生应该知道什么、做到什么。进阶终点一般需要根据社会需求、学科内容以及更高等级的教育准入要求等进行确定。(2) 起点,即下锚(lower anchor),表示学生在进入学习进阶之前,具备的预备知识和技能。(3) 中间水平,是处于起点和终点之间的过渡性理解,为达到更加成熟的理解起先导性作用。其中的各级水平描述了学生从起点通过学习进阶走向终点时所经历的不同理解水平,每一级都描述了朝着更复杂的理解大概念(实践)方向发展的过渡阶段。这些水平是学生在进行适当的学习后,成功筑起的较低和较高层次标准之间的桥梁。需要注意的是,由于学习是一个非线性的过程,所以学习进阶的中间水平不一定描述学生认知发展的单向路径。

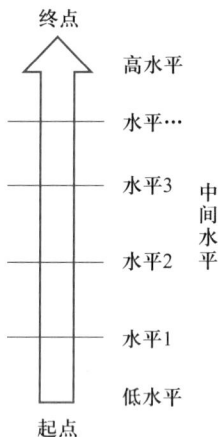

图 3-6 学习进阶的一般模型

(三) 学习进阶的功能

完善的学习进阶可以呈现学生概念理解的发展与转化过程,可以呈现学生在关键学科概念和实践上达到熟练程度的可能路径。因此,学习进阶可以作为科学教育研究人员、标准文件制定者、评估制定者和课程制定者之间对话的基础,可以作为连接标准、课程和评价的桥梁。学习进阶主要有三种功能。

1. 指导联结学生思维的学习目标制订

学习进阶的终点代表了学生在某一学习内容上的学习目标,教师可以用其来指导课程中学习目标的制订。这些目标代表了专家学者认为的学生精通某一内容时的关键表现,并将学生在学习生涯的特定阶段能够做什么与学生的思维紧密结合,从而确保学习目标对课程内容的适应性。

2. 为制订课程框架提供依据

学习进阶可以利用学生错误的、不完整的或模糊的想法来呈现学生认知发展的规律,体现学生对核心概念理解的广度,学生出现一些新的想法可能是他们在发展更为复杂的理解。因此,学习进阶可以为制订课程框架提供依据,确定课程应该教什么,以哪种顺序和强度教。同时在面对具体内容时,教师可以根据学习进阶对学生的具体学习方式作出指导。

3. 提供学生学习情况的评估框架

学习进阶可以指导评估标准的制订,为教师批判性地认识学生知道什么、可以做什么提供支撑。因此,教师可以利用学习进阶中描述的学生表现来制订与学习进阶紧密相关的评估方案,以确定学生的学习进阶水平。

学 习 活 动

扫描二维码,阅读并理解"力与运动"学习进阶案例,思考:该学习进阶对教学有何启示?

"力与运动"学习进阶案例

二、科学课程中学习进阶的具体体现

此次义务教育科学课程标准的修订基于学习进阶思想,按照1~2年级、3~4年级、5~6年级、7~9年级的分段,整体设计义务教育科学课程标准,并且努力做到"三适应和两遵循"——适应学生的认知水平、知识经验和兴趣特点,遵循学习规律和学科规律,基于不同学段学生的特征,学习内容由浅入深、由表及里、由现象到本质,学习活动从简单到综合,进阶设计。[①]

(一)学习内容的进阶设计

依据学习进阶,科学课程的内容要求呈现出由浅入深、由表及里的特征。这里以《科学课程标准》中"地球上存在动物、植物、微生物等不同类型的生物"这一内容为例展开分析。表3-8列举了课程标准对该学习内容的具体要求。

表 3-8 "地球上存在动物、植物、微生物等不同类型的生物"的内容要求

学段	内容要求
1~2年级	说出生活中常见动物的名称及特征,说出动物的某些共同特征(如都会运动)。说出周围常见植物的名称及特征
3~4年级	根据某些特征,对动物进行分类。识别常见的动物类别,描述某一类动物(如昆虫、鱼类、鸟类、哺乳类)的共同特征;列举几种我国的珍稀动物。说出植物的某些共同特征;列举当地的植物资源,尤其是与人类生活密切相关的植物
5~6年级	列举生活中常见的微生物(如酵母菌、霉菌、病毒),举例说出感冒、痢疾等疾病是由微生物引起的。根据某些特征,对植物进行分类

[①] 胡卫平. 在探究实践中培育科学素养:义务教育科学课程标准(2022年版)解读[J].基础教育课程,2022(10):39-45.

续表

学段	内容要求
7~9年级	对常见植物进行简单的二歧分类;说出生物分类的方法和分类等级;学会使用简单的检索表,并练习编制简单的检索表。 列举病毒、细菌和真菌的主要特点,举例说明它们与人类生活的关系。 说出藻类、苔藓、蕨类、种子植物的主要特点。 观察有代表性的无脊椎动物和脊椎动物,说出这些动物的主要特点,描述其形态和生活习性。 观察和描述常见生物的生活环境,感知生物对环境的适应

可见,小学阶段关注学生对常见动物、植物、微生物外部特征的观察,1~2年级、3~4年级均要求学生从外部特征的角度去比较动物和植物,概括动植物的共同特征。到了5~6年级,学生掌握了比较与分类的基本方法,要能根据植物的某些特征,对常见的植物进行分类。而到了初中阶段,学生要进一步了解生物的主要特点,不仅仅是外部特征,还要对生物的生活习性、生活环境及其与人类生活的关系进行观察、比较。

(二) 学习活动的进阶设计

科学课程的学习活动包括观察、测量、观测、实验、制作、体验、调查、种植与养殖、读图与识图、项目研究、科普剧等。依据学生的身心发展特点和学科核心概念的本质,小学科学课程中的学习活动也表现出进阶的特征。

学习活动的进阶建立在学生知识与技能的发展上,从简单的观察和描述到更深入的理解和实验探究,学生的学习活动逐渐深入。以观察活动为例,从低年级到高年级,观察对象、观察工具、观察目的等都具有明显的差异。具体来说,观察对象逐渐从身边的物体扩展到常见的自然现象,观察工具逐渐从简单的感官观察发展为利用专业工具进行微观观察,观察目的逐渐从对表面特征的描述和分类发展为利用科学知识理解、解释现象。

学 习 活 动

表3-9摘录了侧重物质科学领域、生命科学领域和地球与空间科学领域的三个学科核心概念下对应的观察活动建议,请小组讨论,尝试分析不同学段观察活动的学习进阶。

表3-9   科学课程中的观察活动

学科核心概念	学习活动
物质的结构与性质	1~2年级:观察身边物体的外部特点、常见材料的简单特性。以家里、教室里的物品为研究对象,利用多种感官,按照一定顺序观察其外部特征,尝试从颜色、轻重、软硬等方面对它们进行分类。

续表

学科核心概念	学习活动
物质的结构与性质	3~4年级:观察身边常见材料的透光性。进一步利用比较的方法,区分不同材料的特性,并将其特性与用途建立联系。 5~6年级:观察日常生活中晾晒衣服、雾、玻璃窗上的水珠等,解释自然界中水的蒸发和水蒸气凝结成水的现象。 7~9年级:观察物质在变化过程中的现象,推理、判断物质的性质。观察与金属的延展性、导电性和导热性等性质相关的物理现象;观察物质在空气中燃烧的现象;观察浓氨水与浓盐酸相互接近时的"空中生烟"现象,认识分子的特点
生命系统的构成层次	1~2年级:运用能识别生物的信息化手段,观察、识别校园或社区中常见的树木和动物,为校园或社区树木挂标识牌;使用放大镜观察身边常见的植物,绘制不同植物的外部形态特征。 3~4年级:参观动物园或养殖场,观看各种媒体资料,利用动物图片进行分类(如根据动物获取的食物将动物进行分类),尝试在观察的过程中做自然笔记;观察植物茎中水分的运输;比较食肉动物和食草动物牙齿的差异,并分析其中的原因。 5~6年级:用显微镜观察洋葱表皮细胞,观察各种动植物细胞装片。 7~9年级:用放大镜观察池塘或土壤中的微小生物;用显微镜观察与生活密切相关的微生物(如酸奶中的乳酸菌,发酵面团中的酵母菌,黏附在牙齿表面的各种细菌)和天然水体中的微生物(如池塘中的变形虫、衣藻和草履虫);观察常见的、比较典型的生物,如校园中的各种植物和昆虫、青蛙、蚯蚓等,以及动物园中的鸟类和兽类;观察校园中生长的藻类、苔藓、蕨类植物;观察洋葱表皮细胞、番茄果肉细胞等植物细胞;观察人体口腔上皮细胞等动物细胞;观察细菌细胞的永久装片;利用植物、动物和人体组织的玻片标本、挂图、视频等,观察各种不同的组织;学会解剖和观察花、果实、种子;观察某区域中(如腐木上)的生物群落;观察当地的植被;观察小鱼尾鳍内的血液流动现象;观察血液的成分,分析讨论"血常规"化验单中的主要指标
宇宙中的地球	1~2年级:观察并描述月亮形状的变化。 3~4年级:测量并记录一天中不同时刻的物体影长。 5~6年级:观察不同季节的星图或实际观测星空,识别织女星、牛郎星等亮星,学会利用北极星辨认方向,识别大熊座、猎户座等星座,科学认识星座。 7~9年级:读取地球仪和地图上的比例尺、图例、方向、经纬度等图注信息,确定地球仪或地图上某一点的经纬度,描述两地之间的相对位置、直线距离等

注:内容摘自《科学课程标准》,在地球与空间科学领域,观察活动更多表现为"观测"。

思维发散

> 除学习内容、学习活动外，请找出《科学课程标准》中其他能够体现学习进阶的部分，并思考这些部分之间的关系。

第四节   探究实践贯穿科学课程教学

科学探究既是人类探索和了解自然、获得科学知识的主要方法，也是学生学习科学的主要方式。《科学课程标准》重点提出"探究实践"，深度认识科学探究与科学实践，理解探究实践的定位，有助于探究实践在课堂中的落实。

一、从科学探究到探究实践

（一）科学探究的内涵

"科学探究"一词源于美国芝加哥大学教授施瓦布于 1961 年在哈佛大学所作的题为《作为探究的科学教学》的报告，他从"科学的本质是探究"和"通过探究进行教学"两个方面对科学探究进行了说明，由此引发了诸多学者对科学探究的讨论。加涅把科学探究的过程描述为：一组以解决问题为主题的活动，在这个活动中所遇到的新现象都是对思考的挑战。

美国颁布的《国家科学教育标准》对"科学探究"进行了明确的界定：科学探究是指科学家们用以研究自然界并基于此种研究获得证据、提出种种解释的多种不同途径；科学探究也指学生们用以获取知识、领悟科学的思想观念、领悟科学家们研究自然界所用的方法而进行的各种活动。

科学探究的要素已经得到了科学教育界的一致认可。2017 年版《科学课程标准》将科学探究分为提出问题、作出假设、制订计划、搜集证据、处理信息、得出结论、表达交流、反思评价 8 个要素。2022 年版《科学课程标准》将科学探究的一般过程表达为：提出科学问题，并针对科学问题进行合理猜想与假设；制订计划并搜集证据，分析证据并得出结论；对结果进行解释与评估；准确表达观点，反思探究过程与结果。

近 20 年的科学探究实践告诉我们，在实际的科学课堂教学中，"探究"被以不恰当的方式理解着。最常见的理解方式就是将探究当作一套固定有序的步骤，将课堂科学探究等同于学习科学（思维）方法，这也导致探究与它所涉及的科学知识相分离，最终使探究在课堂教学中成为一种"对照菜谱做菜"的流程，与科学探究设置的原意相去甚远。[①] 课堂教学中的科学探究往往还存在探究形式化、探究过程固定化、探究活动空洞化等问题。2001 年我国实施课程改革后,在一些科学课堂中,探究仍被等同于传授知识和套用步骤,学生自主探究的往往是无须思考的学习内容,如执行教师设计好的探究方案,收集数据后全班汇报分享,等等。因此,打破学生与教师对科学探究流程的固化思维,使其认识到科学研究并不是遵循着不变的线性流程极为重要。

　　我们对科学探究应有如下认识:第一,科学依赖科学界内部的相互作用,科学过程的不同部分可能由不同的人在不同的时间进行;第二,科学的过程应该是动态的、不可预测的,科学依赖有创造力的人的思考;第三,科学探究往往是持续的,在问题得到解答或解决的过程中会产生新的问题。

学 习 活 动

　　扫描二维码,尝试阅读加州大学古生物博物馆设计的非线性科学探究过程,深入理解科学探究的思路,并思考这一科学探究过程对小学科学教学有何启发。

非线性科学
探究过程

(二) 科学实践的提出

　　在过去的几十年中,科学探究一直是科学教育界关注的重点。美国《国家科学教育标准》的核心理念就是科学探究。《K—12 科学教育框架:实践、跨学科概念和核心概念》的首要关键词则从"科学探究"变为"科学实践"。它使用"实践"并不是为了取代"探究",而是要为"探究"正名,更好地阐述"探究"在科学教育中的含义,即作为其题中应有之义的认知、情感、行为等多维度的实践活动。"实践"这一概念的提出被认为是针对"探究"在实施过程中出现的系列问题进行的更正。[②]

　　从科学探究到科学实践的转变是科学探究内涵拓展的必然结果。近几十年的科学教育文献汇集了大量与探究相关的研究,这些研究聚焦于被科学方法主导的课堂探究"简化"掉了的,却对真实科学研究意义重大的内容。理论性探究应在课堂探究活动中占主导位置,即提倡把培养科学思考的能力作为科学探究教学的核心目标,帮助学生越来越自如、自发地运用科学证据和推理,建构和不断改进自己的科学理论;同时,强调科学的社会活动特质,提倡课堂探究应从个体行为向群体

① 肖思汉,Sandoval W A. 科学课堂上的"探究"与"实践"有何不同[J].课程·教材·教法,2017,37(12):110-115.

② 唐小为,丁邦平."科学探究"缘何变身"科学实践"?:解读美国科学教育框架理念的首位关键词之变[J].教育研究,2012,33(11):141-145.

行为转化,课堂互动应反映科学共同体的真实互动。因此,相比"科学探究","科学实践"的内涵显然更为丰富。

马克思主义哲学认为,实践是主观见之于客观的能动的活动,是人类社会发展的普遍基础和动力,也是认识产生和发展的基础和动力。一般来讲,我们认为实践是人类有目的地改造客观世界的物质化活动。美国《新一代科学教育标准》从以下三个方面明确了科学实践与科学探究的区别,确立了科学实践的内涵:

第一,科学实践关注具体的学生活动。科学实践并不否认科学是一个探究的过程,但更关注在探究过程中产生知识的具体活动。

第二,科学实践与科学知识是融合的。人类通过科学实践形成、扩展和完善科学知识,而科学知识是学生参与科学实践及进一步探究的保障。

第三,科学实践按知识理解界定程度。科学实践随着学生科学知识的不断丰富以及对学科核心概念理解的不断深入而复杂化和精致化。[1]

综上所述,科学实践内涵丰富,不光包括客观物质性的"动手",也包括蕴含大量创造性思维和科学理性的"动脑"与"动嘴(笔)"。[2] 其主旨在于避免将科学探究缩减为过分强调实验、与内容相分离的单一步骤集合体;避免学生认为存在唯一的、普适性的"科学方法",或认为"有关科学的一切都是不确定的";避免因探究概念不统一,产生理念上千差万别的课堂探究教学实践。科学实践从根本上强调了建模、建构科学解释、参与评论与评价(辩论)等在传统科学教育中很少被充分重视的重要行为。

(三) 探究和技术与工程实践的整合

科学实践是在科学探究的基础上发展而来的,科学实践的一个突出特色便是包括了技术与工程实践,表3-10呈现了科学探究和技术与工程实践的差异,可以看出,二者存在相似之处,都是问题解决的过程,个体在其中往往需要经历"面对问题—提出解决方案—进行验证—结果反思"的循环过程。但二者也存在一定的差异,主要表现为科学问题和技术与工程问题不同,以及科学探究和技术与工程实践的目标不同。科学探究以发现为核心,其基本任务是发现事物的一般规律,形成科学的知识体系;技术与工程实践则以建造为核心,基本任务是建设具体的项目,本质是集成技术要素和其他要素以实现优化的价值目标,创造直接的物质财富。[3]

---

① 卢姗姗,毕华林.从"科学探究"到"科学实践":科学教育的观念转变[J].教育科学研究,2015(1):65-70.

② 唐小为,丁邦平."科学探究"缘何变身"科学实践"?:解读美国科学教育框架理念的首位关键词之变[J].教育研究,2012,33(11):141-145.

③ 占小红.工程实践融入基础科学教育:内涵、目标与路径[J].基础教育,2017,14(3):45-49.

表 3-10 科学探究和技术与工程实践的差异

科学探究	技术与工程实践
提出问题:科学探究始于针对某一现象的问题,如"导致癌症的原因是什么"	定义问题:技术与工程实践从需要解决的工程问题开始,始于某种需求
建构模型:科学探究通常建构一系列模型来解释某种自然现象	使用模型:技术与工程实践使用模型分析、评估和测试寻找可能的问题解决方案
计划和实施调研:科学家通过控制变量的方式确定自变量与因变量,计划、实施和记录系统的调研	计划和实施调研:工程师通过调研获取符合标准的参数,收集数据并进行分析
分析与解释数据:科学家分析、调研数据以解释现象	分析与解释数据:工程师分析、调研数据以改善设计
运用数学与计算思维:数学与计算是描述物理变量以及它们之间相关性的基本工具	运用数学与计算思维:用数学和计算来呈现建立的关系和原则
建构科学解释:科学探究的目标是建构理论以解释现象	设计工程解决方案:技术与工程实践的目标是提出方案以满足需求
依据证据进行辩论:在科学中,要找出一连串推理的优缺点以及找到对某自然现象的最佳解释,列出具有扎实数据支持的证据,根据他人所提出的证据和意见来剖析自己的理解,并通过与同行的合作来找到所研究现象的最好解释	依据证据进行辩论:工程师们使用系统的方法比较可选方案,列出以测试数据为基础的证据,通过基于证据的辩论来肯定自己的结论,并认真评估他人的观点和修改他们的设计,最终找到当前问题的最优解决方案
信息的获取、评估和交流:讨论交流学术观点和探究结果,并使用图表、图形和方程式记录探究的结果以接受科学界同行的评议	信息的获取、评估和交流:工程师们需要通过参与同行间的广泛讨论来口头表达他们的观点,并用图表和模型来记录这些观点

将工程与技术纳入科学课程,一方面可以丰富学生科学学习中的实践形式,另一方面可以让学生更好地获得科学知识,提升跨越学科界限、运用多学科知识解决问题的能力。《科学课程标准》的突出特征之一便是强调技术与工程实践,具体表现为将核心素养之一确定为探究实践,探究实践包括科学探究能力以及技术与工程实践能力。

学 习 活 动
阅读《科学课程标准》中的课程理念部分,总结科学课程中探究实践的定位。

二、落实探究实践的跨学科融合教学

让学生经历有效的探究实践过程,需要教师精心设计教学,创设多样化的跨学科情境,激发学生在探究实践中的思维活动。STSE 教育、STEM 教育、SSI 教育等教育理念都可以为科学教师开展跨学科融合教学提供思路。

(一) STSE 教育

STSE 是科学(science)、技术(technology)、社会(society)、环境(environment)的英文缩写,由 STS 发展演变而来。在科学教育领域,STSE 教育在分析、解构 STS 教育后,将环境教育有机融入其中,强调科学、技术、社会、环境之间的相互关系,重视科学技术在社会生产、生活、环境和社会发展中的应用。因此,STSE 教育的基本目标是为社会培养具有全球意识的良好公民,发展学生适应未来的科学技能。

在教学内容上,STSE 教育主张以主题形式来呈现课程内容,这样能最大程度地将各科知识、社会实际、学生经验等整合起来,使之形成有意义的整体,从而使学生能够将课内所学知识与其他领域的知识联系起来。加拿大安大略省的 STSE 课程便设计了理解生命系统、理解结构与机械、理解物质与能量、理解地球与宇宙系统四个主题,并构建了不同年级的子主题群,如表 3-11 所示。

表 3-11　加拿大安大略省 1~6 年级 STSE 课程内容主题群 [①]

年级	主题			
	理解 生命系统	理解 结构与机械	理解 物质与能量	理解 地球与宇宙系统
1 年级	生物的特征与需要	材料、物体与常见结构	生活中的能量	昼夜和季节的交替
2 年级	动物的生长与变化	运动	液体和固体的性质	环境中的空气与水
3 年级	植物的生长与变化	坚固和稳定的结构	引起运动的力	环境中的土壤
4 年级	环境与生物群落	滑轮与齿轮	光和声	岩石与矿物
5 年级	人体组织系统	作用在结构和机械上的力	物质的性质与变化	能源和资源的保护
6 年级	生物多样性	电与用电装置	空气的性质和飞行原理	宇宙

(二) STEM 教育

STEM 是科学(science)、技术(technology)、工程(engineering)和数学(mathematics)四门学科的简称,这四门学科紧密关联。科学包含科学方法(提出假设并进行验证的过程),工程包含更灵活的创造和革新方法。工程师需要应用科学方法,科学家

---

① 杨春洪,吴慧平.基于核心素养培养的加拿大 STSE 课程模式的审视[J].外国中小学教育,2019(5):20-25.

也常从创造性见解中获益。可见,科学与工程相互联系,科学得益于工程,工程应用科学方法。科学、技术、工程和数学的关系是动态的、紧密联系的,并且随着时间的推移不断变化。数学对科学家和工程师来说是必要的,科学和工程的进步能够促进数学的新发展。科学和工程与技术的关系也是相似的。[1]

STEM 教育主张把原本独立、分散的不同领域的学科知识和技能整合,以问题解决为基础,以科学与工程实践为核心,把核心问题转化为一系列的学习任务,为学生创造跨学科融合的 STEM 学习活动。在解决工程或科学问题的过程中,学生实现对不同学科知识与方法的整合,同时通过高投入的实践探索,达到对知识的意义建构和深层次理解。

(三) SSI 教育

SSI 全称为 socio-scientific issue,即社会性科学议题,指与科学或科技相关的具有争议性的社会议题。这些议题还具有开放性、结构不良、没有明确解决方案等特征,如全球气候变化、生物多样性等。此外,这类议题往往涉及因科技使用而产生的对社会、文化、经济和伦理的冲击,可扩大至政治、经济、文化、法律、伦理、道德等诸多方面,图 3-7 呈现了将社会性科学议题按内容属性和地区属性进行分类的结果。

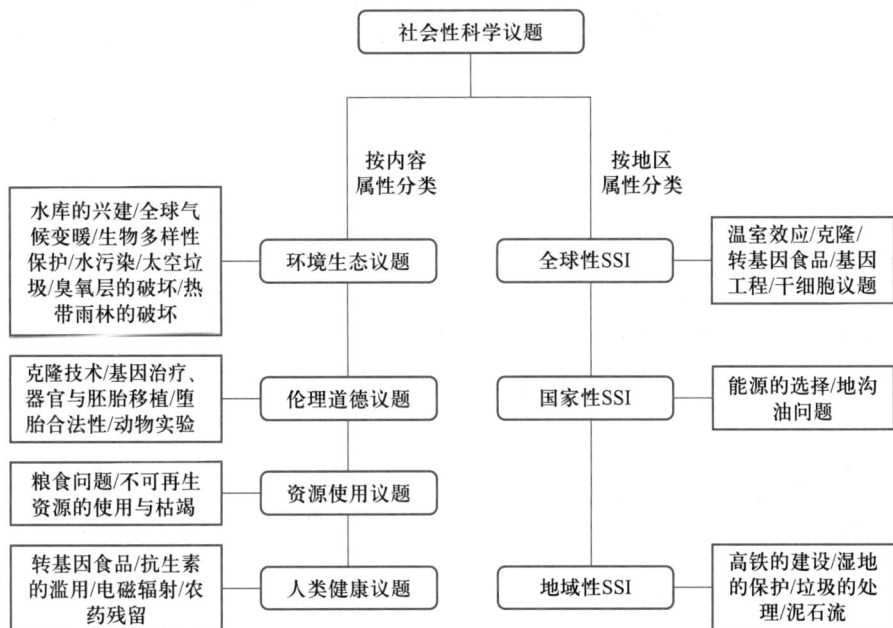

图 3-7 社会性科学议题分类[2]

① 祝智庭,雷云鹤.STEM 教育的国策分析与实践模式[J].电化教育研究,2018,39(1):75-85.
② 刘辰艳,张颖之.从 STS 到 SSI:社会性科学议题的内涵、教育价值与展望[J].教育理论与实践,2018,38(29):7-9.

SSI 教育鼓励学生就复杂的社会性难题开展讨论、辩论、论证和决策,为学生自主学习提供了巨大的空间,能有效激发学生的学习兴趣。学生为了能够对议题作出决策,会主动搜集相关知识以支持自己的观点,在真实的问题情境中建构对科学知识的理解。这样的教育,可以促进学生对科学技术知识、科学本质的理解,使学生更加关注科技进步和社会发展,逐步成长为对社会发展负责任的公民。

思维发散

查阅资料,思考如何基于 STSE 教育、STEM 教育或 SSI 教育等教育理念在科学课堂中落实探究实践。

学习评价

请根据表 3-12,对本章学习情况进行评价(非常符合 =5 分,比较符合 =4 分,一般符合 =3 分,不太符合 =2 分,不符合 =1 分)。

表 3-12   学习评价表

学习本章内容后		非常符合	比较符合	一般符合	不太符合	不符合	综合得分
理解科学课程要培养的学生核心素养的内涵与地位	自评						
	互评						
	师评						
理解科学课程中学科核心概念和跨学科概念的设计思路与具体内涵	自评						
	互评						
	师评						
理解学习进阶理论,了解学习进阶在小学科学课程中发挥的作用	自评						
	互评						
	师评						
能概述从注重科学探究到注重探究实践的发展过程,理解探究实践在科学课程中的定位与作用	自评						
	互评						
	师评						

理解 · 分析 · 实训

1. 名词解释：学科核心概念；跨学科概念；学习进阶。

2. 论述科学教育从重视科学探究转向重视探究实践的原因。

3. 结合 STSE 教育、STEM 教育或 SSI 教育，尝试完成一节小学科学课的教学设计。

第四章
小学科学学习

■ **学习目标**

1. 了解行为主义、认知主义、人本主义、建构主义主要代表人物的学习观，理解其给教学带来的影响，重视相关理论对教学的指导性意义。

2. 了解小学生科学学习的特点，并认同科学教育以脑科学的研究成果为基础。

3. 认识概念建构和概念转变在科学教学中的重要意义，理解科学概念转变教学模式与策略，并尝试将其应用于教学实践。

4. 掌握常见的小学科学学习活动与学习方式，知道不同学习活动与学习方式的特点，能根据小学科学课程内容选择合适的学习活动与学习方式。

■ **知识地图**

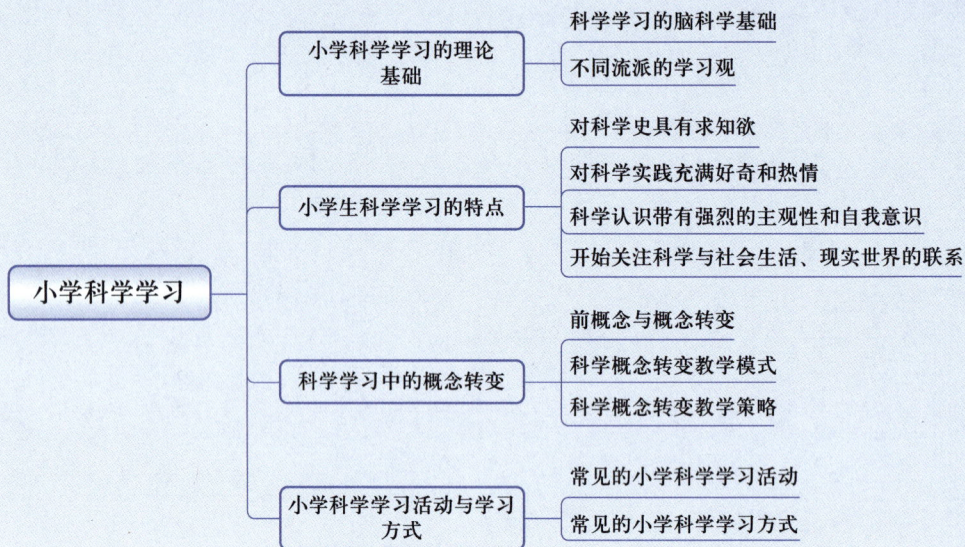

■ **关键问题**

小学科学学习的理论基础是什么？

小学生科学学习有哪些特点？

为什么说科学概念建构和概念转变是小学科学课堂上的重要任务？它们又该如何实现？

在小学科学课堂上可以组织开展哪些学习活动？教师如何进行选择和组织？小学生学习科学的方式主要有哪些？它们分别有何特点？

■ 经验联结

　　说到小学科学学习,你的第一反应可能是自己小时候上过的科学课。你可能已经记不清当时课堂上的具体情形,也可能对某个活动或者某一类活动印象深刻。你的科学老师可能组织过学生开展课上讨论,可能在教室里张贴过各种生动有趣的图画,可能手把手教学生做过实验,也可能要求全班集体朗读教材中的内容……对于即将踏上小学科学课讲台的你,这些经验可能正是你对小学科学教学的最初体验,让你对小学科学课有了最初的理解。

　　然而,从当年的学生到如今的教师,身份的转变也带来了思考角度的转变。现在再回想当初的种种课堂活动,它们背后的目的何在? 是否有充分的理论依据? 其效果又如何?

第一节 小学科学学习的理论基础

科学教育工作者应该注意到小学生科学学习行为背后的深意：这些行为如何帮助学生发展？为什么这样做能取得效果？本节就从这个角度入手，介绍小学科学学习的理论基础。

一、科学学习的脑科学基础

人的学习机制一直是教育者关心的话题，它直接关系到教育者如何组织和开展教学。脑科学初步揭示了人是如何学习的。大脑是学生学习的基础。神经元是神经系统最基本的结构和功能单位。神经元之间形成突触，并完成信息的传递，这一点对脑功能的执行非常重要。突触的形成需要靠经验驱动。

有些经验能够被人们牢记，有些则不能，这与人们对记忆的加工有关。记忆不是一种实体，也不是发生在大脑某个独立区域的现象。记忆的形式有两种：一种是陈述性记忆，即对事实和事件的记忆；另一种是非陈述性记忆，也称程序性记忆，即对技能和其他认知操作的记忆，或不能用陈述性语句表征的记忆。二者在脑中发生的区域不同。学习内容和方式影响着记忆的持续性。例如，学习表示同一物体的单词和图片，后者能带来更持久的记忆，而且当单词和图片同时出现时，图片带来的记忆优势仍然存在。

脑科学方面的种种研究发现对于小学科学教师组织教学具有重要的参考意义。例如，在选择呈现教学内容的方式时，教师应该考虑到图片产生的记忆效果。又如，对于小学阶段的学生来说，他们的脑部正处于信息敏感期，良好的教学会对其脑部发育带来积极影响，使其获益终身。如今，科学教育的研究者还在通过眼动仪等设备进行进一步的探索，期待进一步揭示学生在科学学习中的脑活动机制。

二、不同流派的学习观

从行为主义到建构主义，各种流派从不同的着眼点出发提出了关于学习的理论，这些理论组成了一个连续体，反映出人们在教与学这一认识上的不断发展。各流派的学习观成为小学科学教学策略制定的理论基础。

（一）行为主义学习观

行为主义是早期著名的心理学流派之一，由华生在20世纪初提出。随后，桑代克、赫尔、巴甫洛夫、斯金纳等人将其理论的发展推至巅峰。20世纪五六十年代，行为主义盛行于美国等西方国家,占据西方心理学理论首位长达半世纪之久。行为主义的核心理念是,心理学研究应当直接观察和测量行为,而不是进行没有科学依据的意识研究。故而,行为主义认为心理学应当抛弃意识研究,将重点放在实际的行为上。行为主义认为,行为主体对外界环境的反应有的在体外表达,有的隐藏在体内,强度存在差异。

1. 桑代克的联结−试误说

桑代克是教育心理学的开创者。他把人和动物的学习定义为刺激与反应之间的联结,认为这种联结是通过"尝试—逐步减少错误—再尝试"这样一个反复的过程而形成的。所谓联结,是指某情境仅能唤起某些反应,而不能唤起其他反应的倾向。学习,即刺激与反应联结是通过渐进的尝试与错误按一定的规律形成的。图4-1展示了桑代克对一些学习规律的具体阐述。教学中教师给予学生积极反馈、进行反复训练强化、要求学生做好学习准备等做法都是对这些规律的应用。

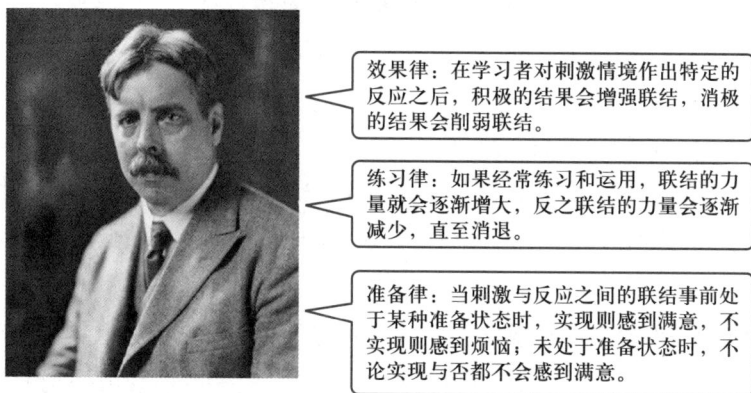

效果律:在学习者对刺激情境作出特定的反应之后,积极的结果会增强联结,消极的结果会削弱联结。

练习律:如果经常练习和运用,联结的力量就会逐渐增大,反之联结的力量会逐渐减少,直至消退。

准备律:当刺激与反应之间的联结事前处于某种准备状态时,实现则感到满意,不实现则感到烦恼;未处于准备状态时,不论实现与否都不会感到满意。

图 4-1　桑代克提出的学习规律

虽然"试错"的学习模式是从动物实验中推导出来的,但它对理解人类学习也具有借鉴意义。科学发展史上的许多发明创造和技术革新,都是在"试错"的过程产生的。在学习过程中,教师应该允许学生犯错,并鼓励学生从错误中学习,这样获得的知识能更长久地被学生记忆。在实际的教育过程中,教师应努力使学生获得自我满意的积极学习结果,尽量避免一无所获或得到消极结果。同时,教师应注重在学习过程中加强合理的练习,并注重在学习结束后为学生及时地提供练习。此外,任何学习都应该在学生有准备的状态下进行。

2. 巴甫洛夫的经典条件反射论

俄国著名生理学家巴甫洛夫通过对动物的实验研究,提出了经典性条件反射论。条件反射是在一定条件下,外界刺激与有机体反应之间建立起来的暂时神经联系。条件反射是后天形成的,有经典条件反射和操作性条件反射两种形式。非条件反射是条件反射形成的基础。如图 4-2 所示,巴甫洛夫提出了条件反射的获得与消退、泛化与分化。教师可以通过获得理论使学生表现出积极的行为;通过消退理论消除学生的不良行为,而泛化理论与分化理论可以指导教师帮助学生将学习从一种情境迁移到另一种情境,对不同学习情境作出不同的反应。

获得:条件刺激作为无条件刺激出现的信号,必须先于无条件刺激呈现,且必须同时或近乎同时呈现,否则难以建立联系。

泛化:对某一特定的条件刺激出条件反射以后,其他与该条件刺激相类似的刺激也能诱发相同的条件反射。

消退:如果条件刺激重复出现多次但没有无条件刺激相伴随,即不予强化,则所形成的条件反射就会逐渐减弱并最终消失。

分化:指通过选择性强化,使有机体学会对条件刺激与条件刺激相类似的刺激作出不同的反应。

图 4-2　巴甫洛夫对条件反射的获得与消退、泛化与分化的发现

3. 斯金纳的操作性条件反射论

美国著名的心理学家斯金纳在桑代克的学习理论的基础上,提出了操作性条件反射论。操作性条件反射也称工具性条件反射,其原理主要包括强化、惩罚和消退。

(1) 强化

斯金纳把条件反射中能够增强反应概率的一切手段称为强化。强化有正强化和负强化之分。产生强化作用的刺激称为强化物,它们的呈现或撤销能够改变反应发生的概率。

正强化也称积极强化,指如果有机体作出某种反应,并得到了正强化物(能够满足行为者需要的刺激物),那么这一反应在今后发生的频率就会增加。在日常生活中,教师常自觉或不自觉地运用正强化塑造学生的行为,如教师对上课守纪律的学生进行表扬,对考试成绩好的孩子给予奖励,等等。

负强化也称消极强化,指当厌恶刺激或不愉快情境出现时,若有机体作出某种反应从而避免了厌恶刺激或不愉快情境(负强化物的移去或取消),则该反应在以后的类似情境中发生的概率便会增加。例如,学校中曾被处分的学生因改正了自己的错误行为而被撤销了处分,这样该学生好的表现就会增加。

研究发现,强化程序会影响强化效果,立即强化(指个体表现出正确反应后,立即提供强化物)的效果优于延迟强化(指个体表现出正确反应后,过一段时间才提供强化物),部分强化(只选择在部分正确反应后提供强化物)优于连续强化(每次

个体出现正确反应之后,均提供强化物)。因此,当学生有良好的表现时,教师应立即给予表扬、奖励,且不要在学生每次表现良好时都给予积极反馈。

(2) 惩罚和消退

惩罚指当有机体作出某种反应以后,若及时使其承受一个厌恶刺激(又称惩罚物),那么以后在类似情境或刺激下,该行为的发生概率就会降低。负强化和惩罚有所不同,负强化是通过厌恶刺激的排除来增加反应在将来发生的概率,而惩罚则是通过厌恶刺激的呈现来降低反应在将来发生的概率。比如,批评、处分是一种惩罚,而撤销处分则是一种负强化。

实验表明,惩罚对于消除行为来说并不一定十分有效,厌恶刺激停止作用以后,原先建立的反应仍会逐步恢复。惩罚并不能使行为发生永久性的改变,它只能暂时抑制行为,而不能根除行为。因此,惩罚的运用必须慎重。在纠正学生的不良学习行为时,教师要尽量避免单独运用惩罚,应该把惩罚和负强化结合起来,这样才能取得预期的效果。

当有机体作出以前曾被强化过的反应之后不再有强化物相伴时,那么这一反应在今后发生的概率便会降低,这种现象称为消退。换言之,消退是一种无强化的过程,其作用在于降低某种反应在将来发生的概率,以达到消除某种行为的目的。消退是减少不良行为、消除坏习惯的有效方法。例如,儿童的许多无理取闹行为实际上是学习的结果,因为以往他们通过哭闹能得到诸如玩具、冷饮等强化物。为矫正这种行为,父母就不应再给予强化,父母的无端让步实际上起着强化不正确行为的不良作用。因此,不去强化而去淡化,既可以消除不正确行为,又不会带来诸如惩罚等导致的感情受挫的副作用。

(二) 认知主义学习观

认知主义理论认为,学习是通过理解,主动地在头脑内部构造认知结构的过程,不是受习惯支配而是受主体的预期所引导的。有机体的学习依赖他原有的认知结构和当前的刺激环境,教学的目标在于帮助学习者把外界客观事物(知识及其结构)内化为其内部的认知结构。

l. 布鲁纳的发现学习论

布鲁纳是美国著名的教育心理学家,他把研究的重心放在知识获得的内部认知过程,以及学习理论和教学理论在教学中的应用。他特别强调学生的主动探索,提倡发现学习,主张学习的目的在于使学科的基本结构转变为学生头脑中的认知结构。布鲁纳认为,学习任何一门学科的最终目的都是构建良好的认知结构。因此,教师应明确所要构建的学生的认知结构包含哪些组成要素,最好能画出各组成要素的关系图,从而使学科的知识结构转化为学生的认知,使书本上的"死知识"变成学生头脑中的"活知识"。

学 习 活 动

谈一谈布鲁纳关于学习的观点对小学科学教学有哪些启示。

2. 奥苏贝尔的有意义的接受学习论

奥苏贝尔是和布鲁纳同时代的美国著名教育心理学家。他根据学习进行的方式，把学习分为接受学习和发现学习，又根据学习材料与学习者原有认知结构的关系，把学习分为机械学习和有意义学习，并认为学生的学习应主要是有意义的接受学习。

奥苏贝尔认为，有意义学习就是将符号所代表的新知识与学习者认知结构中已有的适当观念建立起非人为的和实质性的联系。实质性的联系是指表达的语词虽然不同，却是等值的，也就是说这种联系是非字面的联系。非人为的联系是指有内在联系而不是任意的联想或联系，指新知识与原有认知结构中有关的观念建立起以某种合理的逻辑为基础的联系。相反，如果学习者并未理解符号所代表的知识，只是依据字面上的联系，记住某些符号的词句或组合，则是一种死记硬背的机械学习。

有意义学习的产生既受学习材料本身性质(客观条件)的影响，也受学习者自身因素(主观条件)的影响。从客观条件来看，有意义学习的材料本身必须具有逻辑意义，在学习者的心理上是可以理解的，是在其学习能力范围之内的。一般来说，学习者所学的教材，多数都具有逻辑意义。从主观条件来看，学习者必须具备实现有意义学习的心理条件，包括三个方面：首先，学习者要有进行有意义学习的欲望，具有积极主动地将新旧知识建立联系的倾向；其次，学习者的认知结构中必须具有能够同化新知识的旧知识；最后，学习者必须积极主动地建立新旧知识之间的联系，从而揭示新知识的意义。上述条件缺一不可，否则就不能实现有意义学习。

奥苏贝尔认为，在接受学习中，所要学习的内容大多是现成的、已有定论的基础知识，通过教材或教师的讲述，以定论的方式直接向学习者呈现，使学习者接受这些已有的知识，掌握它们的意义。接受学习不等同于机械学习，它可以是有意义学习。若学生在学习一种新知识时，能在教师的引导下，尝试运用既有的知识，从不同的角度去吸收新知识，最后纳入自己的认知结构中，成为自己的知识，那么接受学习则是有意义学习。接受知识的心理过程表现为：首先在认知结构中找到能同化新知识的有关观念；然后找到新知识与起固着点作用的观念的相同点；最后找到新旧知识的不同点，使新概念与原有概念之间有清晰的区别，并在积极的思维活动中融会贯通，使知识不断系统化。不过，学生经由接受学习而产生有意义学习的历程，也并不全是主动的，要靠教师的教学技巧予以促成。

在学习的基本理论方面，奥苏贝尔和布鲁纳都重视学生学习的主动性，都强调新知识的学习对已有知识的依赖性,都强调认知结构对学习新知识的重要性,以及认知结构的可变性。但在教学的组织模式上,二人的看法有很大的差异。布鲁纳反对教师在教学中的系统讲解,主张学生自行发现其中的道理,而奥苏贝尔则认为,讲解式教学应该是教学的主要模式,接受学习是学习者掌握人类文化及先进的科学技术知识的主要途径。在教师的合理指导下,学生可以在较短时间内掌握大量的间接知识,所获得的知识是系统的、完整的、精确的,而且便于存储和巩固。因此,奥苏贝尔所倡导的接受学习有其合理性,尤其是他提出的先行组织者的教学策略有很大的实践价值,教师在教学中应灵活应用该策略以促进学生对知识的学习和保持。

(三) 人本主义学习观

人本主义心理学是 20 世纪 50—60 年代在美国兴起的心理学派。人本主义学习理论有两点独特之处:其一,人本主义心理学家大多根据经验原则提出观点和建议;其二,人本主义心理学家既不像行为主义心理学家只求解释简单的反应,也不同于认知主义心理学家那样只求解释知识学习,而是扩大视野,研究人类与自我实现有关的一切问题,强调教育环境的创设要符合学生人性发展的实际需求。

人本主义心理学的主要代表人物有罗杰斯。罗杰斯主张教学目标应该是促进变化和学习,培养能够适应变化和知道如何学习的人,而不是像过去一样只注重学生对知识内容的学习及对知识结果的评判。他认为,学生皆有向上的潜能,关键是要给他们创设一个良好的学习环境,使他们的潜能得到充分发挥。罗杰斯提出了非指导性教学的理论与策略,以及以自由为基础的自由学习原则。

罗杰斯还十分重视教学过程中的师生关系,认为促进学习的关键不在于教师的教学技能、课程设计、教学设备与资源等,而在于教师和学生的关系。因此,教师应当维持良好的师生关系,保持积极的教学态度。

(四) 建构主义学习观

建构主义学习观将学习作为个体原有经验与社会环境互动的加工过程。在教育心理学中,建构是指学习者通过新旧知识经验之间反复、双向的作用,形成和调整自身经验结构的过程。建构主义者更加关注学生如何以原有的经验、心理结构和信念为基础来建构知识,强调学习的主动性、社会性和情境性。

1. 皮亚杰的认知发展理论

皮亚杰关于认知建构的基本观点是:个体与环境的相互作用涉及两个基本过程,即"同化"与"顺应"。同化是指把外部环境中的有关信息吸收进来并结合到个体已有的认知结构(也称"图式")中,即个体把外界刺激所提供的信息整合到自己原有认知结构内的过程;顺应是指外部环境发生变化,而原有认知结构无法同化新环境提供的信息时所引起的个体认知结构发生重组与改造的过程,即个体的认知结构因外部刺激的影响而发生改变的过程。可见,同化是认知结构数量的扩充(图式扩充),而顺应则是认知结构性质的改变(图式改变)。个体就是通过同化与顺应这两种形式来达到与周围环境的平衡的:当个体能用现有图式去同化新信息时,他处于一种平衡的认知状态;当现有图式不能同化新信息时,平衡即被破坏,而修改或创造新图式(即顺应)的过程就是寻找新的平衡的过程。学生的认知结构就是通过同化与顺应过程逐步建构起来的,并在"平衡—不平衡—新的平衡"的循环中得到不断的丰富、提高和发展。

皮亚杰的认知发展理论对科学教育具有重要的意义:(1) 科学教师要为学生提供丰富的操作材料,鼓励学生"做中学";(2) 科学课程应该与学生的认知图式相适应,教师应该促进学生自主建构知识;(3) 学生的自发概念反映了"学生的科学",科学教育活动应该尊重学生的自发概念。

2. 维果茨基的文化历史发展理论

维果茨基认为,个体的心理发展是一个文化内化的过程,文化是个体发展的源泉和决定因素。个体通过参与社会共同体的实践活动,掌握作为文化的各种符号系统,特别是语词系统,逐步将外部活动中的文化工具内化为内部认知结构。因此,个体的科学认知发展是个体在充满社会文化意义的合作互动中,借助互动参与者提供的文化支持来内化科学知识的社会建构过程,正是在这个意义上,学生的认知发展不完全取决于学生的自发状态,也不完全由学生的成熟机制决定,渗透于活动中的文化,包括文字、符号、语言以及科学概念,为学生的认知发展提供了重要的智力工具。

维果茨基的最近发展区理论说明学生的发展不是一个"点",而是学生独立行为水平与他人所提供的文化支架下能够达到的解决问题的水平之间构成的区域。最近发展区理论有力地阐明了学生发展的连续性特征,证明了在学生未成熟状态背后所具有的巨大潜能,强调可以通过成人提供的支架和心理工具促进学生的认知发展。教学必须处于最近发展区,立足学生的前科学概念,也必须对学生的思维具有挑战性。教师应该基于学生经验鼓励学生之间互动,使用更具弹性的评价技术探析学生的最近发展区。

学 习 活 动

建构主义知识观将知识看作关于各种现象的较为可靠的解释或假设,认为知识处在不断的发展中,会随着人类的进步而不断地被"革命"掉,并随之出现新的假设。不少科学教育研究者在关于科学本质的研究中,也曾针对科学知识提出过类似的观点。请你查阅与科学本质相关的文献,从小学科学课程与教学的角度思考:这些观点对你有何启示?

思维发散

回忆小学科学课堂上经常发生的一些教学行为,试着分析:它们是以哪种学习观点为基础的? 它们促进了学生哪方面的发展?

第二节 小学生科学学习的特点

小学生在学习科学时,会表现出该阶段独有的特点,具体表现为四个方面。①

一、对科学史具有求知欲

科学史故事是小学生认识科学的重要途径。小学生往往对故事具有强烈的兴趣,当提及科学家时,小学生往往能够联系到具体的故事情节,例如,牛顿在苹果树下发现万有引力,莱特兄弟发明飞机,牛顿煮怀表,爱迪生孵鸡蛋,等等。在被问及与科学相关的内容时,小学生对"科学家是做什么的"这类问题表现出较强烈的兴趣。

二、对科学实践充满好奇和热情

当小学生被问及"科学是什么"时,最常见的回答有观察动植物的形态、进行手工制作、比较并描述物体的特征等。小学生对外界事物充满了好奇心,爱动手是这个年龄段学生的基本特点。在科学学习中,科学实践是重要的学习形式,而科学实践又是以实物为基础的。低学段小学生的动手能力、认知水平相对较低,观察法往往成为其学习科学的基本方法。通过感官或感官的延伸,去触碰、闻、看是其认识科学现象的重要手段。在围绕科学展开讨论和回答问题时,实物道具常常有助于激发学生的兴趣,使之迅速建立起对问题的理解,从而进行充分思考并回答。一些学生已经初步尝试使用实验来进行科学学习,但是大多数学生尚未形成对实验较深层次的理解,往往把"动手做"和实验混为一谈。

三、科学认识带有强烈的主观性和自我意识

强主观性、强自我中心性是低学段小学生的心理发展特征,这也影响了学生科学观的形成。比如,有小学生认为恐龙的形象是基于科学家的主观想象得来的,科学结论在一定程度上是科学家想象的结果;也有小学生认为科学事实是否改变取决于科学家的个人喜好。学生在建构自己的科学认识时,尤其是对于一些需要抽

---

① 朱家华,李秀菊,巴鹤臻,等.小学生科学学习态度的研究与启示[J].教学与管理,2022(18): 21−26.

象思维的论述(比如如何使研究变成一项实验等)的学习,尚停留在完全依靠个人感觉来进行判断的层面。

四、开始关注科学与社会生活、现实世界的联系

全球化与信息化是当今时代发展的趋势,科学早已融入人们的生活。小学生同样关注科学与社会生活、现实世界的联系,他们会思考科学与人类社会的联系,会把科学家的工作与现实世界关联起来,大多数小学生能够理解科学是人们探索自然世界的一种手段,科学为人们所用,也能够列举科学在日常生活中的应用。比如,当问及"科学家是做什么的"的时候,有的小学生会回答"科学家是经济发展的领导者""科学家是为人民服务的"等。

思维发散

根据本节所提出的小学生科学学习的四个特点,对小学科学教学提一些针对性建议。

第三节 科学学习中的概念转变

正如前文所说,学生不是空着脑袋走进教室的,知识是在学生已有经验的基础上建构起来的,教师必须重视学生的学习目的与已有观念。这就涉及了解学生的前概念,教师在教学中要促成学生的概念转变。

一、前概念与概念转变

通常学习者在接受新知识前已经有了对这一知识的认知,而这一认知主要源于先前的生活经验,这一认知被称为前概念。而在教学领域中,头脑中存在的与科学概念不一致的认识被称为"迷思概念"。迷思概念转变为科学概念的过程,也是学习者对原有概念进行修正的过程。概念转变是同化与顺应统一的过程,即学习者原有的某概念与其他新的概念产生冲突,从而发生转变的自主学习过程。[①] 从广义上讲,概念转变表示从学习者的前概念到要学习的科学概念的学习途径;从狭义上讲,当学习者学习有关某个问题或事实的新知识,或改变原有想法时,便发生了概念转变。

---

① 李愈婧. 学习科学视域下概念转变的教学应用研究[J]. 山西师范大学学报(自然科学版),2015,29(S1):124-126.

二、科学概念转变教学模式

研究者们对前概念的含义、来源、类型等进行深入探讨之后,基于本体论、认识论以及影响概念转变的多元素视角构建了早期的科学概念转变教学模式,并积极地将其付诸实践。经过应用、讨论,研究者们发现仅仅基于认知冲突是很难发生科学概念转变的,于是尝试设计情境任务来激发学生的意识和想法,以明晰前概念和迁移应用效果,如基于教学情境理论的教学模式、双重情境教学模式等。另外,提供给学习者表达想法、论证观点的机会也至关重要,这可以加深学习者对概念的理解,促使学习者主动认知,如5E教学模式、基于对话的教学模式、基于"热"概念转变的教学模式等。如今,对科学概念转变教学模式的研究还在不断深化,研究者们对以往的研究予以综合改进,通过实证研究进行检验、验证、反馈,在促进学生科学概念转变的研究中更趋于促进理论与实践的有机结合。

科学概念转变在教学中的实现一般都遵循了"探寻前概念—学习新概念—应用新概念"的程序,基于以上对科学概念转变教学模式的纵向深化研究,有研究者将其分为基于认知冲突的、拓展情境任务的以及表达论证观点的三类科学概念转变教学模式。[①]

(一) 基于认知冲突的科学概念转变教学模式

基于认知冲突的科学概念转变教学模式侧重揭示学生错误的前概念。波斯纳等人所描述的概念转变条件成为人们研究概念转变教学模式的重要依据,尤其是学生对当前概念的不满往往会成为概念转变的起点,也就是认知冲突的开端。如凯里所提出的概念转变教学模型:首先识别异常,认识前概念;然后建构新模型,代替旧的心理模型;最后使用新模型,用新模型来解决问题。[②]努斯鲍姆、诺维克提出了概念转变教学的三步法:揭示学生的前科学概念,引发认知冲突,鼓励认知顺应。[③]在对这些教学模式研究的基础之上,研究者们通过实验、假设、提问等教学策略来进一步揭示学生的前概念,创造认知冲突,激发学生的主动学习过程。

在教学中,教师可以从常见的错误概念入手,应用此模式展开教学。例如,在学习空气相关内容中,当教师提及"湿度"这个概念时,学生可能会根据自身经验提出诸如"晚上的空气中会比白天有更多的水分"这样的个人观点。此时教师可

① 冯春艳,陈旭远.国外科学概念转变教学研究:模式、策略及启示[J].理论月刊,2021(3):150—160.

② CAREY S.Cognitive science and science education [J]. American Psychologist,1986,41(10):1123—1130.

③ NUSSBAUM J,NOVICK S.Alternative frameworks,conceptual conflict and commodation:toward a principled teaching strategy [J]. Instructional Science,1982,11(3):183—200.

以带着学生利用湿度计展开探究,根据测得的结果就学生的观点进行讨论,从而使学生意识到自身已有概念的片面之处,即暴露认知冲突。在此基础上,教师进一步带领学生开展探究活动,围绕"空气中的水分"这个主题进一步开展探究性学习。

(二) 拓展情境任务的科学概念转变教学模式

情境是教学内容的重要载体,没有情境作为依托的教学必然会索然无味,情境与任务的有机结合促使学生主动建构概念。很多时候,学生初步建构的概念并不是牢固的,他们只是记住了这个概念,那么这个时候就需要将其迁移运用,在相应的情境中解释事实性问题,以加深对于概念的理解,巩固头脑中的认知结构。著名的教学情境理论是由布鲁索提出的,他指出教学情境有五个阶段:权力下放、行动、制定、验证、制度化。[1] 基于该理论提出的教学模式为:(1) 权力下放——分发材料,展开教学环境和任务;(2) 行动——学生通过模仿来关注他们所经历的动觉;(3) 公式——将文字和图像应用于动觉体验,并提出解释;(4) 验证——通过生生互动、师生互动建立模型来验证上述解释。[2] 个案研究结果表明学生在情境教学中学习效果更好。[3] 情境在促使学生建构概念的过程中起到激活前概念以及促进新概念迁移的作用,从而超越结构性知识层面,帮助学生重构突触连接,形成新的认知图式。

有学者提出了双重情境教学模式,他们认为知识具有双重情境化的特征。第一重情境是真实情境,即知识产生和实践应用的真实生活中的情境,体现了知识的情境性、社会性和建构性,此类情境可以激发学生的求知欲,促进学生对知识的建构。第二重情境是主体情境,即学生根据已有知识和生活经验对新知识所形成的主体情境,体现了知识情境的个性化、主体性和多样性。情境认知理论认为,知识是学习者和情境之间的积极联系,学习者只有在现实生活情境中经过积极思考的过程,才经历了学习活动,从而获得了知识。这一理论强调了第一重情境的重要性,学习者只有在真实情境中经历了学习过程,才能够建立或纠正第二重情境。[4] 双重情境教学模式的步骤为:(1) 检查所要教授的科学概念的属性;(2) 利用情境让学生预测、解释;(3) 分析学生所缺乏的科学概念的属性;(4) 设计一系列双重情境学习

① ARSLAN S,BARAN D,OKUMUS S.Brousseau's theory of didactical situations in mathematics and an application of adidactical situations [J]. Necatibey Faculty of Education Electronic Journal of Science and Mathematics Education,2011,5(1):204−224.

② BRUUN J,CHRISTIANSEN F V.Kinesthetic activities in physics instruction:image schematic justification and design based on didactic situations [J]. Physics,2014,12(1):1−19.

③ ARSLAN S,BARAN D,OKUMUS S.Brousseau's theory of didactical situations in mathematics and an application of adidactical situations [J]. Necatibey Faculty of Education Electronic Journal of Science and Mathematics Education,2011,5(1):204−224.

④ 宗晓玮,吴伟.双重情境学习模式(DSLM)案例介绍及评析[J].物理教学探讨,2015,33(8):25−27.

事件;(5) 使用双重情境学习事件进行指导;(6) 挑战情境学习活动,为学生提供应用指导,确保他们的概念转变是成功的。[①] 有学者认为,概念的转变需建立在情境学习的基础上,没有情境学生无法对问题作出预测和解释,教师也就无从分析学生已有的概念属性以及可能缺乏的科学概念。另外,情境的建立也为学生应用概念,确保概念转变成功提供了保障。

在使用该模式的教学中,教师留心生活,从实际生活现象中提炼问题、创设情境是非常重要的。例如,在学习"蒸发"这个概念的过程中,教师常常会从"炎炎夏日地上的水很快会消失不见"这一现象入手,帮助学生建构"蒸发"的概念。学生在建立这个概念的同时,常常会把炎热、夏日等相关情境因素与"蒸发"的概念关联起来,甚至可能形成"只有在热的时候水才会蒸发"这样的错误概念。所以教师在引导学生初步建立起"蒸发"的概念后,应提供更多的情境帮助学生巩固和深化对此概念的认识。如教师可以提示学生用"蒸发"的概念去思考和解释"冬天晾起来的湿衣服为何会变干",从而使学生对这一概念有更准确的认识。教师还可以围绕影响蒸发快慢的因素展开后续教学,进一步加深学生对概念的理解。

(三) 表达论证观点的科学概念转变教学模式

杜威曾指出:论证能够激起我们的观察和记忆,使我们脱离信徒式的被动,促使我们观察和发明。所以,在科学概念转变的课堂上,给予学习者表达观点与想法的机会,更容易引发认知冲突,促使学习者思维活跃,加深学习者对概念的理解。图尔敏在论证模型中确定了六个要素,即数据、主张、理由、反驳、限制和支持,也就是说论证过程必须有理有据,才能有利于主张的提出、反驳的进行。20 世纪 80 年代,美国生物学课程研究会(BSCS)推出了 5E 教学模式,即吸引、探究、解释、迁移、评价,其中探究和解释都是对表达观点的强调。5E 教学模式旨在激发学生参与到一个主题中,探讨、表达想法,建构对所学概念更深入的理解。

在开展论证式教学的过程中,教师应组织学生有序发言,在保证彼此倾听和尊重的前提下通过观点的碰撞激发学生思维的火花。例如,教师为了培养学生大胆表达自己观点的习惯,鼓励学生在科学课上随时通过不同手势表达"我同意""我反对"等态度,在时机合适时尽可能让学生讲出个人观点,并顺势组织学生展开进一步的讨论。教师还可以在教室中用彩色卡纸张贴出各类体现逻辑思维的句式,如"我认为……,因为……""我不同意……,理由是……",以此引导学生形成基于证据提出或反驳观点的习惯,进而保证论证有序、有效开展,真正实现学生在课堂上的彼此交流、共同进步,同时在此过程中学生也完成了概念的转变。

表达论证观点的科学概念转变教学模式

① SHE H C.DSLM instructional approach to conceptual change involving thermal expansion [J]. Research in Science and Technological Education,2003,21 (1):43-54.

📱 **知 识 链 接**

科学概念教学的实践困境 [①]

为了让学生在短期内提高成绩,教师在进行概念教学时,通常更愿意把概念以结论的形式直接呈现给学生,强化学生运用概念解答习题和应试的能力,而忽视了科学概念在生活实践中的实际应用。教师对于科学概念的形成、发展与应用过程重视程度不够,导致学生对概念的内涵与外延缺乏深度理解。学生对这种通过浅层学习方式获取的知识缺乏足够的认同感,对知识所承载的教育功能认识严重不足。以"植物的生存和生长"为例,教师强调学生记忆植物的生存和生长需要水、阳光、空气和温度,学生根据日常生活经验也能理解这些因素对于植物的生长具有重要意义,但是很可能会产生这些影响因素越多越好的错觉。只有通过控制变量的实验,切身观察不同因素影响植物生长的具体过程,学生才能真正理解植物的生存和生长需要适宜的环境,进而明白水、阳光、空气和温度对于植物生长的具体作用分别是什么。

学 习 活 动

小组讨论:基于认知冲突的、拓展情境任务的和表达论证观点的科学概念转变教学模式是不是互斥的? 它们的侧重点分别在何处? 如何将它们结合起来使用?

三、科学概念转变教学策略

在概念转变研究逐步走向教学实践的过程中,衍生了越来越多的教学策略。认知主义和建构主义的部分观点在各类教学策略中有所体现。

(一) 基于认知主义的科学概念转变教学策略

基于认知主义的概念转变教学策略可划分为激发逻辑思辨的教学策略、激发主动认知的教学策略、激发动觉体验的教学策略以及促进概念顺应的教学策略。

l. 激发逻辑思辨的教学策略

激发逻辑思辨意指教师利用论证、演绎等策略激发学生的思考力,使学生在教

---

① 李多,吕艳坤.基于概念转变理论的科学概念教学:现实困境与破解路径[J].化学教学,2023(10):3-7.

师的引领下进入某一种思维的轨道之中,形成逻辑的回路。论证是对一个选定的主题提出观点,进而提供支持观点的论据以证明观点的过程。论证是科学家工作的一个主要组成部分,在建构科学知识的话语中,科学家通过与自己、同行争论,通过发表研究成果,将建构知识过程中偏见可能带来的影响最小化。在教学中引导学生学会论证也是促使他们像科学家一样思考的方法之一。

除了论证之外,演绎推理教学策略也能培养学生的逻辑思维能力。演绎推理是科学解释和预测中使用的基本逻辑形式,它不仅是引发学生认知冲突的一个重要因素,更是解决认知冲突的一种思维策略。演绎推理是一种心理的推理过程,在这种推理中,输入的基本真理命题在逻辑上保证输出命题的真实性结论,前提是推理过程中没有出错。

2. 激发主动认知的教学策略

在促进学生概念转变的教学中,简单地提供更多材料以及大量新想法而不激发学生的主动认知往往会适得其反,深刻的认知参与将会促成更大程度的概念转变。所以在促进科学概念转变的过程中,激发学生的主动认知才是最为关键的,如假设策略的使用,学生通过假设尝试演绎和实验验证,看结论是否与假设相符合,如果符合则假设成立,反之则不成立。假设策略的结果往往会让学生产生认知冲突,从而激发学生的主动认知。

在科学学科中,假设策略必然要与实验结合在一起才能发挥作用,实验不仅能够检验假设,而且有助于发现事物运行的规律,建立科学的理论。另外,实验还能检验某些假说,纠正人们的一些错误想法。

除了假设策略,探究策略和引导性问题策略也是激发学生主动认知参与的重要方式。在探究活动中,学生对自己的先入之见和自己掌握的知识提出质疑,通过探究性实验呈现日常生活中的新现象,产生认知冲突,提高学习兴趣,主动建构自己的概念体系,推动概念转变。但是探究的程序需要教师进行充分的设计,避免学生走向随意试错和盲目探索的误区;教师所提供的科学探究应该是基于概念而建立的,应该是能够引导学生自行检验假设的。

3. 激发动觉体验的教学策略

在科学教育中,广泛存在着实践性内容,教师利用教学资源,创造丰富的实践体验,联系生活实际让学生感受真实世界与实际事物,将起到意想不到的学习效果,也必然会推动学生科学概念的转变。无论是身体参与的示范活动还是动手操作的实践活动,最终目的都是让学生通过体验、讨论、记录自己的想法来形成自己的概念,以达到概念转变的结果。教师在这个过程中同样发挥着重要的作用:一是教师既能使学生达到比动觉活动本身更高抽象层次的体验,又能将这些体验与正式的科学知识联系起来;二是教师要关注学生的解释,利用这些解释的要点对他们的观点进行概括并映射到正式的科学语言中,为学生提供指导性问题,验证他们的推理并及时向他们提供解释。①

4. 促进概念顺应的教学策略

在引入新概念之后,教师往往要对一些无法直接观察到的概念或事物作出解释,类比策略、概念图策略、知识考古策略等都可以帮助学生形成完整的认识和理解,促进学生对新概念的顺应。如果说假设策略增加了思维的深度,使学生跟随教师的指引深入思考问题,那么类比策略则是增加了思维的广度,让学生扩展了对概念的想象范畴,增强了学生的学习兴趣,并使之处于相对舒适和安全的水平上。类比教学过程由四个部分组成:一是使用目标问题帮助学生明确对所考虑主题的误解;二是教师提出一个类似的锚定案例;三是教师要求学生尝试在锚定案例与目标案例之间建立类比关系;四是如果学生不接受这个类比,那么教师会试图找一个桥接类比或一系列桥接类比。②

(二) 基于建构主义的科学概念转变教学策略

基于建构主义的概念转变教学策略可分为侧重合作学习的教学策略和加强环境建构的教学策略两个方面。

1. 侧重合作学习的教学策略

社会建构主义认为,知识具备社会性,社会性的合作学习可以加快学习者对知识的有意义建构。合作学习是一种系统化、结构化的教学策略,并非单一使用的教学策略,其他教学策略如异质分组、小组讨论、小组互动围绕着合作学习的应用,能够给学生提供语言互动、观点表达的机会,激发学生的学习动机。相关研究者提出了合作学习的五个要素:积极相互依赖、促进性的相互作用、个体和小组责任、人际和小组技能、小组过程。在概念转变的课堂上,教师通过为学生提供情境或任务以促进学生合作学习,学生在相互促进的团体中会变得更加积极。由于每个人对概念的理解不同,所以更容易产生认知冲突;在对新概念的理解中,彼此间的多维理解也能起到相互促进和补充的作用,此过程不仅促进了概念转变,更促使同伴之间的互助以及沟通交流能力增强。

2. 加强环境建构的教学策略

概念通常嵌在丰富的情境中,往往携带着社会和文化的意义,所以概念的转变

① TOMARA M,TSELFES V,GOUSCOS D.Instructional strategies to promote conceptual change about force and motion:a review of the literature [J]. Themes in Science and Technology Education,2017,10(1):1-16.

② CLEMENT J,BROWN D E,ZIETSMAN A.Not all preconceptions are misconceptions:finding anchoring conceptions for grounding instruction on students intuitions [J]. International Journal of Science Education,1989,11(5):554-565.

不能仅依赖课堂单调的环境,应该加强环境建构,促进概念与环境的意义联结,从而使概念转变的理解过程更加完整和平衡。有研究结果表明,动画、视频的内在激励属性能够促进学生对学习的积极态度。随着现代信息技术的快速发展,学习环境也在不断地发生着变化,但无论是计算机辅助应用设备的加入,还是多样化实验设备的融入,抑或是教师对教学设计的大幅度改良,都是在为学生创造一个更加舒适自在、情境逼真、便于实践体验的学习环境。

学 习 活 动

技术的不断发展为丰富教师在科学课堂上创设情境的方式提供了更多可能性,专门为课堂教学开发的应用软件也陆续出现。在网上查找相关信息,结合你的日常经验,尝试提出一些在小学科学课堂上创设情境的新方式。它可以是呈现给学生信息的某种方式,也可以是为学生带来互动体验的教具……以小组讨论的方式分享你们的主意,若有条件可以轮流模拟实践。

思维发散

科学概念转变教学模式的相关研究为你带来哪些启示?

第四节　小学科学学习活动与学习方式

无论是儿童发展理论还是教学模式与策略,它们最终都体现在课堂教学中的具体活动之中。小学科学课堂上有多种常见的学习活动与方式,科学教师应因地制宜,灵活选择安排,让科学课堂教学在完成教学目标的基础上多姿多彩、有声有色。

一、常见的小学科学学习活动

国内外学者已经从多个角度对学习方式进行了划分,如从学习的对象、学生参与学习的方式、学生对学习对象进行内部信息加工的方式、学习所运用的媒体手段等角度划分。其中,比较有代表性的是陈佑清的分类方式,他根据学习对象或领域的不同,将学习活动分为知识学习、操作学习、交往学习、观察学习、反思学习、实践学习六类。[1]

---

[1] 陈佑清,罗祖兵.走向"多样性"的学习:五种新的学习方式的理论与实践研究[J].基础教育课程,2015(9):36—41.

（一）知识学习

这里所讲的知识学习是指以小学科学书本知识为对象的学习,而不是从学习结果角度理解的知识学习。知识是人在自身生活经验或科学探究的基础上,在头脑中建构的对事物的看法与观念。对于知识性质的理解应有一种复杂思维与眼光,即要在主观性与客观性、普遍性与境遇性、中立性与价值性之间把握知识的性质。

知识学习具有特定的机制,目前理论上存在不同的解释,其中比较有代表性的看法是,分别从陈述性知识、程序性知识和策略性知识的角度去理解知识学习的过程。知识学习对于学生的身心发展具有特定的功能,表现为知识学习能完成促进学生认知发展的目标,同时也能为学生认知以外的其他素质的发展提供间接经验的指导和借鉴。但是,对于学生的全面发展而言,它只是一个环节、一个部分和必要条件,但不是充分条件。

知识学习案例

（二）操作学习

操作学习是指学习者以某种实际的事物为对象,并通过一定的外部身体动作作用于该事物并进行的学习过程。操作学习区别于其他学习类型的突出特征是,学习者在实际操作活动中进行学习。操作学习的对象是实际事物或学习者自身的身体器官动作,而不是文字符号、他人或事物的形象。

操作学习的形式是实际操作,而不是言语行为或只是静听、静观、静思。其主要在两种形式的活动中展开:一种是工具性的操作活动,它以物质性的工具作用于实际事物,比如实验、制作、劳动、游戏、雕塑、绘画、器乐演奏等;另一种是身体器官活动,其特征是学习者以自身的身体器官动作作为操作对象,如唱歌、跳舞、戏剧表演、各种体育活动等。

操作学习案例

学 习 活 动

扫描二维码,阅读操作学习案例,谈一谈你从中获得的启发。

（三）交往学习

交往学习是指学习者以他人为对象,通过与他人的对话、交流、互动而展开的学习过程。与知识学习及操作学习不同的是,在交往学习中,学习者接触的不是文字符号,也不是某种物,而是具体的人;学习的方式是与具体的人通过面对面的对话、交流、互动等形式,从他人那里获得思想、观念、情感、行为方式乃至整体人格的启发、借鉴或影响。

交往学习案例

交往学习主要有两种具体的表现形式：一种是讨论学习，在讨论学习中，不同的学习者围绕共同的话题，通过对话、交流展开学习的过程，每一个学习者在参与讨论中获得自身的学习和发展；另一种是合作学习，在这种交往学习中，学习者之间通过分工和协作组成学习团队，共同完成某种学习任务，合作学习不以单个学习者的学习成绩而是以学习小组的总体表现作为学习考评的依据。

（四）观察学习

观察学习最初是由美国心理学家班杜拉提出来的，是指个体只以旁观者的身份，观察他人的行为表现及后果（自己不必实地参与活动）便可完成学习。观察学习亦称"替代学习"。班杜拉指出，一个替代学习事件可以这样来定义，即经由对他人的行为及其强化性结果的观察，一个人获得某些新的反应（行为），或现存的行为反应特点得到矫正。观察学习是区别于知识学习、操作学习和交往学习的一种独立类型的学习。其主要特征是，它以学习者对实际事物、他人或情境的感知或观察为特征。观察学习活动的形式是感知和观察，而不是人际互动（对话）、动手操作或直接作用于文字符号。

观察学习案例

（五）反思学习

反思学习是指学习者以自身生活经历、经验或自身身心结构为对象，以反身性的自我观察、分析、评价、改造、修炼等方式进行学习。在反思学习中，学习者既是学习的主体，又是学习的对象。因此，反思学习在对象上与知识学习、操作学习、交往学习、观察学习均不同，它不以外在的东西为学习对象。当然在这些学习方式中，可能同时包含着反思学习的成分，或者说，反思学习依附这些学习方式而存在。但是，随着学习者生活阅历的丰富以及自我意识水平的提高，反思学习在一定程度上可以相对独立地存在。

反思学习案例

（六）实践学习

实践学习是指学习者在实际生活情境中，通过实践活动，综合应用所学知识解决实际问题的学习方式。实践学习的主要功能是培养实践能力。学生学习书本知识本身不是目的，根本目的在于学会应用知识解决实际生活问题。

实践学习具有多种形式，例如探究生活问题、设计与制作、参与性社会实践等。实践学习的机制具体表现在，它在本质上是一种以实际问题为对象的问题解决过程，在这个过程中，知识的灵活运用和多种活动（动手操作、人际交往、实地观察、自我反思、符号活动）的综合开展非常重要。

实践学习案例

二、常见的小学科学学习方式

在小学科学学习中,学生主要采用接受学习、自主学习、合作学习、探究学习、体验学习这五种学习方式。

(一) 接受学习

接受学习是指以听讲和练习为主要方式的学习,以教学的结果为标志。在接受学习中,学习的主要内容大多是以定型的形式呈现给学习者的。对学习者来讲,学习不包括任何发现,只要求个体把材料内化或结合进自己的认知结构。接受学习可能是机械的,也可能是有意义的。

接受学习对于陈述性知识而言是适用的,程序性知识则适合采用发现法、探究法等学习。陈述性知识是关于事物及其关系的知识,主要说明事物"是什么""为什么""怎么样"。在教学中,公式、概念、规律等都是此类知识,采用接受学习方式不仅可以节约时间,且有利于保证学生所学知识的系统性和有效性。另外,有研究者认为接受学习应重点关注教学重点、难点和疑点。[1]

接受学习以讲解为主。接受学习是教师依据统一的标准进行教授,即依据国家的课程标准及相应的教材进行教授。知识主要是通过教师和教材以定论的方式呈现出来的,既然是教师或教材呈现,那么在教授知识时,教师就会不可避免地使用以讲授法为主的教学方法。

有意义的接受学习有着其他学习方式所不具有的优越性,具体表现为:第一,它可以使学生在相对短的时间内掌握较多的知识;第二,它能充分发挥教师的主导作用及科学知识结构的内在功能;第三,它有助于培养学生从书本中获取知识的习惯和能力,这种习惯和能力主要是在接受活动中形成的。

有意义的接受学习也有缺点,具体表现在:第一,适合较高年级而不适合低年级教学;第二,过分强调教师的主导作用,学生的主体意识、个性发展偏弱,不利于培养学生的发散性思维能力;第三,注重学习结果,忽视学习过程,对创造、创新学习的启迪与教育价值不大;第四,不利于学生实践探索能力和研究创新能力的培养,不利于提高学生以用促学、学以致用的能力。

---

① 杨建军.有效讲授[J].中小学教师培训,2006(11):28-29.

(二) 自主学习

自主学习的定义众说纷纭,其中颇具代表性的一种定义是:当学生在元认知、动机和行为三个方面都是积极的参与者时,其学习就是自主的。自主学习的动机应该是内在的或自我激发的,学习应该是有计划的或已经熟练达到自动化程度的,自主学习者对学习时间的安排是定时而有效的,他们能够意识到学习的结果,并对学习的内容和社会环境保持高度的敏感性和随机应变。

自主学习的组织形式

要促进自主学习,教师可以从三个方面着手:

其一,激发学生内在的学习动机。学习动机的自我激发受设置的目标、自我效能、行为的结果、归因等因素的影响,教师可以从上述方面着手展开工作。

其二,注重学习策略教学和指导学生进行自我监控。一般说来,自主学习者在学习策略方面具备以下三个特征:一是具有丰富的一般性的具体领域的学习策略;二是知道何时、何地、为什么使用这些策略;三是明确学习策略与努力的关系。教师可以以此为导向展开指导。

其三,教会学生利用物质性的和社会性的资源。自主学习常常需要物质性的和社会性的支持。教师可以鼓励学生克服能力欠缺的自卑心理,从范例中挑选自己学习的榜样,并教会学生从图书馆或其他信息来源中查阅需要的信息资料。

(三) 合作学习

合作学习包含以下几方面的含义:(1) 合作学习是一种以小组为单位组织的教学;(2) 在合作学习中教师转变角色,由传播者转变为帮助者、服务者;(3) 合作学习要求学生自己学会的同时,帮助小组内其他成员学会;(4) 合作学习要求学生主动承担学习责任。[1]

并非所有的内容都适合进行合作学习,教师不能为了合作学习而合作学习,应在深入了解课程标准的基础上,充分利用教材资源,联系现实生产生活实际,选择适当的内容引导学生开展小组合作学习。在一般情况下,符合以下特点的教学内容比较适合采用合作学习方式进行教学:(1) 难度适中,对学生具有一定挑战性;(2) 开放性,学生可以提出不同的见解与方案;(3) 探索性,能够激发学生的探究欲望;(4) 层次性,可以为不同学生设置差异化的任务。

合作学习的效果会受到合作学习小组成员人数的影响,成员为3~6人时,各成员参与度最高。小组成员可以根据学生成绩、学习适应能力等因素安排调整。合作学习小组内的每个成员都应该有明确的分工,具体分工可参照表4-1。合作学习小

---

[1] 刘恩山.中学生物学教学论[M].2版.北京:高等教育出版社,2009:7.

组的成员组成也不是固定不变的,适当的定期调整有利于扩大学生的交往范围,使全体学生得到全面的发展。但小组成员的调整不能太过频繁,否则会出现学生还没适应原有的小组环境,就又进入一个新的环境中,需要重新适应和熟悉新的组员的问题,这样反而不能起到应有的效果。

表 4-1　合作学习中的角色分工

角色	分工	举例
领导者	协调组内成员的分工,保证合作学习可以顺利完成	"我们应该在 5 分钟内完成方案设计,现在开始讨论。"
激励者	对活动不积极者进行激励,同时避免有成员垄断性发言	"某同学,你对这个方案有没有其他看法?"
记录者	记录,确保每个成员的观点不被遗忘	"今天我们小组要做的是……" "今天我们小组的主要观点有……"
检查者	安排小组成员对本次合作学习进行自评和互评	"下面让我们来总结一下本次活动中大家的表现。"

合作学习应遵循以下组织原则:

1. 组内异质,组间同质

合作学习小组是一种新的学习结构类型,每位学生都有自己独特的个性和学习风格等,组建合作学习小组应该尽可能反映一个班级的实际情况。小组成员的差异要在全班各个小组的组建中得以体现,这样才能保证各个学习小组之间大体均衡。组内成员的异质性确保小组成员在开展合作学习时可以相互协作,互补不足。而各个小组间的大体均衡又可以确保所有的学习小组在合作学习过程中大致处于同一水平,有利于学习小组间的公平竞争。

2. 分配角色,分享领导

每个合作学习小组的成员都有各自的个性特点,有些成员擅长组织管理,有些成员善于捕捉信息,还有一些成员善于倾听……因此在合作学习的过程中,教师要做到各尽其用,根据每个成员的特点安排不同的角色,让其承担相应的任务。同时,在不同的学习活动中,成员的角色可以轮换,这样既可以使组员间分工明确,也可以充分发挥每位组员的特长。

3. 信息交流由单向变多向

在传统的教学过程中,教师只是将信息单向传递给学生,教师作为信息源,学生作为信息的受体。而在合作学习中,教学不仅包括从教师到学生的单向传递,还包括从学生到教师、从学生到学生的各种互动过程。合作学习是多方互动过程的统一体。

4. 任务分割，结果整合

在合作学习过程中，每个小组成员都必须完成自己的学习任务，小组的学习表现与个人学习任务的完成是密切相关的。因为在合作学习过程中小组的学习任务会被分解到每个小组成员，每个组员都必须完成特定部分的任务。如果某一个成员不能顺利完成自己的任务，不仅会影响自己的学习效果，还会影响整个合作学习小组的表现。同时，小组内每个成员的学习目标与其他成员的学习目标之间具有强烈的依赖性，整个合作学习小组是一个"利益共同体"。

5. 公平竞赛，合理比较

合作学习在强调合作的同时，并不排斥竞争，特别是合作学习小组间的竞争，那是合作学习小组前进的重要推动力。不过，在组间竞争过程中，教师对学生合作学习的表现并不是简单地参考常模进行评价，而是更加注重形成性评价。

学 习 活 动

比较合作学习与接受学习，尝试列举出它们各自的特点，并与小组成员讨论它们在科学学习中展现出来的优势和不足。

（四）探究学习

国内外很多专家学者都解释了"探究学习"的概念。美国学者施瓦布将探究学习解释为：探究学习是儿童获取知识的过程，这个过程儿童需要自主参与，来形成研究自然时必须具备的探究能力，并进一步形成探索未知事物的积极态度。它注重以学习者为中心、以教师为主导，在教师的指导下学习者主动参与探究过程，以达到掌握科学知识、培养科学探究能力的目的。

探究学习有以下特征：第一，学习者围绕科学性问题进行研究，一个围绕主题内容且有难度，能让学习者通过努力解决的问题可以引发学习者的求知欲，让其积极参与并深入地学习；第二，学习者获取帮助其解释和评价"问题"的证据以及数据，在探究过程中，学习者需要获取资料、数据，以便对问题进行探究；第三，学习者根据已经获取的数据对问题进行解释，将观察出来的结果和已有的知识结合在一起；第四，学习者根据其他解释对自己的解释进行评价；第五，学习者沟通、分享和验证他们自己提出的解释，使探究结果具有可信度。[1]

问题是探究学习的核心，适当的问题能够吸引学习者，引起学习者学习的兴趣。而学习者是探究学习的主体，他们的态度、思维方式、前概念水平等基本情况

---

[1] 李春艳.小学科学课程课堂教学中探究式学习的实践研究[D].重庆：重庆大学，2019：9.

对科学探究学习的效果和目标的达成情况都有着十分重要的影响。因此,在实际的教学中,教师在课前对学情进行充分的分析,结合学生的基本情况提出合适的问题至关重要。对学情的分析包括:了解学生的学习兴趣;分析学生现有的知识水平;了解学生目前已有的科学探究能力。

科学探究要有足够的深度,教师应在课前对科学课程标准以及小学科学教材展开深入分析。教师还应该在课前思考通过一节课学生要掌握哪些科学知识、该年级的学生对这些知识应掌握到哪种程度、为了掌握这些知识探究活动应如何进行、到何时才算是达成了教学目标等问题,这样科学探究才有深度。

探究学习的开展需要创设情境。恰当的情境创设可以帮助学生更快进入学习状态,也是常用的课堂导入方式。常见的情境创设大多围绕学生感兴趣的内容进行,结合生活实际创设的问题情境能够将学生带入学习活动当中,从而更好地开展探究活动。教师根据教学内容也可以选择不同的情境开展教学。对于小学生来说,选用他们熟悉的故事创设探究情境也是很好的选择,教师可以将探究问题植入故事情节中,将学生的认知引导至探究活动中,并且在情境创设的过程中还可以设计相应的教学环节与内容培养学生的科学态度,引导学生认识和理解科学技术与社会环境的关系。

教师应妥善设置实验活动。学生亲身参与、具有自主探究特性的实验活动是教学设计的重点,教师应当充分利用实验室条件开展探究实验活动,规范实验操作。与此同时,由于一些学校存在着场地及设施的条件限制,教材中的实验设计很难得到完整呈现,此时教师在实验活动的设计上需要根据现有条件对教材规划的实验活动进行相应调整。例如,教师可以利用身边相似且常见的物品替代一些专业器材。

在探究学习的课堂上,教师是主导,学生是学习的主体。教师在小学科学课堂上组织学生进行探究学习,在评价时也应将学生放在主体地位,做到主体多元化、语言恰当、具体。

(五) 体验学习

有学者认为,体验学习是一种以学习者为中心,从体验和反思中获得知识、态度和技能的学习方式。[①] 但是由于体验本身就是学习过程中不可缺少的一环,所以也有学者认为,体验学习这一概念本身就是对学习结果观和过程观的整合,"体验"

---

① 张而立,张丹宁.体验学习的哲学思考[J].中国电化教育,2013(3):19-23.

关注学习的过程,"学习"聚焦于引发的变化。①

体验学习主要有五个特征,分别是主体性、情境性、行动性、反思性与情感性,它强调的内容包括四个方面:(1) 在学习中强调适应与学习的过程,而不是内容或者结果;(2) 知识在转化与习得的过程中经历着连续不断的创造与再创造,而不是一个独立的过程;(3) 在转换学习的过程中包含主观形态的体验与客观形态的体验,即具体体验与抽象体验;(4) 需要在对知识本质的理解基础上进行理解学习,反之亦然。②

体验学习是讲求时机的,特别是小学科学课堂教学中的体验学习,更应在充分把握学科特点、学生特点和课堂节奏的基础上找准时机,从而激发学生的探索兴趣,达到事半功倍的效果。为此,教师首先要抓住课堂开始之时,巧妙地导入和创设问题情境,增强学生的体验兴趣。其次,教师要充分把握课堂节奏,找准教学重点、难点,在学生出现认知困难、注意力分散等问题时,及时组织探究体验,使学生的注意力集中到课程学习中来,深化学生对学科知识的理解和认知。

体验学习的类型是多种多样的,教师要充分尊重学生的知识基础以及学科本身的特点,合理运用适宜的体验方式,从而达到活跃学生思维的目的。一方面,教师可以通过实验体验,培养学生的自主探究能力。实验是小学科学教学的重要方法,也是激发学生探究意识,培养学生动手能力的有效方法。教师引导学生实验的过程也是学生积极参与、师生充分互动的过程。另一方面,教师可以通过创设教学情境,促进学生模拟体验。教师通过多媒体技术创设适当的教学情境不仅可以增加学生对科学知识的直观感知和感性体验,也可以对科学实验起到有效的辅助和补充作用。

体验学习注重培养学生的实践能力。小学科学既是一门科学课程,同时也是一门生活实践课程。小学科学课程中的很多内容都与学生的生活息息相关。而生活化的科学知识不仅增强了小学生的知识理解力,也培养了小学生热爱生活、探究实践的能力。在小学科学教学过程中,教师要充分把握课程内容与生活实践的联系,将生活中的问题引入课程教学中,丰富小学生的体验内容,让小学生在善于发现、自主探究、实验解决的过程中逐渐形成科学素养和实践意识。

---

① 王映学.论体验学习:目标、过程与评价[J].教育理论与实践,2015,35(28):61-64.
② 李苪.体验学习理论视角下小学综合课程实施的路径与策略[J].西北成人教育学院学报,2021(5):91-95.

思维发散

《科学课程标准》倡导自主、合作、探究的学习方式,强调学生在教师指导下主动、富有个性地学习。于是,当前的公开课、观摩课、优质课等几乎都是以探究学习的模式展开的,对于传统教学中的接受学习大家有些谈之色变,唯恐避之不及。接受学习与探究学习作为最基本、最重要的两种学习方式,各有所长,相辅相成。你认为在教学过程中应如何将这两种学习方式有效地结合在一起?

学习评价

请根据表 4-2,对本章学习情况进行评价(非常符合 =5 分,比较符合 =4 分,一般符合 =3 分,不太符合 =2 分,不符合 =1 分)。

表 4-2　学习评价表

学习本章内容后		非常符合	比较符合	一般符合	不太符合	不符合	综合得分
知道不同流派学习观的主要内容	自评						
	互评						
	师评						
知道小学生科学学习的特点	自评						
	互评						
	师评						
理解并能运用科学概念转变教学模式和策略	自评						
	互评						
	师评						
掌握常见的小学科学学习活动并能灵活运用于教学中	自评						
	互评						
	师评						
掌握常见的小学科学学习方式并能灵活运用于教学中	自评						
	互评						
	师评						

理解·分析·实训

1. 试着查找脑科学或认知科学近期的研究成果,思考并简单论述:这些研究成果对教师开展小学科学教学有哪些启发?

2. 教师 A 在教学中指导学生在教材上做标记,带领学生反复诵读标记的内容,并要求学生背诵。教师 B 在教学中让学生直接阅读教材,告知学生如有不懂之处提问即可。分析和评价这两位教师的做法。

3. 从网上找一节小学科学课堂教学录像,或亲自去听一节小学科学课,判断在教学中教师所采用的学习活动和学习方式,分析其设计意图,根据课堂上学生的表现初步判断其教学成效,并运用相关理论展开分析与评价。

4. 根据教科版《科学》五年级下册"用沉的材料造船"的学习内容(如图 4-3、图 4-4、图 4-5),尝试选择合适的学习方式并进行课堂学习活动设计。

图 4-3　用沉的材料造船(1)

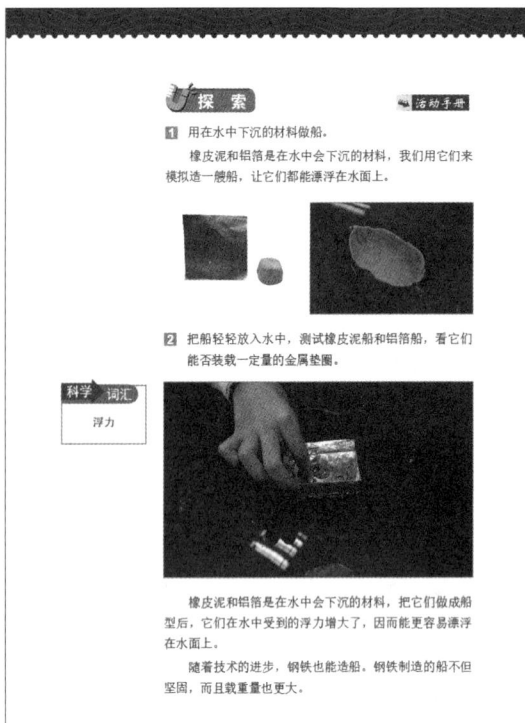

图 4-4　用沉的材料造船(2)

图 4-5　用沉的材料造船(3)

第五章

小学科学教学设计

■ **学习目标**

1. 能结合案例,说出小学科学教学设计的一般流程。

2. 能使用恰当的教学策略对某个版本小学科学教材中的某一课内容进行教学设计。

■ 知识地图

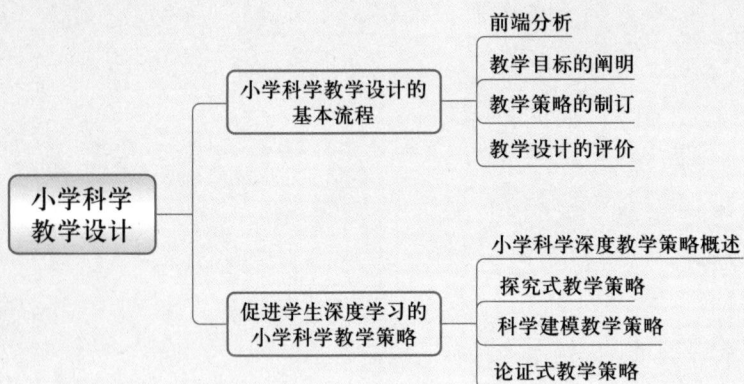

小学科学
教学设计

- 小学科学教学设计的
  基本流程
  - 前端分析
  - 教学目标的阐明
  - 教学策略的制订
  - 教学设计的评价

- 促进学生深度学习的
  小学科学教学策略
  - 小学科学深度教学策略概述
  - 探究式教学策略
  - 科学建模教学策略
  - 论证式教学策略

■ 关键问题

面对不同的教学环境,我们该怎样设计与学生学情相符合的教学?

哪些教学策略能促进学生的深度学习?

■ 经验联结

我是一位小学科学教师,在教学过程中我发现,小学生好奇心强,思维活跃,天马行空,但是他们对事物的认识缺乏一定的理性,缺乏从事实走向概念的思维能力。在"观察一种动物"一课中,我选择以"唤醒蜗牛"为引子创设了学习情境,引导学生依次观察蜗牛的身体结构、蜗牛的反应以及蜗牛的爬行。在课堂中,学生对观察小动物有着浓厚的兴趣,但记录或表达观察发现时却大多停留在蜗牛一步一步向前爬、碰到物体就缩回去等直接的表层经验层次,观察思维深度不够。核心素养背景下的教学要求教师帮助学生建立科学观念,发展科学思维,提高探究实践能力,形成科学态度与社会责任感,虽然学生在观察蜗牛活动过程中积累了大量经验,但指向核心素养的教学不能仅停留在直接经验层面。该如何引导他们将直接观察经验转化为理性知识?从经验走向科学观念需要利用科学思维将科学事实加工成科学概念,如何通过知识的探索过程帮助学生发展科学思维?核心素养表现在对生活中科学问题的解决上,如何引导学生在建构科学知识后,在生活中自发运用科学知识解决生活中的科学问题?

以上教学感受及一系列的困惑激发了我对《科学课程标准》中课程理念的学习兴趣,更激起了我通过教学设计去落实这些理念的强烈愿望。那么,该如何开展指向核心素养的科学教学设计呢?

第一节　小学科学教学设计的基本流程

不同学习者的认知发展水平有早晚、高低之分,认知结构存在差异,认知策略也有所不同。面对不同的教学环境,教师该怎样设计与学生实际相符合的教学呢?教学设计的基本流程如图5-1所示。让我们从前端分析开始,一起学习教学设计的基本流程。

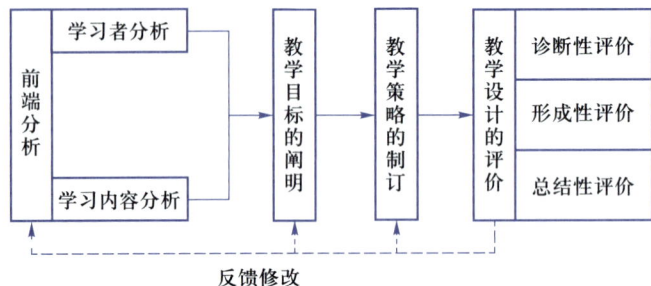

图5-1　科学教学设计的基本流程

一、前端分析

教学前端分析的概念最早是由美国学者哈里斯提出来的,意在教学设计过程的开端,分析直接影响教学设计但又不属于具体设计事项的若干问题,一般包括学习者分析和学习内容分析。前端分析是后续教学目标制订、教学重难点明确、教学过程开展的基础。科学的前端分析能够使每个学习者的潜能都得到开发,真正体现面向全体学生的教育理念。

(一)学习者分析

学习者分析是教学设计前端分析中的重要环节,它能使教师的教学设计具有较强的针对性和实用性。不同的学习者学习风格不同,对信息的感知和处理方式也就不同。教师在进行教学设计时,要充分考虑学习者的学习风格,针对不同的学习者确定不同的学习内容,选取不同的教学媒体,制订不同的教学策略。分析的内容主要有学习者的起始能力、一般特征和学习风格。

1. 学习者的起始能力

在上课前,教师应根据教学目标、教学内容的特点,了解学生已有的知识基础和能力基础,只有分析清楚学生的起始能力与教学目标之间的差距,才能据此设计合适的教学流程,达成教学目标。如在"探究绿豆芽的生长是否需要阳光"时,教师意识到学生之前已经探究了绿豆芽的生长需要水、适宜的温度,也知道绿豆发芽可以不需要阳光。但对于绿豆芽的生长是否需要阳光,学生可能有不同的看法,并且五年级的学生有着非常强烈的好奇心,心理发展也已经到了一定的水平,对生物生存的环境已经有了一定的了解,如在现实生活中学生可能已经有了春天播种等的经历,知道种植植物的一些基本操作等,这些都是教师在进行学生的起始能力分析时需要考虑的。

2. 学习者的一般特征

学习者的年龄、性别、年级、认知成熟度、智商、学习动机、社会背景等因素属于学习者的一般特征。这些特征虽然看似与学科内容无关,但是它们体现着学习者的个体差异和群体特征,教师可以据此设计出符合多数学生的教学活动,也可以针对特殊个体制订个性化的教学策略。小学生正处于成长的关键期,在这一时期他们对外界事物充满着好奇,怀抱一颗探索世界的童心。教师在教学过程可以以生活中常见的例子或者问题导入,引发学生的学习动机和学习兴趣。同时,小学是学生从具体的形象思维向抽象的逻辑思维过渡的阶段,低年级学生以具体形象思维为主,对事物的认知需要借助有形的实物,不能认识到事物的本质,对事物本质的概念不理解;高年级学生则抽象逻辑思维占主导地位,可以理解抽象的知识,基本能认识到事物的本质,推理能力也得到了进一步增强,对待问题往往有自己的判断。这些都是教师在进行教学设计时需要考虑的因素。

3. 学习者的学习风格

学习风格是学习者持续的带有个性特征的学习方式,是学习策略和学习倾向的综合。这里的学习策略是指学习方法,而学习倾向指的是学习者的学习情绪、态度、动机以及对学习环境、学习内容等方面的偏爱。有些学习策略和学习倾向会随学习任务、学习环境的不同而变化,有些则表现出一贯性,成为一种相对稳定的个性特征。那些持续、稳定表现出来的学习策略和学习倾向就构成了学习者所具有的学习风格。在科学课堂中,学生的学习态度和学习策略会影响学习效果。例如,探究欲望强、学习兴趣高的学生会迎难而上,即使探究结果不理想,他们也会反思,寻找失败的原因。

(二) 学习内容分析

学习内容分析也是教学前端分析中的一个重要环节,它是教师根据课程标准的要求,熟悉教材的基本内容、知识的编排体系及领会教材编写意图的过程。教师要根据课程教学的总目标或单元教学目标规定的维度和要求,结合教材提供的学习材料,对学生所需掌握的知识与技能等学习内容进行分析,为有效教学提供内容方面的准备。学习内容分析步骤如下：

(1) 教师要熟悉课程标准，仔细研究课程标准，做到宏观上把握，微观上着眼，根据课程标准要求，把握教学重点，突破教学难点，完成教学任务。

(2) 教师要通读小学科学全套教材，分析这一节课的内容在整套科学教材中的地位，即本节课的学习内容与以前学习过的、今后将要学习的哪些内容有联系。这种"联系"包括三个层次：本节课的学习内容在整套科学教材体系中的位置和承上启下的作用；本节课的学习内容在所教学段中的位置和作用；本节课的学习内容在这个知识单元中的位置和作用。

(3) 教师要精读本册教材和教参，分析这一节课期望达到的广度和深度。即在上述整体联系的理解之下，确定本节课的学习内容与哪些学习内容要建立宽泛的概念联系，学生需要达到什么样的理解深度。

(4) 教师要梳理和研究教学目标，分析在诸多宽泛的、深刻的或者知识类的、能力类的和情感态度类的内容目标中，哪些是在本节课的有限时间内需要重点完成的，哪些是附带完成的。

通过这样一种从整体到局部的内容分析过程，教师最终要确定本节课的教学目标，而且清楚地知道教学目标背后的知识之间的脉络关系。

二、教学目标的阐明

教学目标的阐明是指根据教学前端分析，将期望学习者达到的结果性或过程性目标加以明确化与具体化的过程。教学目标是教学过程设计、教学形成性评价实施的依据。制订的教学目标应该符合如下要求：

(一) 教学目标要完整

《科学课程标准》在课程目标中指出："科学课程要培养的学生核心素养，主要是指学生在学习科学课程的过程中，逐步形成的适应个人终身发展和社会发展所需要的正确价值观、必备品格和关键能力，是科学课程育人价值的集中体现，包括科学观念、科学思维、探究实践、态度责任等方面。"这就要求教师在设计教学目标时要围绕这四个维度进行阐述，保证教学目标的完整性。例如，在"纸陀螺"一课中，某位教师设计了如下教学目标：(1) 了解纸陀螺的构成和制作过程，并能利用身边的材料制作简单的能转动的纸陀螺(科学观念、探究实践)；(2) 测试作品的转动效果，根据测试结果对作品进行优化，让纸陀螺转得更久(探究实践)；(3) 以"怎样转得更久"为主题进行多角度的思考和探究，并思考纸陀螺与人们的生活有何联系(科学思维、态度责任)。[①]

(二) 目标主体要明确

在实际教学中,有的教师很少考虑学生的需要和兴趣,而是把更多注意力放在学科发展的需要和学科专家的建议上,表现为教学目标的确定单纯以课程标准为出发点。也有部分一线科学教师在对教学目标内涵的理解上存在误区,把教学目标等同于教学任务,把自己要做的事情作为教学目标来表述,如"培养学生的实验观察能力"。这样的教学目标只是对教师的教提出了要求,没有说明学生所要达到的预期效果,其行为主体是教师,而不是学生。教师在进行教学目标设计时,应尽量避免"使""让"等词语的出现;教学目标的行为主体应是学生,教学目标要体现出学生的主体性。例如,学生通过观看纸陀螺的制作过程,了解纸陀螺的构成,并能利用身边的材料制作简单的、能转动的纸陀螺。

(三) 行为动词准确且可操作

教学目标是教学活动预期所要达到的最终结果。这表明,教学目标终究是要落实到教学活动中的。课程标准的具体内容标准只是课程目标的具体化,它规定了学生在每一模块学习结束后应达到的基本要求,但不是教学目标。因此,教师不能以课程标准中具体的"内容标准"来直接代替相应的教学目标,也不宜用含糊不清、缺乏指向性的词语,必须用明确、具体、可以观察、可以测量的行为动词来表述,只有这样才能保证教学目标具有一定的可操作性,才能引导师生围绕教学目标的实现有效地开展教学活动,并对教学过程、教学效果进行准确的评价。例如,"说出植物的某些共同特征;列举当地的植物资源,尤其是与人类生活密切相关的植物",这样的教学目标就要优于"了解植物的共同特征,理解植物对人类生活具有重要价值"。教师可参考《科学课程标准》附录 2 "课程内容中使用的行为动词",如表 5-1 所示。

---

① 陈洪辉.运用任务清单提高低年级科学课堂实效的案例分析:以"纸陀螺"教学为例[J].教师,2022(2):60—62.

表 5-1　课程内容中使用的行为动词

类型	水平	行为动词
认知性目标动词	一级水平	知道、举例说出、说出、描述、识别、列举、了解
	二级水平	比较、举例说明、说明、概述、解释、认识、理解
	三级水平	区别、辨析、判断、分析、阐明、分类、应用、预测、评价
技能性目标动词	一级水平	观察、观测、测量、记录
	二级水平	使用、调查、估测、查阅
	三级水平	计算、绘制、设计、制作、检测、优化、改进
体验性目标动词	一级水平	关注、感受、体验
	二级水平	感知、领悟、认同、关心
	三级水平	养成、质疑、形成、树立

学 习 活 动

阅读以下教学目标,评析该教学目标的阐述是否合理。

以下为教科版《科学》三年级上册第三单元第 1 节"我们关心天气"的教学目标。

1. 科学观念

(1) 知道天气的要素主要有气温、风力、风向、降水量及云量等。

(2) 知道同一时间、不同地点的天气可能不一样,同一地点、不同时间的天气也可能不一样。

(3) 知道天气会对人们的生产生活产生影响。

(4) 知道天气是可以观测和记录的。

2. 科学思维

运用现有信息分析天气,发展利用天气特征进行判断和决策的思维能力。

3. 探究实践

通过对具体天气现象的观察和比较,运用比较准确的科学术语,培养学生分析和处理信息并得出结论的能力。

4. 态度责任

愿意分享自己的想法,善于倾听他人观点,培养学生基于事实表达观点的意识,树立长期观察、坚持不懈的科学学习精神。

三、教学策略的制订

教学策略是指教师教学时有计划地引导学生学习,为达到教学目标所采用的一切方法。广义地理解,教学策略一般是指教学所采用的教学取向。狭义地理解,教学策略是指用于某种科目的教学方法。我们认为,教学策略是以一定的教育思想为指导,在特定的教学情境中,为实现教学目标而制订并在实施过程中不断调适、优化,以使教学效果趋于最佳的系统决策与设计。[1] 教学策略是以教学活动的关键要素为核心形成的策略框架,其他要素均依附在这个中心上。[2] 科学课程常用的教学策略有探究式教学、论证式教学、科学建模教学、基于科学史的教学等,然而,没有哪一种教学策略是"万金油",有效的教学策略才能促成高效的课堂教学,而教师在选择教学策略的时候,并不是随心所欲的。那么,教师如何选择科学教学策略呢？教师往往要在课程标准的指导下,为实现教学目标,结合学生的实际情况、教师自身的素养和实际教学内容综合进行教学策略的选择。

(一) 依据课程标准

课程标准中不乏对教学策略选择的要求,它是教师选择教学策略的重要依据。如《科学课程标准》"课程理念"部分就提出"倡导以探究和实践为主的多样化学习方式,让学生主动参与、动手动脑、积极体验,经历科学探究以及技术与工程实践的过程"。探究和实践的学习方式,必然需要借助探究和实践式的教学模式,可见课程标准对相应教学策略的要求。

(二) 依据学生的实际情况

学生是学习的主体,学生现有的知识与技能水平、学习情况、心理发展水平和学习心理准备水平等都会影响教学策略的选择。所以教师要在充分了解学生的起始状态的基础上,选择合适的教学策略。例如,教师在讲解"生活中的静电现象"这一课时,考虑到四年级的学生已经有了一定的合作能力和实验探究能力,所以可以开展小组合作实验教学,为此设计两个实验:"气球与碎纸片"和"塑料梳子和碎纸片";然后利用合作学习策略,让学生以分组方式开展合作实验,共同学习。这不仅能发展学生的科学探究能力,而且能提高学生的团队协作能力。

---

① 崔鸿. 中学生物学教学设计[M]. 北京:高等教育出版社,2016:87.
② 李康. 教学策略及其类型探析[J]. 西北师大学报(社会科学版),1994(2):75-78.

（三）依据教师自身的素养

在教学过程中，教师是制订与实施教学策略的主体，所以教学策略制订与实施的有效性主要取决于教师自身的素养。教师素养在教学活动中主要表现在教师的语言表达能力、思维品质、教学技能、个性和特长、教学艺术与风格特征、教学组织与调控能力等方面。例如，教师接纳了施瓦布的教学思想，便会采用探究学习的教学策略，会投入更多的时间和精力去引导学生通过自己的努力来解决问题或回答问题。

（四）依据实际教学内容

不同的教学内容知识性质不同，有的具体，有的抽象；有的感性，有的理性；有的简单，有的复杂。同时，学生接受学习内容的难易程度不同，因而教师应该根据不同的教学内容选取不同的教学策略，这样教学才会事半功倍。例如，"点亮小灯泡"一课，在一般情况下，如果教师简单地"教教材"，直接让学生观察电池和灯泡，或者讲解它们的结构，很多学生会觉得摸不着头脑，只知道自己是在观察两件事物，不会意识到这两件事物之间的联系，也意识不到这两件事物和自己有什么关系。多数教师讲完后便带着学生连接电路点亮灯泡，最后介绍下原理。学生按部就班地跟着教师和课本走完实验流程，缺乏探究，下次遇到问题还是不知道如何去解决。教师可以采用探究式教学策略，设计一个以学生为主体的学习活动方案，让学生从"上课听讲"变为"做研究"和"发现、解决问题"，体验"科学家做的事情"，这会对学生科学素养的形成起到积极作用。[①]

四、教学设计的评价

教学设计的评价是指对教学设计进行价值判断和事实判断的统一。它是以评价反馈为途径，通过对教学设计方案的诊断性评价、对教学过程的形成性评价以及对教学效果的总结性评价，对教学设计进行检验修正，从而达到不断完善教学设计方案的一种行为。从系统的角度出发，评价者一般从教学目标、教学方法、教学媒体、教学内容以及教学评价等方面进行教学设计的评价。

（一）教学目标要正确反映课程标准的要求

教学设计中的教学内容、教学方法、教学媒体和教学评价应该与教学目标相一致，并且符合学生的发展水平。教师在设计教学目标时应该协调处理好各方面的

---

① 吴枫. 指向科学素养养成的小学科学教学设计：以《点亮小灯泡》为例［J］. 基础教育课程，2021（10）：69—74.

关系,核心素养目标设计要和谐统一,并充分贯彻系统性、具体性、科学性、层次性、有效性、时代性等原则。如"点亮小灯泡"一课,其中的学习内容是"电路是包括电源在内的闭合回路,电路的通断可以被控制",依据课程标准,教师可确定如下教学目标:"说出电源、导线、用电器和开关是构成电路的必要元件,说明形成电路的条件;解释切断闭合回路是控制电路的一种方法。"①

(二) 教学方法的设计要符合实际情况

教学方法的设计要符合学生的能力水平和教学内容的特点,符合学生认知活动的规律和身心发展特点。小学生能力有限,但对事物富于热情,情绪直接,容易外露,好奇心强,思维方式倾向于直观,喜欢动手实践等。教师在选择教学方法时就可以利用小学生的这些特点,选择合适的教学方法。如在学习"常见的电路"时,基于学生好奇心强和感受直观的特点,教师可以设计一个卡通暗盒电路,通过内置开关控制电路,激发学生学习兴趣的同时,让学生描述观察到的现象并猜想暗盒内部结构,从而引出探究性话题。

(三) 教学媒体的设计要有效得当

教学媒体的选取不是随意的,教师要根据学校设施、学生实际、教学目标、教学内容、教学策略的需要选择不同的教学媒体。教学媒体不能是可有可无的摆设,教学媒体的设计及使用应有助于突出教学重点、突破教学难点,有利于提供典型现象或过程,有利于创设教学情境,有利于促使学生进行探究和发现。同时教学媒体的设计还要贯彻低成本、高效能的媒体选择原则,以最大限度地降低教育成本,花较少的时间,用更简洁的方式,使学生获得更好的学习效果。如教师可以设计主题学习活动,尝试利用模拟人体内部器官的动画及主题学习网站,引导学生探索食物在人体内部的"旅行"路径,建立人体消化系统模型,从而提高教学效率,促进学生核心素养的形成。

(四) 教学内容的设计要符合学生实际

教学内容的设计要以充分分析学生原有的知识与技能为基础,为学生提供充分的能力发展空间。教师要针对学生原有认知图式中的观念、思维定式、生活经验等与新知识之间的联系与矛盾,创设有效的问题情境,注意提供准确、适量的正例与反例,引导学生正确识别学习内容,同时还要提供适量的练习以帮助学生巩固新知识和进行学习反馈。

---

① 吴枫.指向科学素养养成的小学科学教学设计:以《点亮小灯泡》为例[J]基础教育课程,2021(10):69-74.

(五) 教学评价的设计要注重科学性和客观性

教学评价应侧重检查学生的理解程度和分析能力,注重促进学生的全面发展;要注重评价方法的创新,做到不唯分数论,注重过程性评价。例如,测试可以是纸笔测试,也可以是实验操作测试;教师可以通过观察学生在解答问题、实验操作、自主探究、小组合作等学习活动中的表现,了解学生的学习状况。

思维发散

根据科学教学设计的基本流程,选择小学科学教材中的一节或一个单元内容,完成一份教学设计,注意教学目标要突出反映科学课程所要培养的核心素养。

第二节   促进学生深度学习的小学科学教学策略

深度学习是将外在的学习内容转化为学生内在精神发展资源的重要途径,学生内在精神的发展才是教育教学的本质追求,因此,开展促进深度学习的教学是当前落实立德树人根本任务和在科学课程中培养学生核心素养的重要途径。当前能帮助学生在科学课程中提升核心素养的教学策略包括探究式教学策略、科学建模教学策略、论证式教学策略等。探究式教学策略是进行探究实践能力培养的重要方法,科学建模教学策略融合了科学本质观与学生思维发展的培养路径,论证式教学策略是帮助学生建构科学观念及形成态度与责任的重要方法。这三种教学策略既反映了当前国际与国内科学教学的改革前沿,也是落实学生核心素养培养的典型教学策略。如何在小学科学教学中实施这三种教学策略值得深入探索。

一、小学科学深度教学策略概述

教学策略具有以下特性:(1) 教学策略是教师在教学过程中采取的一系列措施,而不是教学活动开展前的教学设计、教学方案。(2) 教学策略带有很强的目的性,是为完成一定的教学任务而运用的。(3) 教学策略是基于对现实的教学活动的认识而运用的。(4) 教学策略包含一定的教学理论成分,是对一定教学理论的具体化,受一定教学理论的支配和制约。(5) 教学策略有变通性,教师要随教学的进程对教学措施进行反馈和调控,它不同于教学模式和教学方法。[1](6) 教学策

---

[1] 和学新.教学策略的概念、结构及其运用[J].教育研究,2000(12):54-58.

略的选用一定要考虑学生的基础知识和能力,不可为了运用教学策略而运用教学策略。如一位教师在执教"食物包装上的信息"一课时选用自主探究式教学策略,让学生研究食物的配料表及各种配料在食物中可能起到的作用,是否对人体有害。从教学实际的反馈来看,教学效果并不好。原因在于课题"食物包装上的信息"并不是一个适合四年级学生课堂研究的问题,他们缺少这方面的基础知识,缺少研究的条件。在这里,更适宜的是指向健康饮食开展论证式教学,而不是探究式教学。

　　教学过程是具体而复杂的,教学内容是丰富多彩的,教学要完成的任务又是多方面的。因此,在实际教学过程中,教师要根据不同的教学目标、不同的教学情境、不同的教学环节,采用不同的教学策略。教师还要根据学生的学习准备、认知风格、学习进度、学习技能等方面的个别差异来作出相应的变化和调整,以适应在班级教学中对学生进行个别指导的需要,给每个学生提供尽可能多的参与机会。因此,教学策略应呈现动态可调整的结构。教师要根据教学的实际情况创造性地组织教学,融会贯通地理解和运用多样化的教学策略。同时,小学阶段是学生的科学启蒙时期,对学生核心素养的发展至关重要,科学有效的教学策略对培养学生的核心素养有积极的促进作用。如在学习"地球与宇宙"这一主题时,有关现象、事物规律具有时空的复杂性,常需要运用建构模型、模拟实验和论证推理等教学策略。建构模型、模拟实验和论证推理的过程是学生掌握科学知识的过程,体验科学探究的过程,也是学生科学思维不断发展的过程。再如,体现技术生产全过程的课程(如制作小车、做红果蜜饯等),更宜采用体验式教学策略。[①]学生在参与有趣的科学活动的过程中感受科学世界的奥妙,提高对科学课程的兴趣。在小学科学教学中,教师可以运用的教学策略多种多样,只有选择与应用有效的教学策略,才能提升课堂教学的效果。总而言之,好的教学策略应该能促进学生的深度学习。

　　所谓"深度学习"(deep learning),就是指在真实复杂的情境中,学生运用本学科知识和跨学科知识,运用常规思维和非常规思维,将所学的知识和技能用于解决实际问题,以发展批判性思维、创新能力、合作精神和交往技能的认知策略。[②]而基于核心素养的"深度教学"应该是基于价值引领的教学,基于真实情境的教学,基于高质量问题的教学,基于学科内和学科间的整合性教学,基于思辨的教学,基于微探究的研究性教学。从"深度学习"走向"深度教学",要深入推进基于核心素养培养的教学方式改革,把基于核心素养培养的教学真正落实到课堂教学中,落实到

---

① 叶宝生.小学科学课程中的技术教育因素及教学策略[J].课程·教材·教法,2015,35(10):79-83.
② 朱开群.基于深度学习的"深度教学"[J].上海教育科研,2017(5):50-53.

学生的学习方式和教师的教学方式的深刻变革中,这样就把核心素养培养从抽象的理论变成具体的行动。为突出学生核心素养的培养,强调学生探究实践能力的提升,下面重点介绍探究式教学策略、科学建模教学策略和论证式教学策略。

二、探究式教学策略

小学阶段是学生探究能力、实践能力、动手操作能力提升的关键期,小学科学在小学教育体系中占据着重要的地位,发挥着重要的作用。传统的理论讲授已无法适应现代科学教育发展的要求和学生个性化发展需求,教师应采取探究式教学策略,帮助学生增强动手实践能力和科学思维,实现全面发展和综合能力的提升,进而成为社会发展所需人才。

(一)探究式教学的类型及实施策略

探究式教学并不是单一、固着的模式。有研究者指出,根据教学过程中师生双方的参与程度,可以把探究式教学按照探究水平从低到高分为四种类型,即验证性探究(confirmation inquiry)、结构性探究(structured inquiry)、指导性探究(guided inquiry)和开放性探究(open inquiry)。[①]

1. 验证性探究

验证性探究是指要求学生证明一个原理或定理的探究式教学活动。它的教学目标在于帮助学生理解、掌握基本原理或基本知识,对学生探究能力的发展要求较低;在操作程序上,该层次的探究同样包括提出问题、分析问题、形成假设、分析数据、论证假设、反思等环节,各环节一般均要在教师的带领下进行;在实现条件方面,更接近传统教学方式,学生在教师的引导下体验科学探究的过程,师生更倾向于"授-受"关系,以课堂为主要场域,但强化案例、提问、讨论等的教学,因而并不等于灌输式教学;在评价方式上,以促进学生掌握基础知识为重点,对能力发展方面不作重点要求,通常以考查学生在类似案例上的知识迁移为主。总之,教师首先要引导学生明确验证探究的问题及目标;其次要注重设计问题串,引导学生将探究活动与科学概念、原理及方法相关联;最后,充分发挥学生的主动积极性,给学生开展验证性探究提供充足的实验材料、学习活动单等物质条件。

2. 结构性探究

结构性探究要求学生采用规定的步骤来解决教师呈现的问题。结构性探究在教学目标上,要求学生在教师的引导下自己动手、自己观察、自己思考,解决教师提出的问题,以掌握基本知识,发展动手能力、观察能力和思考能力。在操作程序

---

① BELL R L,SMETANA L,BINNS I.Simplifying inquiry instruction [J].The Science Teacher, 2005(10):30-33.

上,问题的提出和分析需要由教师带领学生共同进行,学生提出假设和收集数据也需要教师的指导,但在分析数据和得出结论的环节,教师要有意识地引导学生自己搜集资料,并对资料进行分析与总结,从而达到解决问题的目的。在实现条件上,教师要给予学生更多的自主空间,相信学生有能力解决问题,给学生适当的指导之后让学生自行思考,不必过多干涉,同时为学生提供丰富的资料来源,以便学生获取足够的信息。为了保证学生在数据收集和分析方面有足够的时间,此类探究活动一般无法通过一次课堂教学完成,需要更多的课时并利用课余时间进行。在评价方式上,评价除了对基本知识点进行考查之外,还将学生能力的发展列入考查范围,过程性评价多于总结性评价,二者结合,以合理的方式促进学生探究能力的发展。此外,学生整理资料的系统化及专业化程度、语言表达能力、与他人的合作状态等都要列入考查范围。总之,在结构性探究教学活动中,教师首先要针对学生探究能力发展需求为学生提供结构化的探究方案,如为有实验操作困难的学生提供有支架的活动方案;其次,要为学生开展探究活动提供结构化的实验材料、资料及实验记录单等,以促进探究活动的顺序开展;最后,要给学生提供引导探究活动走向深入的结构化问题。

3. 指导性探究

指导性探究即要求学生采用自己设计或选择的步骤来解决问题的探究式教学活动。其教学目标已经从掌握基础知识逐步转向综合运用知识,要求学生能在综合运用不同学科知识的基础上,搜集资料,解决问题;此外,还要求学生尝试自己发现问题,学生各方面能力的发展成为教学重点。其操作程序是由学生发现问题,教师进行归纳和整合,最后由师生共同确定研究课题。而假设和研究方案的提出,数据的收集和整理以及结论的获得,都由学生完成,教师只提供必要的指导。其实现的基础在于教师要高度信任学生,给予学生充分发挥自主性的空间。学校应具备良好的信息资源,包括网络、实验室、图书资料等。另外,教师还应该保证学生有充分的时间。同时,学生自身也必须具备一定的知识基础和探究能力,能通过小组合作设计研究方案,并具有执行方案的能力。其评价内容包括综合运用知识的能力、合作能力、主动学习能力等。由于以能力作为评价的主要内容,因此,教师必须更多地采用过程性评价,纵向考查学生的能力发展情况。总之,在教学过程中,教师首先要对学生活动的方案及开展过程进行指导;其次,要对学生分析探究实验现象与数据的推理思维方法进行指导;最后,还要对学生将探究发现与科学概念对接的活动进行指导。

4. 开放性探究

开放性探究是指要求学生自己确定与话题相关的研究问题,并通过自己设计或选择的步骤解决问题的探究式教学活动。开放性探究的目的在于通过创造性地解决专业领域和实践过程中的各种问题,发展学生的创新能力、合作能力、综合运用知识的能力及其他各方面的能力。在操作程序上,从选题立项到最后的成果展示,整个过程都要求学生或学生小组自行完成,教师只在必要时提供帮助。学生必须自己从实际生活中发现问题,并结合专业知识将生活问题具体化为研究问题,然后以团队的形式制订研究计划,以分工合作的形式来收集数据或进行实验,最终达到解决问题的目的。在实现条件上,开放性探究的要求较高,如:师生完全平等,教师只作为旁观者出现,在非必要的情况下,教师不得随意否定或修改学生的研究计划;学校还必须具备实验室、图书馆、网络资源,并能够提供良好的教学制度保障,必要时还需要为学生协调各种社会资源。在评价方式上,开放性探究活动的目的在于发展学生的综合能力,因此评价时完全打破传统的评价方式,更多采用成果展示、专家评审等方式,关注过程,综合各种因素对学生进行考核和评价。总之,开放性探究的有效实施对学习环境和条件提出了较高的要求,教师一方面需要通过引导学生形成探究选题,充分调动学生的探究兴趣;另一方面可以通过设计学习活动单及提供配套的探究材料等,为学生创设学习环境,助力学生开展探究;此外,还要通过搭配不同水平的小组成员、在学生探究活动过程中提供咨询、组织成果交流汇报及评价等方式促进学生开放性探究的有效开展。

(二)探究式教学案例

案例:溶解的快与慢

【教学目标】

1. 科学观念:知道可溶性的固体物质在水中的溶解度与水的温度和液体是否被搅拌等因素有关。

2. 科学思维:能够基于证据与逻辑,从不同的角度分析、思考问题,形成创新思维。

3. 探究实践:能够在实验中通过自主提出问题、教师引导、动脑思考、小组交流、表达反馈,体验探究的一般过程;理解对比实验原理并能够设计简单的实验方案;了解科学实验的注意事项,养成良好的实验操作习惯。

4. 态度责任:能够在实验中感受到与同学合作的乐趣,乐于与同学分享交流实验结果;能够在实验中形成实事求是、认真严谨的科学态度。

【教学思路】

以探究法为主,结合讲授法、讨论法等多种教学方法,在传统的教学手段中融入多媒体技术,充分发挥多媒体技术的特点,在优化组合的基础上,创新教学形式,激发学生的能动性及创造力,同时引导学生积极参与讨论,开阔视野,加深理解,以提高教学效率,改善教学效果。

【教学过程】

如表5-2所示。

表 5-2 "溶解的快与慢"教学过程

教师活动	学生活动	设计意图
【情境导入】 创设到朋友家中做客,朋友为自己冲糖水的情境,提出问题:红糖是否完全溶解? 为什么? 如何加快红糖在水中的溶解?	首先对红糖是否完全溶解发表自己的观点并说明理由,其次提出加快红糖溶解的可行性办法	通过创设常见的生活情境,激发学生的兴趣,吸引注意力,使学生尽快投入到学习的状态中。此外,由生活中常见的事例延伸到课堂学习,不仅可以启发学生的思考与探究,也可以加强所学知识与生活的联系。同时,对红糖是否完全溶解的思考也可以有效帮助学生回忆并巩固有关溶解的已有概念性知识
【启发思考,作出假设一】 出示实验器材并就实验方法组织讨论,引出控制变量法以及对比实验的概念;强调实验注意事项	思考实验器材的使用方法及实验步骤的安排,认识对比实验的操作原理	通过对实验器材以及实验方法的讨论,引出本课重点——控制变量法,帮助学生理解对比实验以及控制变量法的基本概念和操作原理;通过单独强调实验注意事项来引起学生的重视,帮助学生形成安全操作实验的意识并养成良好的实验习惯
【验证假设,交流结果】 邀请个别小组分享实验结果,并对其陈述进行针对性的提问	小组分工合作验证假设一,填写实验记录单;交流小组实验现象及结果	针对学生的回答再次提问,有助于深层次开阔学生的思维,使学生对科学事物的探究不仅仅停留于结果与表面现象,帮助学生养成勤于思考、善于探究的科学习惯,同时提升他们的实验分析能力以及口语表达能力
【承上启下,作出假设二】 总结实验一并引出实验二,在出示实验器材之前,先给学生两分钟时间独立思考;然后给小组三分钟时间讨论实验二所需要的实验器材及可采用的实验方法;最后邀请个别小组分享其实验方案并说明理由;出示实验器材及步骤,强调实验的注意事项	先独立思考实验方案,而后与所在小组同学讨论交流,交换各自意见	(1) 给学生独立思考的时间,既可以让他们回忆巩固上一环节所学知识,也可以发挥他们的主观能动性,提升创造力; (2) 小组讨论实验方案可以帮助他们在倾听同学的想法时开拓自己的思路,养成团结合作的学习习惯; (3) 将实验方案的设计作为影射点,凸显教师由"扶"到"放"的过程,充分培养学生的学习自主性,给予学生更多的学习权利,使他们做课堂真正的主人,并且通过学生所设计的实验方案及时了解学生的课堂学习情况
【验证假设,交流结果】 首先邀请个别小组说明其所在小组设计的实验方案,接着让学生分享实验现象及结果,最后对学生的陈述进行针对性的提问	小组分工合作验证假设二,填写实验记录单;交流小组实验方案以及实验现象及结果	让学生以实验方案—实验现象—实验结果的顺序简述实验过程,培养学生探究的逻辑性;从实验器材的选择到实验方案的安排再到具体的动手实验,都充分尊重学生的主体性,使学生亲历类似于科学家的探究过程,真正体现科学学习的价值及意义
【课堂总结,巩固拓展】 课堂总结并留给学生一个有趣的课后拓展小实验"奶片溶解"	回忆并巩固课堂所学知识	课堂总结及课后拓展可以有效帮助学生回忆并整理所学知识

【案例评析】

在以上教学案例中,学生以合作的形式开展"提出问题(选择问题)—进行预测—制订计划—开展实验—得出结论"的完整探究。在开展探究式学习时,教师没有完全放手,让学生自己进行讨论、设计实验,而是在小组讨论交流过程中予以引导,学生得到可行的探究方案后,以小组为单位开展探究实验。探究活动既体现了自主、合作、探究的探究理念,也不乏教师的点拨。

三、科学建模教学策略

(一)科学建模的内涵

科学建模是当前国际科学教育领域的核心议题,也是我国科学教育领域关注的热点。科学模型是对一个系统抽象的、简化的表征,它聚焦于系统的具体方面。这种表征使该系统的核心功能和实质更加明确化、可视化,是对客观自然世界进行解释的一种科学工具,反映了人的心智活动与自然世界的联系。科学建模指通过对现实现象的理想化、抽象化而建构的反映科学规律的模型,从而对科学现象进行说明、解释和预测。[①]科学建模是调度思维、深度思考的实践过程,在科学课堂中应用科学建模教学策略,能促进学生建模能力、论证能力的发展,加深学生对科学知识和大概念的理解。此外,科学建模还可以促进学生科学概念的学习,促进学生对科学本质的理解,可见科学建模教学策略对学生核心素养的发展具有促进作用。[②]

(二)科学建模教学的实施策略

1. 聚焦于真实世界,呈现有效情境

教师可根据教学内容,联系生活实际,呈现有效情境。与直接呈现问题去询问学生出现相关现象的原因相比,科学建模教学需要教师从呈现有效情境开始,引导学生对生产生活中的科学现象或引起认知冲突的事实进行理解和再认识,然后对特别复杂的研究对象进行简化和理想化处理,并从原型中提取出本质特征,聚焦到引起认知冲突的实质,提出对客观世界的认识和解释机制的问题。由此看来,科学建模在课堂导入阶段是一个建构研究问题,并围绕所提出的问题进行研究的过程。

2. 在师生互动中建立原型与模型的联系

进入有效情境之后,学生会根据自身的经验,对从情境中抽象出来的问题形成

---

① 郑永和,周丹华,王晶莹.科学教育的本质内涵、核心问题与路径方法[J].中国远程教育,2023,43(9):1-9.

② 刘晋斌,李佳涛.基于学习进阶的小学科学建模教学:以"地球与宇宙科学领域"内容为例[J].中小学教材教学,2021(10):40-45.

自己的解释或假设,此时教师需要引导学生将自己的解释或假设显性化。例如,鼓励学生说出自己的观点,或者将对现象的解释或假设通过语言和图画等展示出来,初步建立起真实世界与心理世界的联系;在决定采用某种假设对现象原型进行模拟解释后,设计出合适的建模方法和步骤,建立起原型和模型之间的联系。教师借助从现象分析到模型理解的一系列活动,提高学生的建模能力和科学思维品质,以提升学生的核心素养。[①]

3. 建立科学模型

在理论假设的指引下,学生根据原型的本质特征,向着解决真实问题(如描述原型、揭示原型规律、发现原型系统机制、解释原型因果或相关关系等)的方向制作科学模型。建立科学模型的过程实际上是学生对问题认识从物理维度走向心智维度的过程。在这一过渡期,教师可以引导学生综合运用类比推理、假说与论证等科学思维将现实世界与概念模型相关联。如在指导学生认识四季成因中,教师提供给学生一年二十四节气的气温变化柱状图和正午影长变化柱状图。通过比较,学生发现了气温变化与正午影长变化的关联。经过类比推理,学生提出了假说:地球自转会引起一天中太阳直射角度发生变化,一年二十四节气太阳直射角发生变化可能是由地球公转导致的。[②]

4. 检验修正模型

模型建立之后,学生还需进一步检测模型的解释力和适用性。该模型能解释最初的问题,这是模型得以建立的必要条件。将建构的模型运用到新的情境中去解释相关现象或解决相关问题,是模型最终建立的基础,也是建立模型的目的之一。如在"地球的运动"教学中建立了地球自转和公转的科学模型后,教师让学生利用模型解释极昼与极夜现象。如果模型在进一步解释现象或者预测现象过程中出现差错,则需要被修正;如果实验结果与预测一致,则说明模型是适用的。如在"四季成因"这节课中,教师可以设计用竖直地轴的地球仪开展模拟实验,结果发现模拟的结果与事实不符,进而修正、完善模型。在基于模型的教学中,学生通过获得原型的特征性证据,构思出关于原型的理论假设,通过关系映射建立相似模型,用模型来描述、解释和预测原型。建模的过程伴随着朴素概念向科学概念的转变,随着模型不断被修正,概念也在不断发生转变。[③]

---

① 邵发仙,舒刚.小学科学教学中物理建模课型的建构与实施[J].教育探索,2015(9):60—63.
② 刘晋斌,李佳涛.基于学习进阶的小学科学建模教学:以"地球与宇宙科学领域"内容为例[J].中小学教材教学,2021(10):40—45.
③ 刘晋斌,李佳涛.基于学习进阶的小学科学建模教学:以"地球与宇宙科学领域"内容为例[J].中小学教材教学,2021(10):40—45.

（三）科学建模教学案例

案例：为什么一年有四季？

【教学目标】

1. 科学观念：知道不同季节正午影子长短变化的规律，理解四季的形成与地球围绕太阳公转有关。

2. 科学思维：能够用模拟实验搜集证据，通过数据分析和实验现象推理发现正午影子长短、太阳照射角度与四季变化有关系。

3. 探究实践：能够开展模拟实验探究地球公转与四季正午影子长度变化的规律。

4. 态度责任：对探究四季变化的现象和模拟实验感兴趣，愿意和同学合作探究并分享有关四季变化带来的动植物、影子长短、气温变化等发现。

【教学思路】

以科学建模为主要教学策略，引导学生关联自然界中与四季有关的动植物变化、气温变化、正午阳光下影子长短变化等现象；然后用模拟实验探究四季中阳光下影子的长短变化，并将其与温度变化关联，建立地球运动与四季产生的模型；接着将模型与现象对应，用模型解释现象。整个学习过程从现象到模型，再用模型解释现象，最终发展学生的模型理解与模型建构思维能力。

【教学过程】

如表 5-3 所示。

表 5-3 "为什么一年有四季？"教学过程

教师活动	学生活动	设计意图
【活动导入】 教师通过动作和表情让学生猜季节，通过游戏让学生联系到一年有四季，并用多媒体呈现有关四季的一些图片，让学生说一说自己对四季的感受	学生根据自身经验，谈一谈对四季的感受以及对四季冷热（温度）情况和白天（昼夜）长短的认识	让学生对四季现象有初步的情境感知，其目的是让学生对原型的本质进行理解和再认识，从本质上把握现象的冲突
【课堂设问，建立联系】 教师引导学生讨论四季有什么不同，聚焦到冷热（温度）情况和白天（昼夜）长短不同，进而提出研究问题——为什么一年有四季（四季的形成原因），引导学生对现象进行有根据的猜测	学生针对一年四季冷热（温度）情况和白天（昼夜）长短提出自己认为的原因，以及四季现象产生和变化的过程与地球运动关系的关联。如学生用灯泡模拟太阳，是因为灯泡能像太阳一样把地球的模型照亮；用蜡烛模拟太阳，是因为蜡烛不仅能模拟太阳发光，还能模拟发热等	建立物理模型是为了更好地认知、理解和解释现象（每个学生对真实世界的现象都有自己的解释和看法），并能将这种心智模型通过语言或图画的表达方式外显出来，进而建立起真实世界与心理世界的联系

续表

教师活动	学生活动	设计意图
【集思广益,筛选模型】 教师根据学生提出的解释,和学生一起通过推理等方法对理论假说进行理解、检验和评价等,引导学生在众多的解释中选择一个合理且适合在课堂上探究的心智模型,再通过推理和提出新的证据等方法对各种解释模型进行筛选	在明确建模目的后,学生需要理解建模的意义,指出用什么来模拟原型,并能说出是因为模型的什么特点与原型的什么特点相似,所以选择这样的模型	通过明确建模方法,搭起原型和模型之间的思维桥梁

【案例评析】

在以上教学案例中,教师通过提问唤起学生的有关生活经验,接着引导学生建立经验与自然现象间的关联,建立科学模型,通过科学模型解释四季成因,并引导学生辨析、筛选更合适的模型,从而对模型进行评价或修正。在教学过程中学生发展了模型思维,对四季成因的理解也更加深刻,最终实现科学思维和科学观念的双重发展。

四、论证式教学策略

(一)论证式教学的内涵

论证式教学是以社会建构主义学习理论、论证理论、学习监控理论等为基础而形成的一种教学模式。论证式教学将科学领域的论证引入课堂,使学生通过经历类似科学家的论证过程来理解科学概念和科学本质,并获得思维发展。[①] 论证式教学首先要围绕某一论题,利用科学的方法搜集证据,然后运用一定的论证方式并结合自己的论据去解释论题,评价自己及他人论据与论点之间的相关性,最终达成可接受的结论。从定义来看,论证式教学强调学生搜集证据、应用证据论证的过程,并在此过程中掌握知识,发展科学思维,从而更好地形成核心素养。

(二)论证式教学的实施策略

1. 设计有效的论证情境,提高学生的参与度

在进入论证环节之前,提供给学生有效的情境是论证式教学的关键环节之一。所谓"有效的情境",是指讨论的主题不是只有单一的答案,而是具有多种可能的解释或阐述。这种情境不仅能引起学生对科学概念的辩论,也能将学生头脑中的

---
① 王星乔,米广春.论证式教学:科学探究教学的新图景[J].中国教育学刊,2010(10):50-52.

各种迷思概念引发出来。这些迷思概念与科学概念之间是有冲突和矛盾的,这就为论证活动提供了一个问题情境,通过争论与辩驳,学生可以对迷思概念进行修正,从而促进头脑中的迷思概念向科学概念转变。社会性科学议题是"有效情境"的重要选项之一。因为社会性科学议题通常具有多样的立场观点和解决方案,没有绝对确定的正确结论,且具有争议性。例如,"海洋资源的开发与利用"这一议题普适性强,可让不同能力的学生参与进来,满足不同水平学生的需求,能力强的学生可能提出更多操作性强的解决方案,能力较一般的学生经探索讨论之后也能学会从不同角度思考解决问题,从而提高主人翁意识,增强社会责任感。

2. 营造民主、宽容、和谐的互动气氛

论证式教学强调学生搜集证据、应用证据论证的过程,这样的教学必然要求学生主动参与,而学生的主动参与同民主、宽容、和谐的互动气氛密切相关。有研究结果表明,就论证的过程而言,举证支持主张的环节最有助于班级互动气氛的形成。教师可在课堂开始安排举证支持主张的环节,引导学生积极地投入和参与论证活动,促使课堂形成活跃、民主的论证气氛。在举证支持主张的陈述结束之后,班级的和谐气氛已初步形成,此时教师再引导学生进入反驳与质疑环节。在反驳与质疑环节可能会因为所持观点的不同出现有竞争和攻击意味的批驳氛围,这时教师要教导学生不能讽刺、挖苦、嘲笑他人,更不能进行人身攻击,而要以理性的态度、充分的理由、科学的证据来批驳别人的观点,维护自己的立场,这样才能维持和谐的气氛。

3. 适时引导论证的方向,示范论证的方法

在教学中,教师可以采用具有"竞争性质"的某一科学现象作为主题[①],让学生在自己的论据之上大胆思考并积极发表自己的观点,展开辩论活动。但在此阶段,学生可能会出现不能通过举出适当的证据就直接得出结论、所举出的证据与论题之间缺乏相关性、整理的证据缺乏逻辑性或者因论据来源不可靠而存在科学知识理解错误等问题,从而影响论证的质量。因此,教师要给予学生适时的引导与示范,特别是在学生论证"卡壳"或者偏离主题时。

论证式教学的实施可参考图5-2所示的三阶段六步骤模型,其中的"问题情境"与"支架引导"两个步骤主要由教师来完成,这也是教学过程的第一阶段。而后面的"形成主张—质疑反驳—辩护"三个步骤则主要由学生(个体或小组)来完成,构成该教学过程的第二阶段。最后一个步骤"达成共识"则由教师和全体学生共同完成。[②]

① 杜爱慧. 论证式教学:一种有效的探究教学模式[J]. 教育导刊,2011(9):76-78.
② 唐小俊. 基于"论证"的教学过程模式及其应用策略研究[J]. 当代教育科学,2016(7):51-54.

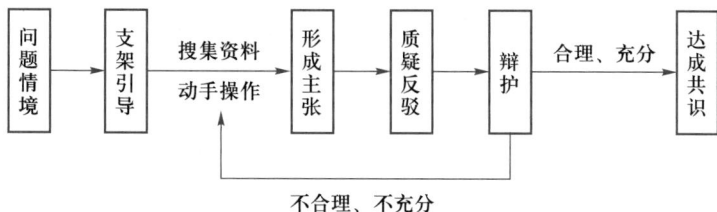

图 5-2　论证式教学三阶段六步骤模型

4. 重视小组合作讨论方式的运用

在论证过程中,教师可利用小组讨论的方式,促使学生分享个人的主张、理由与证据,不断激励学生运用其论证能力,精炼论证语言,同时还可增进学生对科学概念的理解。当学生遭到反驳与质疑一时难以应对时,教师除了可以给予学生充足的时间去思考,还可以邀请持有相同立场、主张的同学一起思考,让学生通过小组成员之间的交流讨论,相互启发、补充与完善,共同思考反驳的方法,使群体的智慧在和谐的氛围中为每个个体所享用,从而降低论证活动的难度。小组成员之间的合作,可以激发学生为维护自己的主张提出更多的理由或提供更有力的证据,促进学生对科学知识的深刻理解,提高论证品质。

(三) 论证式教学案例

案例:植物是"活"的吗?

【教学目标】

1. 科学观念:通过观察和种植活动,知道植物需要水、阳光以维持生存和生长,植物是有生命的。

2. 科学思维:能在教师的指导下,以"植物生存和生长过程中外部形态的特征及其变化"为证据,说明植物是"活"的。

3. 探究实践:能利用多种感官观察植物的外部形态特征变化,并能依据可观察的现象,描述植物生存和生长的条件。

4. 态度责任:愿意倾听、乐于表达和分享有关植物的信息,具有认识和研究植物的兴趣,以及珍爱生命、爱护身边植物的情感。

【教学思路】

相较于动物日常可见的运动而体现出的鲜活生命力,一年级学生对于"植物是'活'的"这一事实的认识较为模糊,教师需要在教学中引导学生找出更多的证据。本案例让学生从他们亲自种植的植物入手,通过交流讨论植物生长过程中的种种现象,把观察到的事实转化为证据,初步找出"植物是'活'的"这一事实的证据;再让学生观察一棵树一年四季的生长变化,把学生的视野从对静态现象、短期现象的观察引向对更为广阔的、长期的、动态的植物生命现象的观察,进一步丰富相关证据;最后通过对仿真花的分析,用反向证据引导学生认识植物是有生命的。

【教学过程】

如表 5-4 所示。

表 5-4　"植物是'活'的吗?"教学过程

教师活动	学生活动	设计意图
【情境导入,引发思考】 导入:"植物是'活'的吗?"教师提出论证问题,引发学生思考,并让学生把自己在一个月前种植的植物带到课堂上来,找一找"它是'活'的"这一事实的证据。教师引导学生结合自己的观察记录表,回顾种植过程中植物发生的变化以及植物养护的经验,组织学生交流讨论"植物是'活'的吗?"这一问题	学生带着教师提出的问题开始思考,并结合自己完成的观察记录表再次观察自己种植的植物,回顾种植过程中植物发生的变化以及植物养护的经验,与组内同学交流哪些证据能证明"植物是'活'的"	以"植物是'活'的吗?"这一问题导入,唤起学生的学习兴趣,引发学生的学习动机;接着通过让学生回顾种植植物过程中积累的养护经验,让学生亲历论据的生成和搜集过程
【组织论证,适当引导】 教师组织学生开始论证,首先是观点陈述阶段。在这一阶段,教师需要给学生充足的空间,营造民主、积极的课堂氛围,鼓励学生各抒己见。 教师可顺应这些观点,补充相关证据,引导学生进一步思考。教师还可以让学生交流分享植物养护的经验	学生可能体现出一些前概念,如认为有香味、有叶、绿色、长在泥土里、有茎等就能说明植物是"活"的。学生回忆植物养护过程,可能会回答道"我会给植物晒太阳、浇水、施肥"等	开始论证阶段教师减少参与,以营造民主、积极的课堂氛围,学生各抒己见,踊跃发言
【课堂总结,深入理解】 其次,教师出示春、夏、秋、冬四季樱花树变化的图片,播放相关视频,提出问题:"如果继续种植植物,植物会怎么样呢?" 接着教师可进一步让学生思考这棵树下一年的变化,使学生认识到植物生长变化具有周期性。教师与学生一起回忆之前的观察、讨论,请学生小结,说说哪些证据可以证明植物是"活"的	学生通过观察同一棵树在一年中经历的变化过程——开花、花凋谢、长出茂盛的叶、结出果实、落叶等,认识到植物会生长变化,说明它是"活"的	通过更长时间的种植经验,发展学生对生命特征的较系统、整体的认识
【巩固拓展,课后思考】 最后,教师出示一株"开花植物"(仿真花),引导学生结合已有概念或从相反的角度思考为什么仿真花不是"活"的	学生通过举例说出仿真花的非生命特征,从反面说明植物是有生命的	利用仿真花让学生从反面论证,有利于学生科学思维的发展

【案例评析】

在上述教学案例中,教师从学生的种植经验出发,创设了一个问题情境,而后引导学生基于证据展开论证。在论证过程中,教师特别注重自身的"退场",将思考、论证的主动权交由学生,鼓励学生自由、充分地发表自己的观点。接着,教师引导学生思考植物更长时间的周期性变化,扩展了学生的生活经验,加深了学生对生命的理解。最后,教师借助仿真花,引导学生进行反面论证。整个过程培养了学生深入思考的能力以及搜集证据、应用证据进行论证的能力,同时有利于学生科学思维的发展。

思维发散

1. 与同学交流你对深度学习的理解。

2. 对论证式教学策略中"植物是'活'的吗?"教学案例进行简要评析。

3. 分析教科版《科学》四年级上册第二单元第 8 节"食物在身体内的旅行",用科学建模教学策略进行这节课的教学设计。

学习评价

请根据表 5-5,对本章学习情况进行评价(非常符合 =5 分,比较符合 =4 分,一般符合 =3 分,不太符合 =2 分,不符合 =1 分)。

表 5-5　学习评价表

学习本章内容后		非常符合	比较符合	一般符合	不太符合	不符合	综合得分
知道小学科学教学设计的基本流程	自评						
	互评						
	师评						
能够合理应用探究式/科学建模/论证式教学策略进行课堂教学设计	自评						
	互评						
	师评						

理解·分析·实训

1. 请简述小学科学教学设计的基本流程。

2. 请分析论证式教学需要注意的要点。

3. 扫描二维码,阅读"做一个太阳能热水器"教学案例并简要评析。

"做一个太阳能热水器"教学案例

第六章

小学科学课程实施

■ 学习目标

1. 能阐述课程实施的基本内涵及价值取向。

2. 了解小学课程实施的影响因素。

3. 能概述小学科学课程实施的关键问题。

4. 能概述小学科学课程实施面临的困难。

■ 知识地图

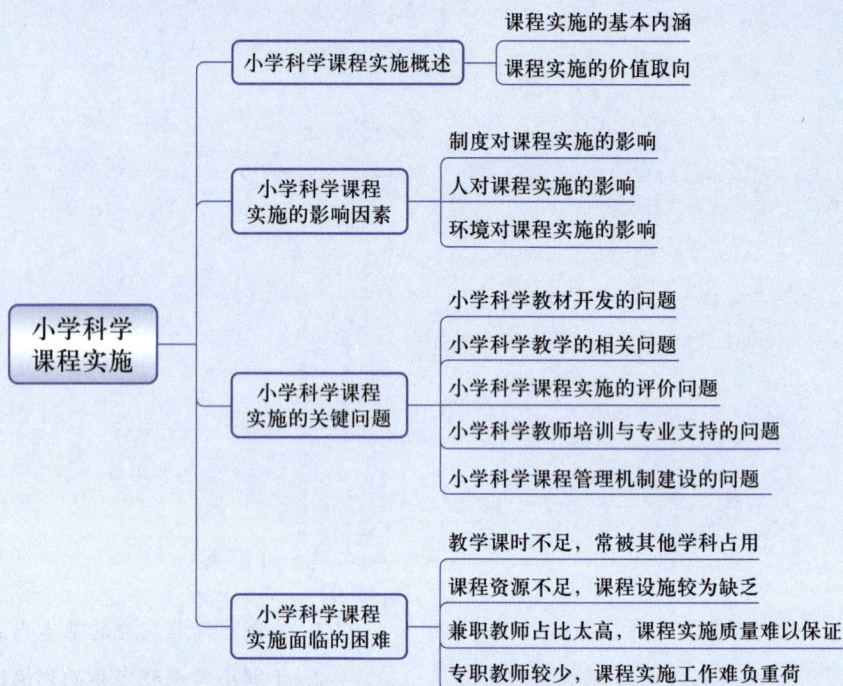

■ 关键问题

课程实施的基本内涵是什么？

小学科学课程实施需要考虑哪些关键问题？

小学科学课程实施面临哪些困难？

■ 经验联结

《科学课程标准》正式颁布后,全校的科学教师坐在一起讨论:为了培养学生的核心素养,应该怎样有效地实施科学课程?

王老师说:"为了更好地让课程标准落地,首先需要开发与之适应的教材,教材在很大程度上会影响教学的内容和范围;其次还要对我们进行培训,教师只有对课程标准有了更深入的理解,才知道怎么切实地落实科学课程的要求;最后监测和评价也不能少,只有通过对科学教材编写、教学实施、考试评价、教师培训、课程资源开发与利用等一系列内容进行评价,我们才知道课程与教学的效果如何,未来改进的方向和内容是什么。"

李老师说:"王老师说得非常好,我个人认为其实还需要加强管理机制的建设。因为不管是教材和其他课程资源的开发和利用,还是课程评价的实施以及教师培训的开展,都涉及多方面的内容,需要有一个机制来协调人、物与课程的关系。"

张老师说:"我认为在课程落地时,除考虑这些宏观的问题外,还需要考虑教学课时、教师队伍、课程资源等方面的问题。"

其实,教师们的讨论涉及如何确保课程实施质量的相关问题。课程实施的质量直接决定了课程目标的实现情况。高质量的小学科学课程能够让学生通过学习,保持和发展对自然的好奇心和探究热情;了解与认知水平相适应的科学知识;体验科学探究的基本过程;培养良好的学习习惯;发展学科能力;形成良好的科学态度和社会责任感。

第一节　小学科学课程实施概述

　　自 1956 年《小学自然教学大纲(草案)》颁布至今,60 多年的时间里,我国小学科学课程始终与时俱进,课程的性质从主要学科、重要基础学科转变为科学启蒙课程;课程目标从简单的知识教育发展到注重核心素养的培养;课程内容越来越关注知识的整合和学生心理发展顺序;教学评价也更强调评价主体多元化、评价内容全面化、评价方法多样化和评价时机全程化。面对这些革新与变化,教师要想成功实施小学科学课程,就需要理解课程实施的基本内涵与价值取向,了解课程实施的关键问题。

一、课程实施的基本内涵

学习活动

　　小组讨论:什么是课程实施? 小学科学课程实施和科学课程标准之间是什么关系?

　　课程实施是教育工作者常用的术语,其内涵也是研究者们关注的焦点。目前,人们对课程实施有着不同理解,概括来说主要有两种观点。

　　第一,课程实施是将课程方案(课程计划)付诸实践的过程。这种观点认为实施是达到预期教育目标的基本途径,实施的焦点是实践中发生改革的程度和影响改革程度的那些因素。例如,课程理论先驱迈克尔·富兰认为,课程实施是指任何课程革新的实际使用状态,或者说是革新在实际运用中所包括的一切。我国学者施良方将课程实施定义为:"课程实施是指把新的课程计划付诸实践的过程,课程实施研究所关注的焦点是课程计划在实际中发生的状况,以及影响课程实施的种种因素。"[1]持上述观点的人普遍认为,课程实施涉及国家、地方、学校、课堂等各个层面,这种定义着重强调课程实施是课程改革的一个重要实践过程,课程实施的内涵十分丰富且宽广,给课程实施者留下了广阔的理解和实践空间。在课程实施的定义中,这是一种比较具有代表性且为人们普遍接受的观点。

　　第二,课程实施就是教学。这种观点主要针对课程与教学割裂的问题,认为教学与课程是内在统一的:教学总是特定内容的教学,它内在地包含着内容;课程作为内容,是教学的内容。例如,马云鹏表示:"课程实施不只是研究课程方案的落实

---

[1]　施良方.课程理论:课程的基础、原理与问题[M].2 版.北京:教育科学出版社,2020:119.

程度,更要研究学校和教师在执行一门具体课程的过程中,是否按照实际的情况对课程进行调适。"① 这种观点将课程实施落实到具体的教学活动中,凸显了教师在课程实施过程中的重要性,相对弱化了环境、内容等因素对课程实施的影响。

不同研究者对课程实施的界定不尽相同,对课程实施所包含内容的理解也有所不同。但是综合以上观点,我们在对课程实施进行理解时,既要考虑在课程方案付诸实践过程中的种种因素,也要认识到课程实施的主体工作需要通过教学完成。

小学科学课程实施对于深化科学课程改革,推进素质教育发展,提高公民科学素养具有重要意义。小学科学课程实施能不断探索影响科学课程发展的相关因素并从中总结经验、吸取教训,为进一步深化科学课程改革提供可借鉴的参考和依据,也为设计新的科学课程改革方案提供支持。此外,小学科学课程对培养学生的观察事物、独立思考、动手实践、语言表达等能力也起着至关重要的作用。在小学科学课堂中,学生发散思维,大胆创新,相互合作,努力创新。学生通过学习基础的科学知识,了解科学探究的过程和方法,将科学探究应用于日常生活中,从逐渐养成科学的行为习惯和生活习惯,到逐步形成科学地看问题、想问题的思路,真正地将科学精神、科学态度贯穿始终。小学科学课程实施能够在潜移默化中提升学生的科学素养,提升国民素质,推进素质教育发展。

二、课程实施的价值取向

课程实施的价值取向是对课程实施过程本质的认识以及支配这些认识的相应课程价值观。国内外学者对课程实施的价值取向有很多不同的见解,目前得到较多认可的有三种取向,即忠实取向、相互调适取向、创生取向。

忠实取向认为,课程实施要忠实地按照文本性课程计划进行。这种课程计划由课程外的专家和学者制定,教师作为课程实施者,在教学的过程中要严格执行预定的课程计划,课程实施过程与课程计划要求之间的吻合度越高,则教师的教学就越成功。这一取向以是否达到课程目标作为课程评价的主要内容,通过可以记录测量结果的量表对课程实施过程进行评价。教师的任务就是严格执行规定的课程计划,不需要有自己的观点或者对课程计划进行调整。这种课程实施的价值取向实际就是将课程作为一种固定的教材或材料。

相互调适取向认为,在课程实施过程中,预定的课程计划与班级或学校的实践情境需要相互调整和适应。这种取向认为课程计划并不是完美的,课程实施者需要以其为基础,结合具体的教学情境进行调整。相互调适,即课程开发者与课程实施者一起协调课程的过程。在课程实施过程中,按照预设的精确步骤或程序执行

---

① 马云鹏.课程与教学论[M].3版.北京:中央广播电视大学出版社,2015:127.

不切实际,应该由课程实施者根据具体情况来确定如何操作。评价课程实施既可以采取量化的方法,也可以采取量化与质性结合的方法,这种取向比忠实取向有更广泛的方法论基础。

创生取向认为,课程实施是由教师和学生共同参与教育实践,而后缔造新的教育经验的过程。它强调教师和学生是课程实施的共同主体,教师的作用是课程的开发者,学生是个体经验的建构者,教师和学生共同创造课程。课程是个体或群体知识的建构,依附教师和学生的经验,具有随机性与不确定性。这种课程取向在教学中具有较强的情境性,课程实施过程是课程形成的过程,也是师生共同成长的过程,可以由教师和学生根据自己的需要或实际情况来决定教学目标和内容。其在研究方法上以质性研究为主,通过访谈、个案研究以及行动研究来理解课程实施。但这一取向过于理想化,大大提高了对教师的要求,与教育教学实际存在一定的差距。

三种课程实施取向的比较见表6-1。

表6-1　三种课程实施取向的比较

课程实施取向	实施者的任务	课程	评价方法
忠实取向	严格执行规定的课程计划	课程是一种固定的教材或材料	采用量化方法
相互调适取向	课程实施者与课程开发者一起协调课程	课程计划与实践情境需要相互调整和适应	采用量化方法,也可以采用量化和质性结合的方法
创生取向	教师和学生共同参与教育实践,而后缔造新的教育经验	课程在课程实施过程中形成	以质性方法为主

这三种价值取向从不同方面揭示了课程实施的本质。忠实取向强调课程政策制定者和课程专家的作用,课程创生取向注重解放教师和学生在课程开发中的主体性,相互调适取向则综合考虑了专家开发的课程与影响课程实施的因素。它们差异明显,但都有适用的情境,也都有自己的优势与不足。小学科学课程实施应该结合课程实施的环境、教材、学生等实际情况灵活选取这三种价值取向。

第二节　小学科学课程实施的影响因素

人们对课程实施已在以下三个方面形成共识:(1) 课程实施是实现预期的课程理想、达到预期的课程目的、实现预期教育结果的手段;(2) 课程实施是通过教学活动将编制好的课程付诸实践的过程;(3) 课程实施的焦点是在实践中进行措施的调

整和改革,并积极处理影响课程实施的那些因素。

课程实施是一个非常复杂的系统,从宏观来看,受到政治、经济、文化等多种因素的影响;从内部来看,凡是能影响教学实施、教材编写、学业评价、课程资源开发与利用、教学研究等课程实施要素的因素都能对课程实施产生影响。这些影响因素大致可以归纳为制度、人和环境三类。

一、制度对课程实施的影响

(一) 影响课程实施的制度

首先,与课程实施直接相关的纲领文件,如课程方案、课程标准,会影响课程的实施。如《科学课程标准》就规定了科学课程的性质、理念、目标、内容、实施建议等。课程标准的"前身"是"教学大纲"。课程标准作为体现教育目的和培养目标的纲领性文件,是影响课程实施的直接因素,教材编写、课时安排、评价方式等都需要遵循课程标准的要求。

其次,各级各类教育制度对小学科学课程实施也会产生影响。例如,为认真贯彻落实中共中央办公厅、国务院办公厅印发的《关于进一步减轻义务教育阶段学生作业负担和校外培训负担的意见》,教育部办公厅、中国科协办公厅在《关于利用科普资源助推"双减"工作的通知》中提出,充分利用科普资源助推"双减"工作,包括引进科普资源到校开展课后服务,组织学生到科普教育基地开展实践活动,联合加强学校科学类课程教师培训等。这些措施影响着小学科学课程实施的时间和空间。

(二) 发挥制度对课程实施的积极作用

l. 发挥现有制度的作用

课程实施制度是一系列课程实施活动的价值准则、行为规范和运行保障。从学校层面看,课程实施制度包括学校课程评价制度、学校课程管理制度、教研制度、学校课程资源开发与利用制度,以及选课管理制度、学分管理制度、走班管理制度等学校教学制度。下面以教研制度举例说明。

教研制度直接影响教学活动的质量和效果。教研制度的目的是灵活地在不同时期根据教师的教学需要有针对性地为教师提供学科专业知识、教学策略和方法、实验教学内容、教育技术应用和学生素养发展等方面的科学、系统的指导。教研制度要对集体备课流程,课堂教学过程,听课、评课环节和课题研究管理等活动作出具体细致的规范。此外,教研制度还涉及对教研活动的定期考核和评价。科学教研制度的落实需要各级教研部门(省、市、县)配备科学学科教研员,借力科学教研员的引领作用,定期开展教研活动,建立起一支科学骨干教师队伍,促进当地的科学教学研究,提升科学教学质量,建立地区性科学课程教研系统和网络,形成完整的教研体系。如果每个县区都能配备科学教研员,将极大地提升科学教育的质量。如果没有专职的科学教研员,那就应该配备兼职的科学教研员。科学课程实践性和可操作性强,各区域之间可以联合教研,相互进行管理借鉴和制度借鉴。学校可以学习和借鉴特色学校的优秀成果,实现相互促进。

学 习 活 动

某小学制订了一份《科技活动室管理与使用制度》(扫描二维码查看),但有科学教师发现这一制度基本成为摆设。请你思考:如何才能更好地发挥这一制度的作用以保障科学活动规范开展?

《科技活动室
管理与使用
制度》

2. 制订和完善课程实施管理制度

课程实施管理制度制订和完善的权力最终下放到学校,学校可根据课程标准,建立学校课程改革实施的管理制度,并在实施过程中不断调整和完善,确保课程在开发、实施与改革中按照制度规范、有序开展。首先是制度的成套完备,比如就小学科学课程实施可以建立的课程制度有《×× 学校科学课程研究中心管理与职责》《×× 学校科学课程开发制度》《×× 学校科学课程实施管理办法》《×× 学校科学课程评价制度》等。

其次学校根据实际需求个性化完善个别制度。例如,某校在"双减"政策背景下,推出"未来科学家"四点半科学课堂,为此,在原有《科学课程实施管理办法》的基础上又个性化修订并出台了《"未来科学家"课程申请制度》《四点半科学课堂学分评价制度》《"未来科学之星"班级评选制度》等。这些制度有一定的开放性和自由度。如在《"未来科学家"课程申请制度》下,学生自主选择申请换班;在《四点半科学课堂学分评价制度》下,学生出满勤可加分,并作为"未来科学之星"班级评选加分依据,违反校规、班规则酌情减分,超过一定分数可优先评优等;在《"未来科学之星"班级评选制度》下,学生可根据自己的意愿,以单人或小组的形式提交科技作品,并提交申报信息。

二、人对课程实施的影响

课程实施的主体是人,与课程实施相关的设计者、引导者、实施者、监督者都会对课程实施效果产生影响;学校内部人员和外部人员,教育系统的内部人员和外部人员都会直接或间接影响课程实施。

（一）影响课程实施的人

校长和教师与课程实施的关系最直接，他们组成的共同体让课程得以运行。校长直接决定着课程实施中资源、时间的分配，决定着开展哪些校本课程，也影响着教师和学生评价的导向。比如某校长极力推动生态文明教育进校园，就在学校开拓了种植园、动物养殖场所，并在不同年级开展了"走进自然""观察自然""描绘自然""解释自然""对话自然""人与自然"等系列活动，将生态文明教育与科学学习结合起来。实践说明得到了校长积极支持的课程改革计划是最有可能进展顺利并取得成效的。

在课堂教学层面，教师是课程实施的核心，因此影响课程实施的因素一般都会通过影响教师发挥作用。与教师有关的以下因素会影响课程实施：一是教师的科学教育观念，包括对科学教育意义的认识，对科学本质的理解等，影响着教师引导学生认识科学世界的方式；二是教师的知识，包括物理、化学、生物、地理等具体的学科知识，还包括教学法知识、课程知识、教育哲学知识、关于学习者的知识、信息技术与课程整合的知识、教育心理学知识等；三是教师的一些基本能力，如学习能力、与学生沟通交流的能力、对教学的反思能力等。提升教师专业素养对于提高课程实施质量至关重要。

此外课程标准制定者、教材编写者、教育督导员、教研员以及学生也会影响课程实施。

（二）发挥人对课程实施的积极作用

要想对科学课程实施产生积极影响，校长需要提升课程实施的领导力。校长要培养学习型的教师团队，帮助教师构建共同愿景。在科学教学设计与实施过程中校长也要发挥自身的感召力、前瞻力、决断力、影响力和控制力。校长要运用程序化、标准化、数据化和信息化的手段，使组织管理各环节精确、高效、协同和持续运行。发挥校长对科学课程实施的积极作用，要以校长近距离参与科学教学为基础。校长应走进科学课堂，参与评课甚至亲自上课，在教学实践中引领教师、指导教师，真正带动和影响教师践行科学教学设计、实施、评价的全过程。

发挥校长对科学课程实施的积极作用，需要为校长提供专业支持。校长培训是一种促进校长专业化发展的重要方式。具有体验感和参与感的培训能使校长更深刻地理解课程和教学的理念，让校长愿意引领学校科学课程开发，开展特色的科学教学活动。

发挥教师对课程实施的积极作用，需要教师自身履行相应教学职责：一是教师应该增强课程实施的责任感，认识到自己在科学教学过程中的重要性和职责，认真备课、精心组织教学，增强社会和家长对科学课程的认同，同时提升自己科学教学的成就感和获得感;二是教师应深入理解科学课程标准和小学生,包括熟悉科学课程标准中的课程目标、课程内容、教学建议和评价建议等,熟悉小学生的年龄特征、认知能力、兴趣爱好等,这有助于更好地把握教学方向和策略;三是教师需要不断探索和创新教学方式和方法,灵活采用项目式教学法、探究式教学法、合作学习法等,引导学生主动参与、思考和实践,并通过组织实地考察、开展科学实验和举办科学展览等活动,为学生提供实践机会,培养学生的创新思维和实践能力,以更好地满足学生的学习需求和提高教学质量;四是教师要注重专业发展和自我提升,通过参加教育培训、观摩其他学校的科学活动、阅读前沿文献、开展教学研究等方式,不断学习和更新知识,提升专业素养;五是教师应该为自己创造安全的课程实施环境,维护课堂秩序,防止课堂中尤其是实验课中不良行为的发生,通过创造一个安全、和谐、有序的环境来保障教学工作的顺利开展。

三、环境对课程实施的影响

课程实施在一定的场域进行,这些物质环境直接或间接成为课程实施的条件,加上校内外的其他非物质的环境,共同影响课程实施。

(一)影响课程实施的环境

显性的环境因素包括显性的学校内部环境和显性的学校外部环境。学校内部环境包括科学学科专用教室、科技活动园区的器材、学生常规活动区域中科学元素的装饰等。学校外部环境包括研究和展示科学的实物资源、传播科学的信息资源等。其中实物资源主要是指学生的社会实践场(如大学实验室、科研院所、工厂、科技馆等),大众传媒(如报刊、广播、电视、互联网等);信息资源主要是指通过社会渠道传播的科普图书、有关科学的新闻报道、网络科学学习资源、科学家科普讲座等。

隐性的环境因素主要是指社会对小学科学课程及其实施的一些共识:一是对小学科学课程地位的共识,具体体现在学生对科学学习的需求和重视程度,科学学习在家长心中的地位,小学科学教师在学校和在社会中的被认可度等方面;二是对小学科学课程实施效果的评价共识,具体包括怎样的课才算好的科学课,以怎样的标准衡量学生科学学习的效果,以及社会、家长、教师对科学学业水平考试及考试结果的关注度等。

(二)发挥环境对课程实施的积极作用

各级教育行政部门必须给予小学科学课应有的重视,在课程设计、设备配置、经费支持、教师培养方面加大对学校科学教育的支持。

从学校层面看,发挥环境对课程实施的积极作用,就是学校要主动作为,即敢于设计,敢于探索,把握机会,争取资源。学校要发挥引领作用,敢做"第一个吃螃蟹的人",

在科学教育上做出特色,打造亮点,创建品牌,提升科学课程育人质量,获得社会认可。

首先,学校要对科学教育显性环境进行创造。例如,可以投入经费创建科学实验室、科技活动室、科技仪器室、科学绘画室、科技图书阅览室和计算机操作室等;可以专门建立学校"科学教育专栏"网页,办一本校内的科学教育专刊;可以定时邀请校内外科技辅导员给学生讲解科技常识并作专题报道。

其次,学校要营造科学育人的隐性环境。例如,定期展出学生的科技作品,如电子绘画、科技创想(图片)、发明制作等,营造学习科学的氛围;创立学校科技活动教学专项课题,定期举办科学学科节,建立科技兴趣小组,开展科普知识竞赛、科普挂图展、科普征文活动、讲科幻故事比赛、科技小制作比赛、小发明(小创造)比赛或科幻画比赛,邀请家长参与具有代表性的科学活动,让学生的学习成果、学校的培养成果得到家长乃至社会的认可。

思维发散

请对以下两个案例进行分析。

案例情境1:科学课专用教室的设计

某教师重视学习环境对学生科学学习的影响,按以下要求设计了科学课专用教室。

文化区:长廊上张贴科学家画像以及科学家的主要成就和名言。

作品区:摆放学生满意的"工程设计与物化"作品。

取材区:摆放实验中的常用器材。

危险区:摆放易燃易爆物、酒精灯、腐蚀药品等。

安全设备区:摆放灭火器、沙袋、手套等。

生物角:种植一些小型的植物,饲养一些小动物。

劳动工具区:摆放榔头、钳子、卷尺等。

这样的教学环境设置合理吗? 请按照你的想法,结合上述案例带给你的启示和你的科学教学或学习经历,设计并简单绘制一幅科学课专用教室平面图。

案例情境 2：争取更多的社会资源

某社区党群服务中心开设四点半课堂,提供特色星期五之科学小实验活动,让儿童在完成作业之余,还能提高科学学习的兴趣,提升人际沟通能力。扫描二维码,观看该社区党群服务中心支持下的液体彩虹制作的实验场景。

这个案例带给你哪些启示？结合这个案例,思考科学教师还可以争取哪些社会资源来丰富课程实施环境。

第三节 小学科学课程实施的关键问题

课程实施是执行一项或多项课程变革计划的过程,它涉及整个教育系统的变化以及为教育系统提供支持的社会系统的相应变化。小学科学课程实施需要考虑教材开发的问题、教学的相关问题、课程实施的评价问题、教师培训与专业支持的问题、课程管理机制建设的问题等一系列关键问题(如图 6-1 所示)。

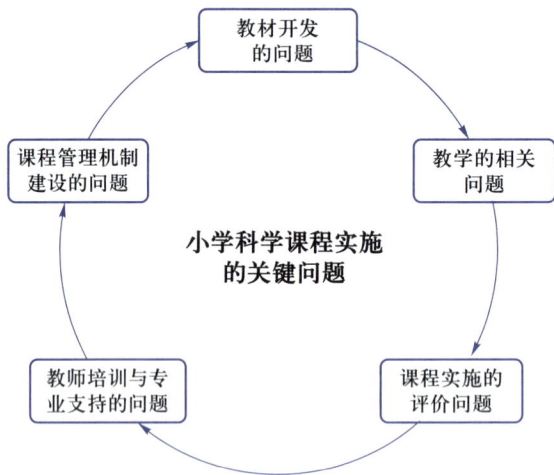

图 6-1 小学科学课程实施的关键问题

一、小学科学教材开发的问题

教材是课程实施中最基本的、使用最广泛的课程资源。在大多数课堂中,教材的内容选择和内容呈现决定了教学活动和话语的性质与范围。小学科学教材作为直接的课程资源,在小学科学课程的实施过程中,需要落实科学课程的育人功能,提升学生的核心素养。因此,小学科学课程的实施需要充分考虑教材的开发问题。小学科学教材的开发需要关注开发原则、内容选择、内容编排和呈现等要点。

在开发原则上:(1) 把握方向性。全面贯彻党的教育方针,体现社会主义核心价值观,落实立德树人根本任务,充分发挥科学课程的育人功能,培养学生的核心素养。(2) 符合科学性。体现课程标准中的课程理念,符合小学生认知水平和发展水平,编写时要考虑教学方法和手段的可操作性,教材中活动的设置符合科学探究需要。(3) 体现适切性。不同年级学生的认知水平具有一定差异,在保持风格总体一致的前提下,教材的容量、结构、版面、活动等要适合不同年龄段学生的知识经验和兴趣特点,注重联系学生学习和生活实际,满足不同区域学生的需求。

在内容选择上:(1) 覆盖课程标准的所有内容。教材要覆盖课程标准规定的核心概念和学习内容,反映不同学段的内容要求,呈现学生必做的探究实践活动。(2) 突出对核心概念的理解与应用。教材要贴近学生的生活实际,创设真实的教学情境,精心设计与核心概念的建构相匹配的学习活动,引导学生通过探究和实践学习科学,增强学生对学科核心概念和跨学科概念的认识与理解。(3) 兼顾基础性和时代性。教材既要选择对学生理解核心概念和发展核心素养起重要作用的基础性知识,也要选择对学生生活有重要影响、具有时代特征的最新科技内容,使学生接触反映时代特征的新思想与新事物,增强对科学技术与现实生活关系的体验和理解。(4) 体现开放性和灵活性。教材内容要满足不同学生的需要,引导学生将课内学习与课外实践和课外阅读相结合,通过多种途径学习,并运用科学知识力所能及地解决实际问题。教材内容要给教师留有空间,便于教师灵活处理教学内容,发挥创造性。(5) 合理选择科技史素材。教材要结合科学探究和实践活动,合理选择科技发展史中具有深远影响的重大事件、经典实验、重要理论和思想、代表性人物,以及中国古代和近现代科技成就,让学生理解科学本质,体会科学思想,学会科学方法,形成科学态度。

在内容编排和呈现上:(1) 具有整体性和逻辑性。内容编排要结构合理、详略得当、符合逻辑;注重单元之间、册次之间、学段之间的衔接,体现核心概念及其进阶,促进学生形成对所学内容的完整认识。(2) 活动设计要体现实践性,注重学思结合、知行统一。教材编写要重视思维型探究和实践活动的设计,创设真实的教学情境,激发学生内在学习动机和认知冲突,引导学生自主探究和合作交流,促进学生积极思考。(3) 呈现方式要符合学生学习特点。教材内容的呈现方式应当符合相应学段学生的心理特点和发展要求,实现学科知识内在逻辑与学生认知逻辑的统一,并体现活动性和开放性。教材要从学生观察世界的角度,以自主学习活动的方式进行表述,给学生的自主学习留下充分的空间,使学生通过探究和实践活动建构新知识。不同学段的探究和实践活动,在呈现方式上应有所区别,以体现教师指导、引导和学生自主学习的不同层次。(4) 栏目设计合理,形式活泼。教材风格要统一,呈现形式要多样,力求图文并茂,尤其是要精选生动反映自然现象和准确反映科学原理的图片,提升学生的学习兴趣;提倡融入数字化资源,使教材更加生动活泼。

二、小学科学教学的相关问题

美国学者泰勒等人曾用隐喻说明课程与教学的关系:课程若是建筑图纸,教学就是具体的施工;课程若是一场球赛的方案,教学就是球赛的过程。可见,课程的落实最终还是需要回归到教学本身,教学的目标、内容和过程的选择与设计都影响着课程实施的效果。小学科学教学要以促进学生核心素养发展为宗旨,以学生认知水平和已有经验为基础,加强教学内容整合,注重教学方法改革,精心设计教学活动。教学时,教师应当:

(1) 基于核心素养确定教学目标。教学目标是指教学活动主体预先确定的、在具体教学活动中所要达到的、利用现有技术手段可以测评的教学结果。教学目标表现为对学生学习成果及学习行为的具体描述,或对学生在教学活动结束时知识与技能等方面所取得的变化的说明。教学需要系统设计学年教学目标、单元教学目标和课时教学目标,落实课程总目标和学段目标,围绕核心素养,依据学业要求和学业质量标准,建立具体学习内容与核心素养表现之间的联系,符合学生的认知水平和已有经验。不同层次的教学目标要围绕核心概念,相互关联、整体考虑;同一核心概念在不同年级的教学目标要体现进阶要求。

(2) 围绕核心概念组织教学内容。教师要基于课程标准,围绕学科核心概念和跨学科概念,理解教材设计,关注知识间的内在关联,促进知识的结构化,改变碎片化、割裂式的教学倾向;把握核心概念进阶,强化学段教学内容安排的序列化和递进性,体现学业要求和学业质量标准;突出核心概念在真实情境中的应用,加强知识学习与现实生活、社会实践之间的联系,实现学生对核心概念的深度理解、有效建构和灵活应用。

(3) 以学生为主体进行教学设计。教师要充分考虑学生的认知水平,针对拟订的教学目标和教学内容,按照学习进阶设计促进学生自主、探究、合作的教学活动,渗透科学史教育,重视幼小衔接,组织学生运用所学的知识和方法解决真实情境中的问题,实现应用与迁移,做到融会贯通;重点关注情境创设与问题提出、自主探究与合作交流、总结反思与应用迁移,以构建以学生为中心的科学学习环境。

三、小学科学课程实施的评价问题

课程实施的评价就是对课程实施的有效性和必要性作出价值判断,对宏观的课程实施和微观的教学开展具有重要意义。

从宏观层面看,课程实施的评价是指为改进现行的课程计划以及正在进行的科学课程教学活动提供反馈,通过对科学教材编写、教学实施、考试评价、教师培训、课程资源开发与利用等一系列情况进行定性和定量调查,总结经验并制订改进措施。同时,课程实施的评价也是对参与课程实施的各级各类机构、团体执行效果和效率的考核。

从微观层面看,小学科学课程实施的评价是对学生科学学习效果的评价。首先,学校应制订综合考评方案,综合考评学生的科学观念、科学思维、探究实践和态度责任这些核心素养。其次,学校应落实核心素养培养效果的评价,既包括对学生科学知识学习和跨学科融合实践表现的评价,也包括对学生发展过程的评价和最终的学业水平考试。其中学业水平考试具有较强的导向性。科学学业水平考试是由省级或地方教育行政部门组织实施,依据学业质量标准,对学生学完本课程后课程目标达成度进行的终结性评价。

四、小学科学教师培训与专业支持的问题

课程改革的推行必然面临各种挑战。其中,教师作为课程实施的主体,面临的冲击会更大。为了确保课程实施的有效,各相关主体应为教师提供相应的培训和专业支持。

首先,可以通过国家、地方、学校的多方联动,对各级各类教育工作者开展课程、教材、评价的培训,以及为各级各类培训建立培训工作体系。教师培训的最终目的是更好地帮助教师准确把握课程改革方向,帮助教师解读课程标准、教材,为教师提供具有操作性的教学指导。教师培训要有时效性和实效性。时效性是指关注一些关键节点,比如给兼职教师和职初教师及时给予专业支持。实效性是指要关注培训对象的实际需求,如结合不同地区实际需求开展STEM教育、项目式教学、科学实验教学、"工程设计与物化"主题教学等培训。

其次,要提供专业支持,强化教学研究的专业引领。高校、教育教学科研院所、学校教研团队发挥各自作用,成体系、有针对性、全覆盖地开展形式多样、理论联系实践的教学研究,以教研带动教学实践。各级教研部门应设立科学学科教研员,同时建立适合地区教研的平台和系统,形成完整的教研制度和体系,定期开展教研活动,实施监控和考评,切实提高技术水平,丰富教研的途径和方式,同时为具有代表性的教研成果提供推广支持,丰富各地区教研的理论研究成果和案例研究成果。

教师培训和专业支持都是服务型教育工作,因此工作的开展要抓课程实施中的真问题和关键问题,如培训前切实了解教师的认知状态,如教师对科学观念的认识,对培养学生科学观念、科学思维的认识,以及对探究实践内涵的认识,对科学、技术与社会的关系等的认识,同时还要了解教师的教学水平;培训时要深入到与教师教学直接相关的学校教研活动中,并就一定区域内普遍存在的问题给予统一关

注和解决,并针对个别问题提供相对个性化的指导服务。

五、小学科学课程管理机制建设的问题

小学科学课程实施管理机制的建设问题是确保小学科学课程有效实施的关键问题。课程管理是在一定社会条件下,有领导、有组织地协调人、物与课程的关系,指挥课程建设与课程实施,使之达到预定目标的过程。[①] 从内容上看,课程管理需要考虑课程设计、课程实施和课程评价等问题。从体系上看,课程管理要考虑人的管理、物的管理及制度、文件的管理等问题。从《义务教育课程方案(2022 年版)》的要求来看:学校是课程实施的责任主体,要健全课程建设与实施机制,制订相关考核、奖惩等措施,不断加强教师队伍建设,提升课程实施能力。

第四节　小学科学课程实施面临的困难

小学科学课程在实施中面临以下困难。

一、教学课时不足,常被其他学科占用

在教学实践中,其他课程占用科学教学课时的问题不容忽视。有研究结果显示,其他课程总是和经常占用科学教学课时的比例超过了四分之一。由于科学不是小学的主干课程,所以其难以受到应有的重视,常常为"主干"课程让路。占用科学教学课时最多的是语文、数学、外语等课程,这一现象在期中和期末考试的时候尤为普遍。个别学校特别是乡村小学不能正常开设科学课,科学课成为只摆在课程表上的科目。

二、课程资源不足,课程设施较为缺乏

尽管小学科学教材中的实验设计总体能体现课程理念,图文并茂,可读性强,但部分实验设计不够合理、形式比较单一;除教材与教师使用的教学参考书之外,其他可供教师使用的读物也较少。最为缺乏的是供小学生学习的辅导材料,市场上适合小学生阅读的科普读物也不多,这一点与小学语文、数学等科目丰富的学习参考书形成巨大反差,该现象值得关注。如一项关于科学课程实施现状的调查结果显示,不少教师反映科学教学实验教具不足,归纳起来,主要有三个方面:一是实验器材总体数量少,学生自己动手实验的机会不多,通常只能由教师给学生做演示

---

① 廖哲勋.课程学[M].武汉:华中师范大学出版社,1991:328

实验;二是有些实验器材质量不好,不少器材使用1~2次后就无法再使用了,重复使用率低;三是实验器材与教材中的实验要求不匹配,不能直接为教学服务,给教学带来不便;四是一些实验器材比较陈旧,跟不上时代发展。实验教具不足导致教师以讲授或播放实验视频的方式代替实验,学生自己亲自动手实验受到限制。[①]这些问题可能与实验经费缺乏、管理不够完善有关。

三、兼职教师占比太高,课程实施质量难以保证

目前科学课程兼职教师较多,专职教师只占任课教师总数约1/3。[②]在江苏,中心小学通常只有1~2位科学课专职教师,小规模学校几乎都是兼职科学教师。有研究者通过对广东15所农村小学开展调查发现,有专职教师的只有2所,其余13所主要由语文、数学、英语、体育等教师兼任,这些教师都不是科学教育专业毕业的。造成这一现象的原因主要是,师范院校未能培养出足够的小学科学师资。专职小学科学师资缺乏问题若短期内不能解决,小学科学教学只能由其他科目的教师来兼任。

四、专职教师较少,课程实施工作难负重荷

由于学校专职教师太少,所以他们平时的课程教学被排得很满,专职教师的教学压力很大。科学课程不同于语文、数学等课程之处在于,教师需要课前为学生准备实验器材,几十套实验器材的准备非常耗时。实验结束后,教师还需要对使用过的器材进行清洗、整理,这也相当耗时。[③]有调查结果显示,教师大多提到专职教师太少,自己的工作任务太重。教师还提到,很多时候,上节课学生使用的实验器材还没有清理好,下一节课就又要开始了。教师疲于准备和收拾实验器材,这直接影响教学质量。在实验教学过程中,教师面对几十位学生,特别是大班额课堂实验,组织与指导的工作量更大,常常感到力不从心。

此外,小学科学课程实施是一个复杂的、系统的过程,课程特性,与课程实施相关的制度、人员,课程实施的内部环境与外部环境等诸多因素都会对课程实施的效果产生影响。总之,课程制定者及课程实施者需要充分考虑小学科学课程的特点,依据《科学课程标准》的要求,结合小学科学课程实施的环境、教材、学生等实际情况,分析小学科学课程实施面临的困难与不足,确定小学科学课程实施的价值取向,合理设置课程,健全课程管理机制,确保小学科学课程的有效实施。

---

① 潘洪建,张静娴.小学科学课程实施:成就、问题与政策建议[J].当代教育与文化,2018,10(4):39-45.
② 郑永和,李佳,吴军其,等.我国小学科学教师教学实践现状及影响机制:基于31个省(自治区、直辖市)的调研[J].中国远程教育,2022(11):46-57.
③ 潘洪建,张静娴.小学科学课程实施:成就、问题与政策建议[J].当代教育与文化,2018,10(4):39-45.

💾 知 识 链 接

美国著名课程论专家古德莱德区分了课程的五个层次(表6-2),深刻地触及了课程实施问题。

表6-2　课程的五个层次

课程层次	具体内涵
理想的课程	这是尚处于观念之中的课程。古德莱德认为,有成千上万的"理想的课程"被倡导,也有几乎同样多的课程被抛弃,这些被抛弃的课程在后来又往往以某种形式复活。这类课程是否产生实际影响,要看它是否为官方所采用
正式的课程	这是由教育行政部门规定的课程,也就是列入学校课程表中的课程。该层次的课程远离学习者,课程目标、教学科目的确定是一个社会政治的过程,国家和地方经常通过各种政策法规和课程指南来确立教学科目、教学内容、教学时间、教材和其他材料
领悟的课程	领悟的课程是指头脑中思维的课程。这种领悟的课程可能与正式课程有一定的距离。这些理解带来的距离,在课程修订中通常需要被考虑
运作的课程	这是课堂上实际实施的课程。这类课程尽管也受正式课程的影响,但更直接地受到教师领悟的课程的影响。不过其与领悟的课程仍然有一定的距离,因为教师必须根据具体教育情境的变化对领悟的课程作出调整
经验的课程	这是学生实际体验到的课程。尽管经历了同样的课程学习,但不同学生会获得不同的学习经验或体验。古德莱德认为这是所有课程中最重要的课程,是被内化和个性化了的课程,该层次的课程是对课程组织的最终检验——每一个学生究竟受到怎样的影响

🌀 **思维发散**

1. 在小学科学课程实施过程中,如何选择三种不同的价值取向——忠实取向、相互调适取向、创生取向? 试举例说明。

2. 小学课程实施应该考虑哪些关键问题? 试分点阐述。

📚 **学习评价**

请根据表6-3,对本章学习情况进行评价(非常符合=5分,比较符合=4分,一般符合=3分,不太符合=2分,不符合=1分)。

表 6-3　学习评价表

学习本章内容后		非常符合	比较符合	一般符合	不太符合	不符合	综合得分
能阐述小学科学课程实施的基本内涵	自评						
	互评						
	师评						
能概述小学科学课程实施的关键问题	自评						
	互评						
	师评						

理解·分析·实训

1. 论述小学科学课程实施需要哪些方面的支持。
2. 论述为什么课程实施是一个系统的过程。

第七章
小学科学教学实施

■ **学习目标**

1. 知道教学实施的基本内涵。

2. 了解小学科学教学实施的关键问题。

3. 能结合常见的教学模式对教学案例进行评析。

4. 能根据教学内容应用一到两种教学模式设计教学。

5. 形成训练自身教学技能的意识,能有计划地训练自己的某项教学技能。

知识地图

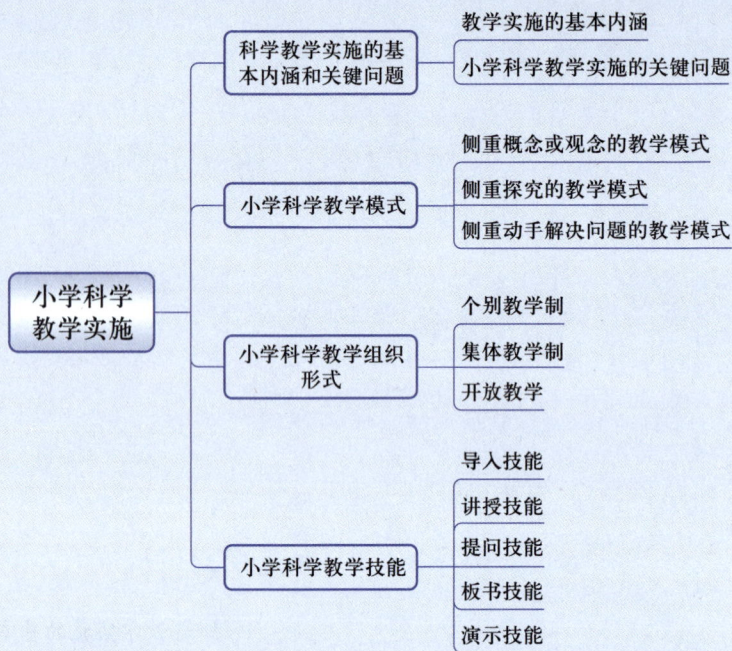

小学科学教学实施
- 科学教学实施的基本内涵和关键问题
  - 教学实施的基本内涵
  - 小学科学教学实施的关键问题
- 小学科学教学模式
  - 侧重概念或观念的教学模式
  - 侧重探究的教学模式
  - 侧重动手解决问题的教学模式
- 小学科学教学组织形式
  - 个别教学制
  - 集体教学制
  - 开放教学
- 小学科学教学技能
  - 导入技能
  - 讲授技能
  - 提问技能
  - 板书技能
  - 演示技能

关键问题

小学科学教学实施的关键问题有哪些?

哪些教学模式适用于小学科学教学?

当前小学科学教学组织形式有哪些?

小学科学教师应该着重训练哪些教学技能?

■ 经验联结

一位小学科学教师回忆起她参加优质课比赛的难忘经历。在课程设计之初,一位老教师提醒她,教学模式的选择至关重要。于是,她先学习各种教学模式,并精心安排了课堂的每一个细节,力求使课堂流程更加清晰、有序。然而课后,另一位老教师的话让她陷入了深思:"教无定法。每个教师都有自己独树一帜的教学风格和经验,而每个学生也带着各自不同的学习需求和特点来到课堂。在教学过程中,教师需要拥有一双敏锐观察实际情况的眼睛,并据此灵活调整自己的教学策略,而不是刻板地遵循某一种固定的教学模式。"面对这样的反馈,她不禁开始反思:自己是否过于依赖已成型的教学模式?真正的课堂教学是否需要完全摆脱教学模式的束缚?

此外,她还发现自己在教学基本功方面存在不少问题。例如,站姿不够规范,手势表达不够得体,语言不够生动,等等。通过这次比赛,她更加明确了科学教学实施过程中的影响因素。除了教学模式和教学基本功之外,她意识到课程标准、社会与校园环境以及教师自身都会对教学实施效果产生重要影响。她开始思考如何综合考虑这些因素,全面提升自己的教学能力。

第一节　科学教学实施的基本内涵和关键问题

在小学科学教学中，教师按照预先设计好的教案，即教学设计开展教学活动，学生通过参与教学活动，获取知识、锻炼思维、发展能力、形成科学态度和社会责任感。教师在课堂上的语言表达、情境创设、提问引导等能力在很大程度上影响着教学实施的效果。

一、教学实施的基本内涵

教学实施是指教师在一定的教学环境中，在深入了解学生学习风格和技术掌握程度的基础上，将教学设计逐步加以实现，并对教学进行有效管理的过程。这种将教学设计变为具体行动的活动，也就是我们说的"上课"，即教学实施。

"教学实施"与上一章提到的"课程实施"是两个不同的概念。课程实施在内涵上涉及的范围比教学实施更广。课程实施是执行一项或多项课程变革计划的过程，它既涉及教育行政管理体制、课程知识、教学过程、社区文化环境等方面的变化，还包括校长、教师和学生的角色转变。可以说，课程实施涉及整个教育系统的变化以及为教育系统提供支持的社会系统的相应变化。而教学实施主要指教师与学生在课堂中的互动行为，比课程实施的内涵更小。课程实施与教学实施又具有内在的统一性和联系，课程实施内在地整合了教学，教学实施是课程实施的核心环节和基本途径。理解教学实施有助于掌握课程实施过程的内在机制；探索课程实施则有助于理解教学，从而为教学实施提供新视角。课程实施与教学实施的区别和联系见表7-1。

表 7-1　课程实施与教学实施的区别和联系

	课程实施	教学实施
区别	执行课程变革计划的过程；涉及整个教育系统以及提供支持的社会系统的相应变化	将设计好的教案逐步加以实现，并对教学进行有效管理的过程；主要涉及教师与学生在课堂中的互动行为
联系	课程实施内在地整合了教学	教学实施是课程实施的核心环节和基本途径

教学实施是实现教学目标的中心阶段，需要借助合适的教学策略。教学策略的选择既要符合教学目标、教学内容的要求和教学对象的特点，又要考虑在特定教学环境中的必要性和可行性。

学 习 活 动

回顾你曾经上课的经历，与小组成员讨论：要想上好一节课，教师需要做好哪些准备？

二、小学科学教学实施的关键问题

小学科学课程是以培养学生的核心素养为宗旨的科学启蒙课程。在小学科学教学实施的过程中需要考虑的关键问题如图 7-1 所示。

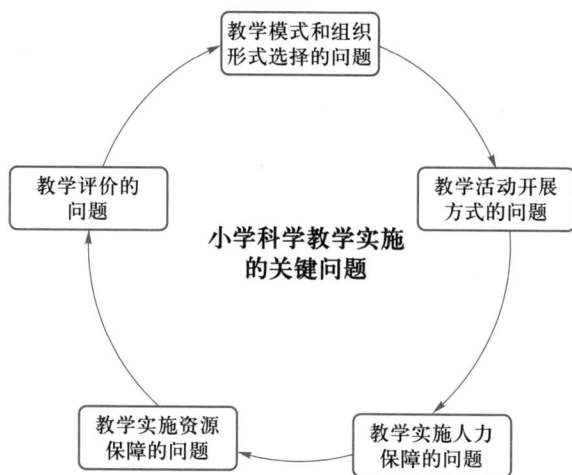

图 7-1　小学科学教学实施的关键问题

（一）小学科学教学模式和组织形式选择的问题

教学模式和组织形式的选择是实施小学科学教学的基础，对于顺利完成教学任务、促进学生核心素养的发展具有重要作用。教学模式可以定义为在一定教学思想或教学理论指导下建立起来的较为稳定的教学活动结构框架和活动程序。教学模式作为活动结构框架，具备从宏观上把握教学活动整体及各要素之间内部关系的功能；教学模式作为活动程序，则具有较强的有序性和可操作性。常见的教学模式有 5E 教学模式、HPS 教学模式、PBL 教学模式、翻转课堂教学模式等。教学组织形式简称"教学形式"，是指为完成特定的教学任务，教师和学生按照一定要求组合起来的进行活动的结构。[①] 按组织结构分，教学组织形式有全班的、小组的和个别的三种形式；按师生交互分，教学组织形式有师生直接交互和师生间接交互

---

① 王本陆.课程与教学论［M］.4 版.北京：高等教育出版社，2023：213.

两种形式。

在传统教学实施中,学校通常以班级授课的形式组织教学,教师在教学中以讲授为主,学生在学习中以接受为主。这种"传递—接受"教学模式以知识为主体,重视理论性知识的学习,能使学生快速有效地掌握更多的信息量,但是忽略了学生在学习过程中的自主性和能动性,学生的情感和能力得不到很好的培养。这样的教学模式容易使学生处于听讲、记忆、模仿等相对被动的智力活动中,因此不利于学生的全面发展。

新课程理念下的教学实施需要教师根据课程目标来确立若干个教学主题,以主题为线索,组织相关的教学内容,灵活选择教学模式和教学组织形式,进行连续课时的单元教学。教学模式和教学组织形式的选择需要充分体现目标达成的针对性、知识与技能教学的连贯性和情境性,将整个教学置于生活情境中,让学生去体会在生活中学习的过程。这样有利于学生对知识与技能的建构,同时通过综合利用技能的实践,提高学生理解和运用知识与技能的能力和意识。

(二) 小学科学教学活动开展方式的问题

小学科学课程具有基础性、实践性和综合性的特点,其倡导创设愉快的教学氛围,保护学生的好奇心,激发学生学习科学的内在动机;鼓励学生主动参与、动手动脑、积极体验,经历科学探究以及技术与工程实践的过程;重视引导学生对所学知识和方法进行总结、反思、应用和迁移,促进学生自主学习和合作学习。

因此,小学科学课程应该将探究和实践作为科学学习的主要方式,整合启发式、探究式、互动式、体验式和项目式等各种教与学方式的基本要求,实施能够促进学生深度学习的思维型探究和实践。教师在教学实施中需要注意:精心组织,加强监控,让学生经历有效的探究和实践过程;适时追问,及时点拨,激发学生在探究和实践中的思维活动,避免程式化、表面化的说教;通过精心设问、恰当引导等方式,启发学生既重视动手操作,又注重动脑思考,实现学习结果的自我建构和思维能力的长足发展;发挥主导作用,把学生作为主体,与学生加强有效互动;根据学习要求和学生学习能力,明确探究和实践任务,放手让学生进行探究和实践,鼓励学生通过自主与合作方式开展活动,并给予必要的指导与支持。

(三) 小学科学教学实施人力保障的问题

小学科学教学的顺利实施需要教师具备相应的教学实施能力。科学课程的内容是天文、地理、物理、化学、生物学等学科知识,体现了科学、技术、社会与环境的融合和渗透,因此科学教学实施对教师有较高要求。科学日新月异,科学课程内容发展变化迅速。因此,在课堂上实施科学教学对每一位科学教师来讲都是一项严峻的挑战。为了确保教学过程可控,有些教师故意避免组织一些生动活泼的教学活动,这会导致科学教学产生诸多问题:一方面,传统的课堂教学强调学科知识的讲授,因而在教学实施中不可避免地出现"填鸭"式知识灌输的倾向,学生学习的能动性不足;另一方面,课堂教学沉默现象普遍存在,教师"一言堂"的情况屡见不鲜,学生参与度不高。出现教师不敢组织活动这种现象的原因是,当前教师培训的效果不佳,不少教师对所学的教育理论知识的理解只是停留在表面上,并没有将其内化为自身的职业知识经验。

科学教师应不断学习,做好终身学习的准备,准确把握科学课程的理念,提升自身的科学素养,以适应新课程的需要:一方面,通过学习科学教育的相关理论和方法,了解最新的科学成果,跟上时代的步伐;另一方面,面对科学教育的困境,还应该加强科学教育的理论研究。科学教育改革与科学教育研究密不可分,科学教育改革需要科学教育研究的支撑;反过来,科学教育研究也需要科学教育改革的推动。我国当前和今后的科学教育改革急须科学教育研究的学术支撑。[①] 国家要不断提高科学教育整体水平,加大对科学教育研究的支持力度,让教师在研究中成长,在研究中创新教学,在研究中不断适应新课程的需要。

(四) 小学科学教学实施资源保障的问题

小学科学教学应该致力于让学生体验科学探究和实践的过程,学习科学方法,发展科学能力,树立科学的自然观和正确的价值观,树立社会责任感。小学科学教学的成功实施离不开教学资源(也称课程资源)的支持。实践证明,教学资源丰富和适用对教学目标的实现具有重要意义。不同地区所能利用的教学资源差异巨大。以"水的净化"内容为例,城市里有自来水厂,城市小学生通过参观自来水厂便知水的净化过程及方法,但是农村小学生只能靠教师讲解获得间接经验。因此,开发和利用符合地方特色、与学生需求相适宜的教学材料和其他教学资源迫在眉睫,是提高科学课程教育教学质量的重要保障。小学科学教学实施的资源保障要做好以下几点:

首先,教学实施要有充足的经费保障。科学教育经费的短缺使得实验室在很多小学都"有名无实",实验器材非常短缺或基本没有,电脑和网络资源欠缺,有的学校尽管有所购置,但没有专门的实验员进行管理和调配,设备老化或已经无法使用,学生和教师很少进实验室进行科学探究,这些都削弱了小学科学课程的效

---

① 丁邦平,罗星凯. 论科学教育研究与科学教育改革[J]. 教育研究,2008(2):75—80.

果。[①]针对这一问题,一方面,各级教育行政部门应加大经费投入,并且进行有效监督,把国家规定的科学实验器材及实验室配置完整,同时增购教学器材和图书资料,建立科学实践和培训基地,加强城乡教师的交流,实现资源共享。另一方面,学校要重视科学教学的质量问题,专门配备管理人员进行科学实验器材的管理,保证教师和学生有条件充分开展科学实验,主动进行科学探究,以培养学生的科学创新和实践能力。一些学校也有好的做法,比如,有学校专门成立了科学教研室,对科学教学的相关事项进行管理和监督。

其次,学校可以自行开发与利用科学教学资源,为教学实施提供保障。教学资源的开发与利用就是寻找一切可能进入科学教学活动的资源,并且深入挖掘已经被开发出来的科学教学资源的价值。教师在进行教学资源开发与利用时要充分发挥主体作用。当前,已有不少教师能有效开发与整合校内教学资源,如开办各种具备学校特色的"科技节""科学展示周"等,这些项目化的系列活动的开展正是教师充分开发与利用教学资源的证明。

教学资源的开发与利用可在信息技术的支持下进行。教师要充分发挥信息技术的优势,为学生的学习和发展提供丰富多彩的教育环境和有力的学习工具,为开发与利用教学资源寻找高效、便捷的工具。信息技术的支持对现有教学资源的丰富主要体现在学习环境的改变上:一是支持多种信息(如文本、图表、图形、声音、视频等)呈现的多媒体学习环境;二是允许学生直接操作和使用的多媒体学习环境;三是允许学生直接操作的计算机仿真学习环境。近几年来,各种技术增强的、基于模型的教学(technology-enhanced, modeling-based instruction, TMBI)的开发和应用受到研究者的高度重视,该教学方式通过模拟科学现象,帮助学生以合作、探究等方式学习,达到对科学现象的认识和对科学本质的理解。

生活与社会环境中的科学教学资源十分丰富,而且具有地域特色与优势。这些资源具有广泛性、生活性、趣味性、体验性、便捷性等诸多优势,但是其中许多资源也具有隐匿性,需要教师独具慧眼,了解这些资源的特点,学习开发与利用这些资源的方法,充分发挥主观能动性和创造性,有效地利用这些资源进行科学教学。

(五) 小学科学教学评价的问题

落实核心素养培养目标必须改革教学实施与评价方式,建立发展学生核心素养的教学目标体系,基于发展学生核心素养的目标实施教学与评价。小学科学教学评价应该以学生发展为本,以核心素养提升为目标,贯彻落实立德树人根本任务,促进学生学习,改进教师教学。学校要加大小学课程教学评价力度,将科学课

---

① 杨建朝.农村中小学科学教育的现状及思考[J].教学与管理,2010(7):35-36.

转变为学校中的"核心课",从而提高教师和学生对科学教育教学的重视,同时要以培养学生核心素养、实现科学课程目标为宗旨,围绕学生核心素养培养的具体要求,采用主体多元、方法多样的评价方式,客观、全面地诊断学生核心素养发展状况和教师教学的实施状况,及时有效地反馈评价结果,充分发挥教学评价的导向功能、激励功能、诊断功能和鉴定功能。

总之,教学实施是培养学生核心素养的必由之路,也是一项系统而复杂的工程,它涉及学生、教师、自然世界和教学媒体等多要素的相互作用。在小学科学教学实施中,教师需要全面考虑诸多问题。其中,教学模式和教学组织形式的选择、教学活动的开展方式、教学实施的人力保障、教学资源的开发与利用、教学评价等是需要考虑的关键问题。此外,关于科学教师人才储备、社会对科学教育的重视与认同等外部社会环境问题,也是人们需要关注的内容。

思维发散

1. 在小学科学教学实施过程中,教师应该重点考虑哪些关键问题? 为什么?

2. 小学科学教师应如何结合地方特色开发与利用教学资源? 试举例说明。

第二节　小学科学教学模式

小学科学课程以培养学生的核心素养为目标,引导学生运用基本的科学知识去解释生活中的科学现象,体会科学探究的历程,养成解决实际问题的科学思维,从而使学生崇尚科学,热爱科学与生活。新时代下,创新能力是个体的核心竞争力,任何国家或地区想要获得竞争优势,都应把科学课程作为义务教育阶段的重要课程,从小培养学生的科学创新意识和观察能力,为国家培养创新人才打下坚实基础。但当前小学科学课程的作用被严重低估了,在许多学生和家长心目中,科学是无关紧要的课程。目前,科学课程教学容易走向两个极端,一种是以讲授科学知识为主,忽视学生主动发现和创造的能动作用;另一种是教学组织不够,放任学生无目的地活动,没有充分发挥教师的主导作用。

教学模式从宏观上把握教学活动整体性和各要素之间的关系与功能,突出教学程序性和可操作性。由于各团体和个人的教学理念可能不同,因此教学模式不唯一,但无论是怎样的教学模式,都需要满足立足核心素养发展、结构有序进阶、注重探究实践、指向综合评价的要求。

学 习 活 动

　　有人发现在小学科学课上因为教师选择的教学模式不同,所以即使是同样的内容也会有完全不一样的呈现,因此教学模式的选择非常重要。也有人说"教无定法",教学是生成的,教师应该随机应变,无须特意关注教学模式。你如何看待这两种观点? 请在小组中讨论。

　　不同教学模式的侧重点不同,有以学生知识建构、学生人格发展或教学行为发生为线索建构的教学模式,如"激趣—理解知识—巩固知识—应用知识—评价学习"模式;也有针对学生个性化学习、合作学习、问题解决建构的教学模式,如"观察—提问—分析—验证—评价"模式。教师也可以在结合自己教学经验的基础上,提出相应的教学模式并进行论证。鉴于科学教学模式的建立是为学生发展服务的,以下重点介绍几种以学生核心素养培养为导向的教学模式。教师可以在这些分类的基础上调整和优化相应的教学模式。

一、侧重概念或观念的教学模式

　　侧重概念或观念的教学模式默认概念的形成依赖归纳推理。该类模式有以下三个要点:一是资料的呈现和概念的确认,包括教师呈现肯定型或否定型的例子,学生比较示例,并进行概括和定义;二是检验获得的概念,包括将其他例子进行肯定和否定的归类,教师给出概念的名称并定义,学生进行举例;三是学生分析自己获得概念的方法,包括对概念形成过程中方法的分类、作用以及自己如何使用这些方法的描述。

　　侧重概念或观念的教学模式有:"操作—过程—对象—图式"(APOS)概念教学模式,"定向—引出—建构概念—应用—反省"五步概念转变教学模式,以"提问—引出观念—呈现观念—实验—评价"为主要步骤的 HPS 教学模式。下面重点介绍科学教学中的 HPS 教学模式。

　　HPS 是指科学史、科学哲学和科学社会学。英国著名的科学教育家孟克和奥斯本在总结科学教育历史经验的基础上,以建构主义理论为基础,提出了 HPS 教学模式。该教学模式是近年来国际科学教育研究的热点之一。传统的科学教育基本上是向公众传授科学知识以及符号化的公式、定律的理性工具,几乎不含有科学知识产生、发展和演变的历史成分,更没有相关的社会、政治、文化背景。然而,随着科学、技术和社会的发展,科学教育出现了一些新的发展趋势,传统科学教育遭遇了前所未有的危机:一方面,科学教育的功能开始由执行科学通识教育向帮助公众理解科学过渡;另一方面,科学教育由传授科学知识向理解科学本质过渡。①

　　HPS 教学模式将科学史、科学哲学和科学社会学的有关内容融入中小学理科课程,以促进学生对科学本质的理解。它有以下几个特点:(1) 在科学课程和教学活动中,科学史与科学哲学并不是简单作为一个附加条件,而是整合到其中的;(2) 强调学生理解科学本质,努力培养学生的科学精神与态度;(3) 促进学生掌握具体的科学知识,重视学生在学习时的主体地位,让学生通过积极的思考或探究达到对相关知识的理解,包括实现必要的观念转变。已有研究结果表明,采用 HPS 教学模式可以促进学生三个方面的发展:增强学生的科学本质观;提升学生的学业成绩;提高学生的批判性思维水平。那么,怎样将这个教学模式引入课堂呢? 该教学模式的基本步骤如表 7-2 所示。

表 7-2　HPS 教学模式的基本步骤 ②

步骤	教学活动
提出问题	教师在开始上课时可以给学生呈现某一自然现象,并让学生观察这一现象,产生一个需要解决的问题
引出观点	教师可以就这一自然现象启发学生提出自己的解释,从而促使学生提出各种观点
学习历史	教师向学生介绍相关知识的科学史,比如可介绍早期科学家关于这一现象的思想或有关实例,以此作为学生学习的参照,并列出当时不同的观点,引导学生讨论或探究这些观点产生的背景、条件,使学生认识到科学认识的时代限制
设计实验	在这一环节中,教师将学生分组,选取有价值的观点设计实验并进行检验,让学生意识到对同一实验可能有不同的解释,可以用不同的实验来解释这些观点
呈现科学观点和实验检验	在完成设计实验后,教师向学生解释当代的科学观点,并介绍对此观点书本上的知识解释,为学生观点的转变提供契机和可能;同时,让学生再次思考,证明当代的科学观念需要怎样的实验检验,之后向学生呈现当代科学家实验检验的方法
总结评价	教师帮助学生总结科学知识产生的过程中涉及的实验原理和设计思路,从而使学生更深刻地理解科学的本质

　　准确地说,HPS 教学模式反映了一种教学理念,在这种理念下,科学教育关注科学史、科学哲学和社会因素,进而发挥教育的价值。落实到科学教学中,它的几个步骤也并不是完全固定的,它往往需要和其他教学模式配合使用,使学生最大限度地体验科学家的探究历程,从而形成科学精神。

---

① 张晶. HPS(科学史、科学哲学与科学社会学):一种新的科学教育范式[J]. 自然辩证法研究,2008(9):83-87.
② 袁维新. HPS 教育:一种新的科学教育范式[J]. 教育科学研究,2010(7):48-51.

拉瓦锡与空气的成分

学 习 活 动

　　扫描二维码,参照提供的科学史材料"拉瓦锡与空气的成分",围绕"物质的变化与化学反应"这一核心概念,尝试设计一节或者两节课,体现科学史、科学哲学和科学社会学的教学理念。

二、侧重探究的教学模式

　　侧重探究的教学模式程序性较强,能满足学生基本的探究需要。探究教学模式一般强调逻辑思维的发生。通常完整的探究需要基于证据推理、比较和类比、演绎与归纳、综合与分析等思维,同时思维的发生与探究的对象结合在一起,关注问题的解决。为此,侧重探究的教学模式有以下三个要点:一是确定问题,包括提出疑惑事件、确认探究对象和引发问题情境;二是解释问题,包括分析相应的变量,假设和验证提出的变量之间的因果关系,形成结论和对问题的解释;三是评价探究过程,包括对探究方法的有效性、结果的可靠性以及探究方法的合理性的反思。在此基础上可延伸出如引导探究、自主探究、问题式探究、情境式探究、项目化探究等各种探究模式,比如常用于科学探究的 5E 教学模式。又如苏联著名心理学家鲁宾斯坦基于问题思维理论,在建构主义理论指导下提出的问题解决教学模式。这一教学模式主要强调在科学教学中让学生通过亲身经历发现问题,通过合作解决学习中存在的真实问题,建构科学知识,逐步形成解决问题、自主学习的能力。下面重点介绍 5E 教学模式。

　　5E 教学模式是典型的侧重探究的教学模式。5E 教学模式是美国生物学课程研究会在 1989 年基于建构主义教学理论提出的一种用于激发学生学习兴趣的高效教学模式。这一教学模式一经提出就受到了科学教育界的高度关注。5E 教学模式主要包括吸引(engagement)、探究(exploration)、解释(explanation)、迁移(elaboration)、评价(evaluation)5 个环节,这 5 个环节构成一个环,称5E 教学环,如图 7-2 所示。

图 7-2　5E 教学环

　　步骤一:吸引。这是 5E 教学模式的首要环节。其设置目的是让学生将问题情境与现实生活联系起来,激发学生探究的热情,继而主动建构学科知识。

　　步骤二:探究。这是 5E 教学模式的中心环节。教师可以利用吸引环节中学生产生的认知冲突,对学生开展学习探究进行引导。在探究活动中,学生是主体,教

师应该通过观察学生行为为其提供适当的指导和给予提示。

步骤三:解释。这是5E教学模式的关键环节。在该环节中,教师为学生搭建全面、深入理解新概念的平台,帮助学生转化有关事实,利用科学概念和规律解释现象。

步骤四:迁移。在该环节中,教师引导学生将新概念与已有概念建立起联系,拓宽概念的基本内涵,进而将新概念用于解释新情境或新问题,使学生在深化和拓展中获得更多信息和技能。

步骤五:评价。这是5E教学模式的最后一个环节。在这一环节中,评价者可以采用多种方法对学生的综合素质与能力进行评价。该环节的作用在于掌握学生课堂活动情况,促进学生对研究结果进行评价,从而为教师评估教学过程和教学效果提供机会。

学 习 活 动

表7-3为"口腔中食物的变化"一课的教学过程。请你结合5E教学模式,分析案例中各教学活动设计的意图。

表7-3 "口腔中食物的变化"教学过程

教学环节	主要教学活动
吸引	教师给每位同学准备了一块小饼干,引导学生想象:如果吃了这些饼干,它在口腔里会有哪些变化呢?
探究1	活动一:感受食物在口腔里的变化(学生实验) 让学生吃掉小饼干,仔细感受小饼干在口腔里发生了什么变化。 师:小饼干在你的口腔里发生了怎样的变化?
解释1	活动二:猜测牙齿、舌头和唾液在口腔中的作用,解释食物在口腔里的变化为什么需要三者的配合 提出问题:口腔里的哪些器官使食物发生了这样的变化? 各个器官分别有什么作用? 牙齿、舌头和唾液分别承担了什么工作?
探究2	活动三:观察牙齿的形状(学生实验) 指导学生张开嘴,告诉学生,牙齿是人身体最坚硬的一部分;给各小组学生一面镜子,让他们合作观察牙齿的形状,给牙齿分类,并且将观察到的结果记录在记录单上。 提出问题:你观察到了哪些牙齿? 有没有同学观察到这些牙齿是不一样的?
解释2	活动四:讨论牙齿的作用,解释为什么牙齿有不同的形状 提示学生注意各类牙齿形状,并思考这些不同类的牙齿分别有什么作用。 提出问题:犬齿的作用是什么?(出示动物牙齿图片)动物的犬齿为什么这么发达? 出示早期人类的犬齿,引导学生猜测犬齿的作用是撕裂食物
迁移	迁移到龋齿形成的原因,引出龋齿的名称:刚刚同学们用镜子观察牙齿的时候,我听见有同学说——"咦,饼干渣在牙齿上好恶心呀。"假如我们一直不去清理这些食物残渣,牙齿会怎么样?(播放视频)我们一起来看看龋齿是如何形成的吧!

续表

教学环节	主要教学活动
评价	评价讨论 1：为了防止龋齿的产生，我们应该怎么做？ 评价讨论 2：请一位同学演示他的刷牙方式，让其他学生评价是否正确。 通过视频观看正确的刷牙方式，使学生形成保持口腔健康的意识，养成按时、正确地刷牙的习惯

三、侧重动手解决问题的教学模式

侧重动手解决问题的教学模式强调把学生置于真实的、有意义的问题情境中，让学生以学习小组的形式合作解决复杂的、有实际意义的真问题，从而掌握隐含于问题背后的科学知识，并发展科学思维方法，以培养他们解决问题的能力、自主学习能力和创新能力，促进学生灵活掌握基础知识、发展高层次思维。该类教学模式有以下几个要求：

一是以问题为中心。问题必须是真实的，或者是模拟真实的，它应该与学生的生活实际联系在一起。在这类问题的解决上，学生必须通过多种途径来收集信息，并对信息进行筛选、梳理和整合，从而得出最佳解决方案。在教学过程中，问题驱动着教学，学生为解决问题、探究问题背后隐含的科学知识而学习。

二是合作学习。学生仅仅被告知问题，教师并不为其提供答案，他们需要通过自身的努力去获取知识。由于问题较复杂，凭一人之力难以解决，所以学生需要组建一个学习小组，小组成员合作，共同完成对问题的探究。学生在小组学习过程中学会奉献、合作、忍让等，在小组讨论中积极发言、发挥特长、集思广益、分工合作，快速、高效地解决问题。学生在小组合作过程中不仅能力得到提升，人际关系也会更加和谐。

三是教师指导，以学生为主体。教师将知识的获取和科学探究的权力交给学生，将学生视为学习的主体，学生在分组、查阅资料、实验操作的过程中进行自主性的合作探究。教师在教学中为学生创设学习情境，提出探究问题并引导学生提出自己感到困惑的问题，在学生的探究学习过程中教师处于"幕后"，为学生的学习提供指导和咨询，最后教师对学生的探究成果和表现进行点评，促进学生的进一步发展。

侧重动手解决问题的教学模式多种多样，比如情境教学模式、基于案例的教学模式、抛锚式教学模式、PBL 教学模式等。这里重点介绍 PBL 教学模式。

PBL 全称为 problem-based learning，译为基于问题的学习或问题本位学习。其具体的教学实施可划分为五个步骤，如图 7-3 所示。

第一，组建小组，明确分工。学习小组要体现"组间同质，组内异质"的原则，保证各组整体水平相当,能够公平竞争。

第二,创设情境,提出问题。认知是以情境为基础的,发生在一定情境中的认知活动是学习的组成部分之一,教师通过创设情境可以快速将学生引入学习中,提出的问题也要与实际生活紧密相关,引发学生的兴趣与探究欲望。

第三,集思广益,设计方案。学生通过讨论和头脑风暴找出问题解决的思路并制订研究方案,在这个过程中教师要给学生提供适当的指导。

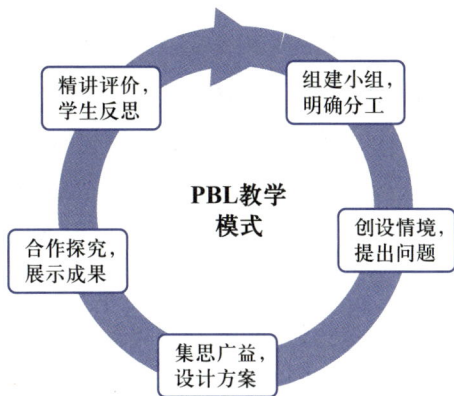

图 7-3　PBL 教学模式的实施步骤

第四,合作探究,展示成果。小组内学生相互合作,选择最有效的办法开展探究性学习,并对问题解决的过程进行组织,对研究结果进行挑选,将最重要的部分呈现在同伴面前,让同伴进行学习和点评。

第五,精讲评价,学生反思。教师对学生的学习过程和结果进行讲评,将学生的感性认识上升为理性知识,学生根据教师的讲评对自己的学习进行反思。在教学过程中教师要观察、记录学生的表现,以便对其进行过程性评价。

学 习 活 动

某教师以"解释机翼形状"为例,根据 PBL 教学模式设计了以下教学活动。请根据案例并结合自己的经历思考:如果你实施这样的教学,你会怎样组建小组,以促进学生更积极地参与合作与思考,并确保组间公平竞争?

一、创设情境,提出问题

教师展示小实验:把两只气球吹起来,然后分别用一根绳子系上;分别拿着两根绳子,让两只气球相隔几厘米远。如果你在两只气球之间吹气,你认为会发生什么呢? 试一下。发生了什么? 你之前认为会发生什么? 你如何解释这个现象? (即解释"伯努利原理")

二、集思广益,设计方案

教师引导学生有目的地讨论、收集资料、合作解决问题。这一环节关注材料获取、小组分工、小组内组织讨论、学生操作提示等方面,教师为教学做出相应准备和预设。如某个小组提出用"操作线轴"的方式解释情境中的原理。为此,教师可以提示学生从材料选择、注意事项、记录现象、演示讲解等方面呈现问题解决过程,如下。

材料:一枚直的大头针;一张 3 厘米×5 厘米的卡片;一个大线轴。

注意：确保线轴只有一个主要的洞——如果有任何其他洞（哪怕是针孔），就用胶带封住。

记录现象：当你吹气的时候，松开卡片和大头针，发生了什么？你之前认为会发生什么？你如何解释这个现象？

演示讲解：吹气时，空气不得不在物品之间或者物品周围快速流动。当空气加速时，它的压强减小，压力也就会减小。当空气从大头针和卡片之间被挤出时，它流动得更快了，压强减小了。但是卡片下方的气压保持不变，它还是用同样的力在推，所以即使你用力吹气，卡片依然保持在原来的位置。

三、合作探究，展示成果

比如展示"操作线轴"：将大头针从下方粘在一张卡片的中间，将线轴放在大头针上面；用一只手恰当地拿着卡片和大头针，另一只手拿着线轴；将线轴拿上来接近你的嘴，然后向洞里吹气。

除此之外，"还有吹不动的纸""空气控制气球""让乒乓球飞""瓶口吐烟圈""体积变化的气球"等展示方式。

四、精讲评价，学生反思

面对小组的展示，教师对学生的表现或者成果进行评价，同时在评价中引导学生反思，可以通过四个方面进行。

（1）给学生提示，帮助学生反思。将卡片保持在空中的气压差与帮助机翼制造升力的气压差是同一种现象。机翼的上表面和下表面的整体压力差就是它升力的关键。在一个移动的机翼上，压力是遍布在每个点的，但是机翼上表面的整体压力是小于下表面的整体压力的。

（2）提问，帮助学生反思。为什么气球、纸张、线轴和卡片会出现这些现象？机翼是什么？

（3）借助模型展示，帮助学生反思。一个机翼被设计成空气从上方流动比下方流动更快的样子。将示意图展示给学生，让他们画一些箭头来表示空气是如何在机翼附近流动的，并想想"伯努利原理"，思考它是如何告诉我们空气是怎样在机翼附近流动的。

（4）借助评价和改进，帮助学生反思。比如某小组对其他小组的解释进行补充，给出更有逻辑性的解释："当你在两只气球之间吹气时，每只气球只有一侧的空气被吹走了。在飞行时，机翼两侧的空气都在流动。为了制造一个气压差，机翼被做成能让上层表面的空气更快流动的倾斜形状。所以机翼上面的空气压强更小，而下面的空气压强更大。"

"让乒乓球飞"视频

"体积变化的气球"视频

第三节 小学科学教学组织形式

教学组织形式所要解决的问题是教师以什么样的形式将学生组织起来,通过什么样的形式与学生产生联系,教学活动按照什么样的程序开展,教学时间如何分配和安排,等等。小学科学教学的组织形式大致分为个别教学制、集体教学制和开放教学三类。

一、个别教学制

个别教学制是指教师对每个学生分别进行知识与技能传授和指导的教学组织形式。在人类社会发展的早期,学校教育主要采取个别教学制,无论是古代的中国、埃及还是希腊都是如此。在古代社会,由于生产力水平低下,科学技术落后,剩余产品不多,能够从事学校教育工作的教师和接受学校教育的学生是非常有限的。因此,个别教学制得以实行和长期存在。由于学生的数量少,年龄和知识水平相差悬殊,教师只能根据不同学生的水平分别施教。随着我国经济的发展和对科学教育重视程度的提高,个别教学制的一些做法可引入科学教学中,以满足学生个性化学习需求,深化科学个别化教学的研究与实践。在推动学生个别化学习、探索个别化教学的过程中,教师应提供个性化的教学环境、教学资源以及教学方法,结合学生学情,尝试制订个性化教学目标,更为重视开放性、挑战性的活动设计。

个别教学的具体方式多样,在学校中,教师可以结合学生兴趣进行个性化教学,可以安排班级学生当科学"小老师",在班级学生间形成"师徒"结对,一对一合作。此外,教师还可以结合家长需求和社会资源让需要的孩子接受个别教学。

个别教学制下的实践探索

学 习 活 动

在网上搜索小学科学中个别教学实录,结合目前小学科学教育的理念和国家政策,对这样的教学组织形式进行点评,并思考作为教师,怎样发挥这种教学组织形式的优点。

二、集体教学制

集体教学制是指将学生集体组织起来,在同一时间和空间由一个或几个教师同时面向学生集体进行授课的教学组织形式。集体教学制的表现形式为班组教学、班级授课制等。班组教学是个别教学制和班级授课制之间的一种过渡性的教学组织形式,它是把相同或相近水平和层次的学生组织在一起,由一个或几个教师面向学生集体进行知识与技能传授、学术宣讲的一种教学组织形式。班级授课制,简称"班级教学",是指按照特定的年龄、知识水平等将学生编成有固定人数的班级(也可以按照兴趣爱好和特长来编班),教师按照学校的课程计划、课程表等面向学生集体进行授课的教学组织形式。集体教学制是当前小学科学基本的教学组织形式。

　　基本的班级授课制中发展出了分组教学、分层教学、小组教学、课堂讨论、现场教学、实践教学、开门办学、主动参与、合作学习、探究教学、分层走班教学、选课走班教学等教学形式。[①] 整体上,班级人数减少,班级趋于小型化,各种教学形式的优势互补能满足学科实践育人的需要,在注重知识学习的同时保障学生探究实践能力的培养,落实"做中学"的根本要求。此外,综合化的教学组织形式可以激发学生学习科学的兴趣,满足不同学生的爱好,比如走班制的教学是为了配合各种科学兴趣活动、探究活动的开展而实施的。

📱 知 识 链 接

走班制下小学科学课程的重新设计

　　走班制教学给教师带来了较大的教学自由空间,在课堂教学形式上强调灵活、动态、针对性,以适应不同层次、不同类型学生的发展。在科学教学中,教师可以随教学的过程、学生学习的情况,灵活调整教学进度,补充或调整教学内容。一旦学生对某一项教学内容产生浓厚的学习兴趣,教师可以对这方面的内容做进一步的加深和拓宽,真正让学生学有所获、学尽所能;当某些学生或某位学生对某些学习内容感到困难的时候,又可以得到个别辅导与帮助。在走班制下,教师有更大的工作弹性,可以根据学生的特点、爱好、兴趣选择相应的教学内容,灵活地安排教学过程。

　　走班制教学打破了原来的统一目标、统一内容、固定对象、常规考核的固有局面,为教师发挥创造性提供了基础,同时又对教师适应新的时空、新的对象、新的班级组织形式和新的教学内容提出了较高的要求,要求教师必须对教学方法进行创新。一些任务式、清单式的教学方法常应用于学生合作学习和自主反思学习。例如,在实施项目化的 STEAM 教学活动时,可在主题式创客课程中嵌入各种已有的"知识整合"的教学法,通过制定特色项目合作的课程和课堂教学任务清单,规范教学任务和时间序列等方面的安排。同时,学生可以根据任务清单自定学习进度,按自己的节奏学习,从而提高自主学习实效。

---

① 和学新.从规范教学秩序到构建学生发展的有效教学机制:我国教学组织形式变革70年的回顾与展望[J].课程·教材·教法,2019,39(3):4-13.

三、开放教学

开放教学又叫开放课堂或非正规教学等。它发端于第二次世界大战前的英国幼儿教育,20 世纪 60 年代广泛流行于英美国家。它的特点主要体现在以下四个方面:(1) 强调学生的学习兴趣,激发学生内部动机,为其提供自主决定和选择的机会。教师作为合作者、参与者、咨询者、促进者和激励者,应为学生创设一种非威胁性的环境或学习氛围。(2) 教室内没有固定排列的课桌椅,而是用可移动的书架或屏风等将其分割成若干个"兴趣角"或"活动角",也称"学习中心"。(3) 开放教室,没有固定的上课时间表,没有上下课铃声,活动时间可长可短,全按照学生的兴趣及活动本身的需要来确定。(4) 取消按年龄或知识水平分班,施行混合年龄分组,形成家庭式的学习团体。开放教学可以满足学生非正式学习需要,是校内外各种课外科技活动、科学调查及科学探究的重要组织形式。

当下,教育技术的发展促进教学的开放,无论是集中的在线学习还是个性化的在线学习,在某种程度上均可打破教学时间和空间的隔阂。集中在线学习可以在一定程度上抵御一些外在因素对教学的影响,教师和学生可以跨越空间进行线上的直接交流学习,可享受丰富的课程资源。此外,智慧学校、智慧课堂的推出,为学生观察科学现象带来更多的沉浸体验,比如学生可以在短时间内观察一颗种子从发芽、生长到开花结果的全过程,借助虚拟场景可以模拟观察海洋世界、模拟太空遨游,可以观看卫星发射的直播。

在个性化在线学习中,学生可以根据自己的需要,选择学习大规模在线课程,或者是教师提供的微课。这些课程的内容丰富,形式多样,包括录制的现场课、围绕某个概念学习的动画、模拟实验、在线答题等。教师借助一些线上的学习资源,再配合线下教学,可组织翻转课堂教学。教师提供以微视频为主要内容的学习资源,这种视频可以是教师亲自制作的,也可以是得到授权使用的优质教学视频,学生在上课前完成对这些视频等学习资源的学习,师生在课堂上一起完成作业答疑、协作探究和互动交流等。

第四节　小学科学教学技能

学 习 活 动

结合自己以往的上课或观课体验,说一说在小学科学教学中教师因没有很好地使用教学技能而降低了教学效果的例子。为了克服这类问题,保证教学效果,小学科学教师应该着重训练哪些教学技能?

课堂教学是现代教学的基本形式,是教师组织教学活动的中心环节。教师教学技能水平影响着教学目标的达成。核心素养导向下的课堂注重以学生为主体、以探究实践为主要方式开展教学活动,是师生互动、生生互动的沟通型课堂,强调学生学习主动性的发挥,倡导学生参与性的提高,注重学生综合素质的提升。基于以上课堂教学的新变化和新发展,教师要想成功实施课堂教学,促进学生核心素养发展,应该重点训练自身的导入技能、讲授技能、提问技能、板书技能和演示技能。

一、导入技能

导入与导言、引言的性质、目的是基本相同的,但其内容更丰富,形式更多样。导入是教师在一个新的教学内容或教学活动开始时,采用各种方法,引导学生进入学习活动的行为方式。教师通过导入把学生引向一个特定的学习方向,因而导入又叫定向导入。每种导入都应从教学目标出发,使学生明确教学目标和教学内容,调动他们学习的积极性和主动性,激发学生寻求答案的迫切心理,从而更好地理解和掌握知识。导入主要起到四个作用:(1) 集中注意。导入的首要任务是对与教学无关的活动进行抑制,帮助学生迅速投入到新的学习中来,并使其注意得以保持。(2) 引起兴趣。兴趣是学习动机中的重要成分,是求知欲的起点。导入的目的之一即用各种方法把学生的内部积极性调动起来。(3) 明确目的。在导入的过程中,教师只有使学生明确学习目的,才能把他们的内部动机充分调动起来,使其发挥学习的积极性和主动性。(4) 进入课题。师生通过导入自然地进入新课题,使导入和新课题之间建立起有机的联系,真正发挥导入的作用。

真实情境的创设是导入的重要策略,恰当的情境不仅能够激发学生的学习兴趣,使学生积极地参与教学活动,还能降低教学难度,帮助学生准确地感知、理解、吸收教学内容,对培养学生的创新精神与实践能力有重要意义。创设的情境是教师与学生沟通的媒介,是问题表达和解决的载体。因此,教师需要具备根据学生的认知水平和无意识的心理特征,灵活有效地创设具体、生动、形象的教学情境的能力。具体表现为:营造轻松的学习情境,创建积极活跃的课堂氛围;创设生活情境,把抽象的知识概念形象化。比如,教师将几滴红墨水滴入水槽中,将燃烧的火棉放入烧杯一会儿,再将烧杯倒扣在水槽,让学生观察烧杯中液面的变化;借助实验引起学生的兴趣,自然引入"我们周围的空气"这一学习话题。此外,以魔术进行课堂导入,更能引起学生注意,比如在学习"浮力"这一概念时,教师采用"浮沉子"的魔术展示进行导入,将魔术背后的原理作为教学的核心问题。

学习活动

小学科学教师常以展示实物的方式进行教学导入。扫描二维码,观看"龙头杯"视频,你认为龙头杯可以在哪些教学内容中应用?请你尝试根据某一教学内容设计相应的课堂导入环节。

"龙头杯"视频

二、讲授技能

讲授技能是最基本的教学技能之一。讲授是教师通过口头语言向学生系统传授科学文化知识的教学方式。它主要通过叙述、描绘、解释、推论等引导学生了解现象,感知事实,理解科学的概念、定律,从而使学生认识问题、分析问题、解决问题,并促进学生信息获取和信息分析能力的提升。典型的讲授具备以下三个特点:(1) 描述内容,叙述事实;(2) 解释概念,论证原理;(3) 阐明规律,师生互动。

讲授技能有助于提高课堂教学效率。教师通过深入分析与学生共享的材料,把握科学材料的逻辑性,将看似零碎的知识系统化,形成具有一定逻辑层次的知识后再呈现给学生。在教学过程中,教师可运用多种教学技能配合讲授技能,突出重点、剖析难点,帮助学生理解知识和运用知识。在现行的班级授课制中,讲授法能有效保证绝大部分学生在较短的时间里学到大量的知识和技能。在良好的讲授过程中,学生不仅可以学习新知识和新技能,而且可以形成正确、健康的世界观、人生观、价值观,获得全面发展。

针对小学科学课堂,讲解要具备科学性和启发性,语言要具备生动性、简洁性和通俗性。可以说,讲授法不仅仅是教师将自身的学识和技能予以输出,也是教师内心世界的展现。教师在讲授过程中所自然流露出来的思想、品德、风貌、才能、价值观等无不感染和熏陶着学生的心灵。

学习活动

扫描二维码,观看微课"花的解剖与结构",围绕讲授技能的特点,点评该教师的讲授技能,并反思自己讲授技能的哪些方面还需要进一步提升。

微课"花的解剖与结构"

三、提问技能

知识学习的过程是一个不断产生问题、解决问题的过程。在教学实施中教师应当具备一定的提问设疑能力,能够通过设疑来激发学生兴趣,引发学生思考,培养学生的问题意识,通过提问与回应引导学生从不同角度进行思考,搭建问题解决的桥梁,帮助学生经历问题解决的过程;通过系列问题不间断地推动学习的运转,将教学活动连接成有机统一的整体。

教师通过提问来实现对学生学习的引导。提问包括导学、导思、导做三个方面。导学,是使学生乐学、会学和活学;导思,是使学生乐思、会思和巧思;导做,是使学生把认知上升到能力,学会发现问题、探究问题、解决问题。因此,在小学科学教学中,教师和学生探究性问题的有效生成便是提问的重点。以下列举四种探究式提问策略:(1) 在教学主线的细节上进行提问。如以"怎样才能使自己做的简易装置测量的时间更准"为引子,不断生成相应问题:水钟是怎样测量时间的? 我们制作的滴漏水钟应该怎样打孔? 打多大的孔合适? 滴漏水钟滴的水先快后慢怎么办? 怎样让其不影响测量时间? 补充细节后,就会形成更多更具操作性的探究小问题。(2) 引导学生聚焦于现象出现差异的原因。例如,学生发现自己制作的指南针有的针尖指向北,有的针头指向北。教师可引导学生观察制作指南针过程的差异,进而提出可验证的问题:产生不同的现象是由于用了磁体的不同磁极去磁化针吗? (3) 在实验过程中生成问题。例如,教师首先假装不小心将粉笔头落进硫酸铜溶液中,这一情境仿佛是以往科学家成功前出现的意外,学生的视线会马上聚焦在这个粉笔头上;接着学生会自然地产生问题:粉笔头和铁钉在硫酸铜中会发生什么不同反应? (4) 为帮助学生明确和解决问题进行提问。例如,当学生发现溶解现象时,教师可以引导提问:"那你想一想,这又说明了什么呢?"学生的猜想其实就是一个个值得探究的问题,教师再把他们的想法稍微改变一下:"温度真的会影响食盐溶解的快慢吗?"这样,一个在课堂中有效的问题就生成了。[①]

四、板书技能

板书是教师上课时为帮助学生理解与掌握知识在黑板上书写的凝结简练的文字、图形、线条、符号等,用来向学生呈现教学内容和认知过程。板书能够使知识条理化、系统化,帮助学生正确理解、增强记忆。它是用来传递教学信息的一种言语活动方式,又称教学书面语言。教师经过一番精心设计而组合排列在黑板上的文字、数字以及线条、箭头和图形等适宜符号称为正板书,通常写在黑板中部突出位置;一般把在教学过程中随讲、随写、随擦,写在黑板两端的一些辅助性文字以及数字等符号称为副板书。好的板书有以下几个特点:(1) 体现教学内容;(2) 书写工整、规范;(3) 设计巧妙;(4) 能启发学生思考。板书的形式多样,可以是提纲式、表格式、线索式、图文式的,这些形式的板书都要求目标明确、书写

---

① 吴开其,张晋.小学科学实验课堂中探究性问题的有效生成[J].教学与管理,2016(12):95-97.

规范、条理清晰、富有美感。

板画是板书的一种特殊形式，也叫黑板画，是教师在传递教学信息的过程中，以简练的笔法，将事物、现象及其过程描绘成生动的形象的特殊板书。板画是以线条、简笔画、漫画、素描等方法绘制的形象画、模式画或示意图等，以此来代替抽象的文字符号。在小学科学教学中，有时教师需要借助板画讲解一些概念和解释一些现象，如宇宙中的地球、地球绕太阳公转、日食等内容，教师就可以结合板画呈现。

> **学 习 活 动**
>
> 扫描二维码，对其中展示的板书进行评价，想一想：如果是你进行相应的教学，你会怎样设计板书？

板书实例

五、演示技能

演示是指教师进行实际表演和示范操作，运用实物、样品、标本、模型、图画、图表、幻灯片、影片、动画提供直观材料，以及指导学生进行观察、分析和归纳的方式。在演示过程中，教师为学生提供感性材料，使其获得知识，训练其操作技能、观察能力和思维能力。一般来说，小学生的认知具有依赖性、直观性、形象性的特点，所以教师在实际教学中普遍采用演示手段。运用课堂演示既能激发学生的学习兴趣，又能启发学生进行思考；不仅可以培养学生的科学思维能力和科学探究精神，而且可以开发学生智慧，提高学生素养。

在小学科学教学过程中，教师要注意两点：一是教师亲自演示与指导学生演示相结合。在小学科学教学中，一些实验演示可以主要由教师完成，比如涉及危险性较高的化学药品的实验、使用或者制作简易天文望远镜这样操作难度和精度要求较高的实验。学生在这个过程中重在观察与思考。但也有一些实验演示可以由学生亲自进行。比如，教师可以让学生演示指南针的使用方法。二是实物演示、媒体演示和模型演示相结合。教师可以通过实物演示呈现科学教学内容，让学生真实、客观地认识物质世界，走近自然之物和自然现象。同时，一些虚拟实验、虚拟动画的演示可以辅助抽象概念的讲解，克服实物演示条件不足的限制。例如，教师可以让学生观看我国火箭发射的视频以及水火箭的制作视频，之后再让学生制作自己心目中的水火箭。除此之外，教师可以将难以观察的复杂科学现象制作成模型，通过模型演示的方法帮助学生掌握相关知识。例如，学生可以借助细菌模型看清楚细菌的基本结构，可以借助球体模型模拟日食和月食形成的过程。

教师运用演示技能时要把握好演示的度,演示过多易导致学生的注意分散,演示过少则难以将知识直观化,因此在演示过程中教师要掌握演示的技巧,知道通过什么样的方式才能达到理想的演示效果,这需要教师花精力摸索和练习。在小学科学课堂教学中,演示只是一种辅助教学方法,应该配合其他教学方法使用,单纯靠演示难以充分达到教学效果。在演示过程中,教师要能引导学生有准备、有目的地观察演示的对象,适当地安排提问、讲解、互动、讨论等环节,充分发挥演示的积极作用。

思维发散

如果你是一位小学科学教师,在教学教科版《科学》四年级下册中"认识几种常见的岩石"这一内容时,你会选择什么样的教学模式? 采用什么样的教学组织形式? 想一想并与小组同学交流、讨论。

学习评价

请根据表7-4,对本章学习情况进行评价(非常符合 =5分,比较符合 =4分,一般符合 =3分,不太符合 =2分,不符合 =1分)。

表7-4　学习评价表

学习本章内容后		非常符合	比较符合	一般符合	不太符合	不符合	综合得分
知道教学实施与课程实施的区别和联系	自评						
	互评						
	师评						
了解小学科学教学实施的关键问题	自评						
	互评						
	师评						
能结合常见的教学模式对优秀案例进行评析,能根据实际教学内容应用一到两种教学模式设计教学	自评						
	互评						
	师评						
具有训练自身教学技能的意识,能有计划地训练自己某项教学技能	自评						
	互评						
	师评						

理解·分析·实训

1. 名词解释:教学实施;教学组织形式。

2. 结合实际情况,思考如果你是一名小学科学教师,在小学科学教学实施中可能会遇到哪些困难,应该如何解决。

3. 以下呈现了某位教师对教科版《科学》一年级下册"观察一瓶水"这一课前五分钟的教学设计,请对该教师的导入技能和提问技能进行分析,并提出优化建议。

观察一瓶水

1. 播放视频《水与我们》,想一想水在我们的生活中有什么用处。

2. 既然水与我们的生活息息相关,就让我们用科学的方法研究水、观察水。(揭示课题:观察一瓶水。)

3. 提问:你们都知道哪些观察方法? (看、闻、摸,等等。)

过渡:只观察一瓶水不容易了解它与众不同的特征,今天老师准备了另一种液体来和水比一比,让我们在比较中观察、探究水到底有哪些特征。

第八章
教师专业发展与课程资源

■ **学习目标**

1. 能阐述小学科学教师专业素质的基本内容。
2. 对教师专业发展的阶段有清晰的认识。
3. 能阐述小学科学课程资源的内涵。
4. 懂得如何开发与利用小学科学课程资源。

■ 知识地图

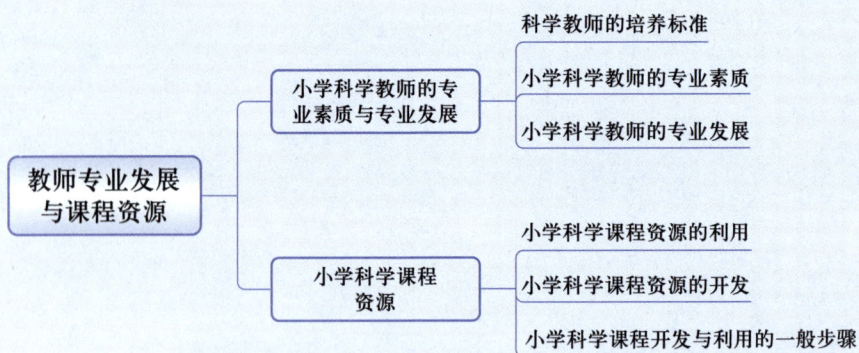

科学教师的培养标准

小学科学教师的专业素质

小学科学教师的专业发展

小学科学教师的专业素质与专业发展

教师专业发展与课程资源

小学科学课程资源的利用

小学科学课程资源的开发

小学科学课程开发与利用的一般步骤

小学科学课程资源

■ 关键问题

小学科学教师的专业素质包括哪些基本内容？

教师如何基于自身的专业素质水平规划专业发展？

小学科学课程资源的内涵是什么？

如何开发与利用小学科学课程资源？

下面是两位学习科学课程与教学论的学生的对话。

王同学说:"我们毕业后要成为合格的小学科学教师,就必须具有丰富的科学知识,真是得数、理、化、史、地、生、心理、美术等科目样样精通啊! 你看,湘科版《科学》三年级上册中'各种各样的动物'这一单元,要求学生会画蚯蚓、蚂蚁、金鱼等动物,这就要求教师掌握画简笔画的方法,教学生先画出动物的主要形状,然后再画出各个部分,并引导学生记下看到的每一个细节,最后做上标记;又如'空气有质量吗'这一学习内容,学生要认识到空气和别的物质一样都有质量,从而认识到空气是一种物质,再通过做实验,进一步验证空气有质量。这对我们的专业知识和技能还真是不小的挑战呢! "

李同学说:"常言道,教给学生一杯水,教师要有一桶水。而教师的这桶水也必须经常更新,这样才能满足教学需要。有句话说得好,尽信书则不如无书。教材中有些内容可以直接作为课程资源使用,但有的就缺乏地域特色,与学生的已有知识经验没有关联,所以我认为开发与利用生活化的科学课程资源对我们自身的专业发展很重要。"

上述两位大学生的对话,涉及小学科学教师专业发展与小学科学课程资源开发与利用的问题。科学教师的培养标准是什么? 小学科学教师的专业素质包括哪些内容? 小学科学教师在专业成长过程中需要注意什么样的问题? 小学科学课程资源的内涵是什么? 如何对其进行开发与利用? 本章对这些问题给予解答。

第一节　小学科学教师的专业素质与专业发展

小学科学教师的专业素质与专业发展直接关系到教育教学质量和学生的全面发展。教师借助国内外的科学教师培养标准,清晰地了解教师专业素质的内容和发展阶段,有利于自身科学教育工作的高质量开展。

一、科学教师的培养标准

学 习 活 动

你认为一名合格的小学科学教师是什么样的?如何从一名新手科学教师蜕变成一名成熟的科学教师?尝试自己给出答案并和同学们一起交流。

了解各国的科学教师培养标准可以帮助我们明确专业素质发展的维度并获得自身专业成长的参考。

(一)美国科学教师专业标准

美国的科学教师培养标准经历了从无到有,从粗到细,不断丰富与完善的发展过程。1998 年颁布的《科学教师培养标准》(也称 NSTA 标准)包含内容、科学本质、探索、科学背景、教学技能、课程、社会背景、评估、学习环境、专业实践十条标准;2003 年版的 NSTA 标准在保留内容、科学本质、探索、教学技能、课程、评估的基础上,增加问题、社区中的科学、安全和福利、专业化成长四条标准,调整为新的十条标准。2012 年经再次修订,NSTA 标准确定为 6 条,即学科知识、学科教学方法、学习环境、安全、对学生学习的影响、专业知识与技能。[1]2020 年,美国科学教学协会再次对 NSTA 标准进行修订,形成了目前最新版 NSTA 标准。

除 NSTA 标准外,美国还制订了《新任科学教师认定与提升的专业标准》和《优秀科学教师专业标准》,为科学教师职前、职后发展提供方向,这体现了科学教师专业发展的一体化。这两个标准的具体内容分别如表 8-1 和表 8-2所示。

NSTA 标准的
内容

---

[1] 霍力岩,杜宝杰.美国近 20 年科学教师培养标准的发展及其启示[J].教育评论,2019(3):111-114.

表 8-1 《新任科学教师认定与提升的专业标准》的内容[①]

要素	具体要求
学科专业知识	能够教授综合性的科学专业知识;科学教师不仅要深入理解自己所教学科的核心概念、探究工具、适用性、知识的整体结构,还要对其他科学知识有一定的理解,能够为学生设计合适的学习活动,使这些科学内容对学生有意义
学生的学习和发展	要知道不同年龄段学生的学习方法和发展特点,利用这些知识为学生提供学习的机会,以支持学生在知识、社交和个人素质等方面的进步,体现了以学生为中心的基本理念
学生的差异性	新任科学教师要理解学生不同的学习方式,理解并尊重学生的多元文化,并能够根据学生的差异性,提供适当的学习机会,满足不同学生的学习需求
教学方法多样化	新任科学教师理解并使用多种教学方法和策略,培养学生的批判性思维、解决问题能力和表现技巧;选择多种教学策略,运用多媒体教学设备,调动学生的多种感官参与学习活动,使学习效果最大化
学习环境	学习环境对学生的学习影响很大,新任科学教师在理解个人和群体动机及行为的基础上,为学生营造安全、有效的学习环境,鼓励积极的交流互动,以及主动参与学习和自我激励
教学互动	科学教师利用有效的语言和非语言知识,以及媒体通信技术,帮助学生积极探究、合作和相互支持;新任科学教师在科学教学中要注意语言和科学的精确性和准确度,并且要具有支持和指导学生对科学内容发表论述的能力
课程设置	科学教师根据学科专业知识、学习教学理论、学生学习发展特点、社区资源和课程目标等,规划和管理教学活动
教学测评	科学教师应该理解并使用正式的和非正式的评价策略,评估并保证学生知识、社交和身体的持续发展
反思性实践者	教师进行反思有助于提高教学实践能力,促进自身专业发展。新任科学教师应该成为反思性实践者,持续评价自己的教学效果和其他人(学生、家长、在学习社区中的其他专业人员)的行为,并主动寻找机会促进自身专业成长
社区伙伴合作	社区伙伴合作不仅有助于学生的学习,对于教师的专业发展也有促进作用;新任科学教师应该建立起与学校同事、家长、社区之间的关系,共同支持学生的学习和健康成长

表 8-2 《优秀科学教师专业标准》的内容

要素	具体要求
了解学生	会通过不同的技术手段(访谈、问卷、对话、自传)获取学生信息,从学习的学术准备(一般学术背景、科学相关的知识和技能)、发展特征(社会文化、情感、智力和身体发展)、学习概况(学习风格、个性特征、学习偏好)、相关背景(能力、兴趣、经验、语言、社会经济地位、种族、宗教传统、性取向、身体形象、成长地域、家庭背景和结构)等方面不断寻求了解学生,并利用这些知识加强学生的学习

① 李宛蓉,王威. 美国新任科学教师专业标准研究及启示[J]. 中小学教师培训,2015(3):74-78.

续表

要素	具体要求
科学知识	对科学本质、探究本质、科学史以及科学的内容知识有着全面的理解。 对概念、主题、原则、法律、理论、术语和事实信息有着深刻的理解,这些信息界定了他们负责教学的特定科学知识体系。他们还了解这些知识体系如何与其他学科相联系。 不仅对所教授的具体内容有深刻的理解,而且还理解贯穿所有科学领域的统一概念和过程,包括因果、系统、模式、数量、能量和物质、稳定性与变化以及结构和功能;在指导学生学习具体的科学科目时,不断引用这些大的、交叉的概念,强调它们的重要性
课程与教学	深思熟虑地、有意识地实施基于标准的课程,使用各种高质量的教学策略和资源来加强学生的学习。 能够将课程与学生先前的经验、先前的知识和日常理解联系起来。有成就的科学教师利用他们有关交叉原则的知识,如变化模式和周期,帮助学生识别跨科学学科的联系。教师通过将科学课程与当前或历史事件联系起来,使学习具有相关性。 有成就的科学教师认识到,建立有意义的联系的过程有助于发展统一的科学概念
评价	有目的地评估学生,以设定学习目标、判断教学质量和鼓励学生学习
学习环境	创造并维护一个安全、参与的学习环境,以促进和支持所有学生的科学学习
家庭和社区的伙伴关系	与家庭和社区建立富有成效的互动和成功的伙伴关系,以促进学生的学习
提升专业精神	有成就的科学教师通过发挥领导作用、与同事合作以及把握高质量的专业学习机会来提高专业水平
多样性、公平、公正和道德	有成就的科学教师理解并重视多样性,他们通过公平、公正和道德的教学实践让所有学生参与高质量的科学学习

(二)澳大利亚科学教师专业标准

澳大利亚非常注重教师专业发展的品质,积极制定适用于本国教师的专业发展标准,这对澳大利亚教育改革产生了重要作用。2002 年澳大利亚科学教师协会出台了《全国优秀科学教师专业标准》,用以指导该国科学教师的专业发展,该标准的具体内容如表 8-3 所示。

表8-3 《全国优秀科学教师专业标准》的内容 [1]

要素	具体要求
专业知识	标准1 科学知识与科学课程知识:他们具有与自身教学职责本质密切相关、广泛的当代科学知识和科学课程知识。 标准2 科学教学知识与科学教学评价知识:他们具有广泛而又崭新的科学教学、科学学习和科学评价知识。 标准3 关于学生的知识和学生是如何学科学的知识:他们能够认识到他们的学生很优秀,而且他们理解文化、性别和其他背景因素对学生学习科学的影响
专业实践	标准4 设计协调一致的教学项目:他们设计内涵一致、符合学生学习兴趣和发展需要的教学计划。 标准5 创造和管理教学环境:他们创造并保持具有智力上的挑战、情感上的支持以及保证身体安全的教学环境。 标准6 使学生从事科学探究:他们使学生通过收集、分析和评价证据来进行创造、建构和检验科学知识。 标准7 拓展学生对科学(学科)主要思想的理解:他们不断寻求拓宽学生理解科学主要思想的途径,并付诸实践。 标准8 培养学生运用科学进行决策的能力:他们培养学生运用科学知识和通过科学过程作出有见地决策的信心和能力。 标准9 评价和监测学生学习:他们使用丰富多样的教学策略,与学习目标保持一致,来监测和评价学生的学习并提供有效的反馈
专业属性 (特点)	标准10 分析、评价并重新定义教学实践:为了促进学生的学习,他们分析、评估乃至改进教学实践。 标准11 对科学教学的专业贡献:为了提高科学教育质量和提升科学教育效率,在学校共同体乃至在更为广泛的专业团体中,他们广泛合作,共同工作

(三) 我国学者对科学教师专业标准的探索

我国较早谈论科学教师专业素质的学者是马勇军,他在2003年提出,中学科学教师应同时具备科学素养和教育素养。科学素养包含跨学科融合的认知结构,全面的科学技能,正确的科学态度、情感和价值观;教育素养包含全新的教育理念,基本的科学课程论知识,先进的教学设计思想与实施能力,教育科研意识和能力。[2]

比较有代表性的还有李中国的观点,他运用工作分析、文献研究、教师团体焦点访谈和科学教师行为事件访谈等方法,建构并验证了科学教师胜任特征模型。[3]该模型包括教育理念、学生理解、知识体系、行为能力和专业成长五个维度,各维度及其下的胜任特征结构如表8-4所示。

2023年,教育部等十八部门联合印发的《关于加强新时代中小学科学教育工作的意见》提出,加强师资队伍建设,发挥教师主导作用。为此,有研究者指出,科

① 田守春,郭元婕.澳大利亚科学教师专业发展标准及启示[J].西南大学学报(社会科学版),2011,37(3):64-68.
② 马勇军.论中学科学教师业务素质[J].当代教育科学,2003(18):57-59.
③ 李中国.科学课教师胜任特征模型实证性研究[J].教育研究,2011,32(8):74-80.

学教师要懂科学、懂教育,深刻理解科学教育应该教什么、学生如何学习科学、教师如何教科学。即科学教师要对科学本质、科学方法、科学精神、科学与社会等有充分认识,对科学探究和工程实践有真实经历,对科学教学规律和人才成长规律有科学把握,才能具备较好的科学教学胜任力,才能有足够信心去引导学生走进科学。[①]

不难看出,我国学者对科学教师专业标准的探索主要集中在科学教育理念、科学知识和科学教学技能、科学教师专业成长等方面,对学习环境创设、教学测量与评价能力讨论得较少。

表 8-4　科学教师胜任特征结构模型

教育理念	学生理解	知识体系	行为能力	专业成长
责任心 综合观 探究观 因材施教 坚定信念	学段认知特征 感知儿童心理 儿童兴趣激发	程序性知识 策略性知识 科技史知识 生活经验	课程资源开发 教学调控能力 探究能力 多元化教学 科学研究能力 沟通协调	教学反思 自我规划 自我更新

二、小学科学教师的专业素质

教师在为学生传道、授业、解惑的同时,也在不断实现自身发展,即教师的职业生涯是一个"教学相长"的过程。了解教师专业素质的内涵,明确教师自我发展的需求,是小学科学教师快速成长的前提。

知 识 链 接

专业素质是某一职业对从业人员的整体要求。不同学者对教师专业素质有着不同的界定。林崇德和申继亮认为,教师素质就是教师在教育教学活动中表现出来的、决定其教育教学效果、对学生身心发展有直接而显著影响的心理品质的总和,主要包括:职业理想、知识水平、教育观念、教学监控能力以及教学行为与策略。[②] 叶澜认为,教师应具有对人类的热爱和博大的胸怀,对学生成长的关怀和敬业奉献的精神,良好的文化素养,复合的知识结构,在富有时代精神和科学性的教育理念指导下的教育能力和研究能力,在实践中凝聚生成的教育智慧。[③]

① 任友群,郑永和.强化小学科学教师专业化建设[N].光明日报,2023-07-11(13).
② 林崇德,申继亮.教师素质论[M].北京:华艺出版社,1990:30-34.
③ 叶澜.新世纪教师专业素养初探[J].教育研究与实验,1998(1):41-46.

2012年,教育部印发《小学教师专业标准(试行)》,提出小学教师应具备师德为先、学生为本、能力为重、终身学习的基本理念,并从专业理念与师德、专业知识和专业能力三个方面对小学教师专业素质进行了规定。结合学者们对教师专业素质的观点,我们认为,教师的专业素质以一定的结构形态存在,主要包含专业态度、专业知识和专业能力三个方面。以下主要针对科学教师进行说明。

(一) 专业态度

专业态度是在对所从事专业的价值、意义深刻理解的基础上,形成的奋斗不息、追求不止的精神。它由四部分构成,分别是专业理想、专业情操、专业性向和专业自我。

专业理想是教师对成为一名成熟的科学教育工作者的向往与追求,它为教师指明了奋斗的方向,是推动教师专业发展的巨大动力。

专业情操是教师对教育教学工作带有理智性的价值评价的情感体验,是构成教师价值观的基础。它包括:理智的情操,即出于对教育功能和作用的深刻认识而产生的光荣感与自豪感;道德的情操,即出于对教师职业道德规范的认同而产生的责任感和义务感。

专业性向是指教师从事科学教学工作所应具备的人格特征,或适合教学工作的个性倾向。一般来说,教师在个人品质方面应表现出热情慷慨、善于交际、关心他人等。

专业自我是教师个体对自己所从事科学教学工作的接纳和肯定的心理倾向,这种倾向将显著地影响教师的教学行为和教学效果。它主要包括自我意象、自我尊重、工作动机、工作满意感、任务知觉、未来前景等。

专业态度的外在表现即师德。师德是深厚的知识修养和良好的文化品位的体现。育人的根本在于立德,教师的思想政治素质和师德师风直接关系到人才的培养质量,关系到国家的前途命运,关系到人类文明的传递。

(二) 专业知识

教师作为专业人员,首先必须具有从事教育教学所必备的知识。普通文化知识、所教学科知识、教育学科知识是教师知识的三大基石。科学教师的知识结构自然也包括以上三方面,但因为科学课程内容的高度综合性,科学教师的知识素养有以下几个关键方面:

1. 广博的文化知识

科学教师除了要具备科学学科知识,还要具备丰富的社会科学、人文科学和艺术、语言等多方面的知识,这样才能使教学丰富多彩,为学生提供获取多方面知识的机会,有效地激发学生对科学的求知欲望和学习兴趣,促进学生科学素养的全面提高。特别是与科学相关的知识,如科学发展的历史、科学发展的趋势等,能有效增强学生的精神力量和创造意识。同时,丰富的数学、文学、美学、社会学知识也有助于教师培养学生的科学素养和人文素养。

2. 整合的专业知识

一名合格的科学教师,首先应是一个学者,是所教学科的专家,不仅要精通有关科学的事实、概念、原理、理论等,更重要的是还要形成一个打破物理、化学、生物、地理等学科界限的知识网络。教师只有准确把握科学知识的体系,把科学课程与其他学科课程有机地结合起来,才能通观全局地处理教材,才能花更多的精力去设计教学,使教学融会贯通、得心应手,从而在课堂上更多地关注学生和整个教学的状态。

3. 全面的科学教育学知识

在舒尔曼的教师专业知识分类中,与课程内容直接相关的知识有两类,一类是学科知识,另一类是学科教学知识。后者是区分教师和一般知识分子的一种知识体系。它是指教师在面对特定的学科主题或问题时,如何针对学生的个性特质,将学科知识组织、调整与呈现,以进行有效教学的知识。科学教师必须既是"科学家",又是"教育家",不但要懂科学,而且要把科学知识"教育学化"和"心理学化"。

(三) 专业能力

知识是教师教学的基础,技能和能力是教师教学的关键。专业能力是教师顺利完成复杂的教学活动所需要的教学技能和能力的结合,主要包括教学设计能力、教学组织与实施能力、教学评价与反思能力以及科学实验能力等。

1. 教学设计能力

教学设计能力主要是指能依据科学课程标准,设计出合理的教学计划和教学方案。科学课程内容的综合性和弹性很强,教材的灵活度也更高,加之科学课程在教学方式与方法方面强调探究式学习、小组合作学习等,这就对教师的教学设计能力提出了更高的要求,但同时也扩大了教师发挥创造性的空间。

2. 教学组织与实施能力

在科学课堂中学生参与教学活动的机会比较多,这降低了教学过程的可预见性,也就要求教师要有较强的教学组织能力,即能根据课堂实际情况控制教学情境,有效实施所设计的教学计划。科学教师要逐步形成运用各种教学技巧和教学机智的能力,学会在教学中审时度势、因势利导,善于把教学中发生的未能预见到的情况和问题变成教育教学的内容,这正是教师教学艺术性和创造性的体现。

3. 教学评价与反思能力

教学评价是教育教学过程中必不可少的组成部分,它以确定的教学目标为标准,不断为改善教与学提供反馈,不仅能促进学生的发展,也能让教师不断反思自身的专业素养和教学水平,并寻找专业发展的方向。评价贯穿教学的整个过程,科学教师课前可进行准备性评价以了解学生现有的水平;课中要对学生的反应作出恰当的、积极的评价;课后要对教学目标、教学过程等适时进行反思与总结,并根据反馈的信息及时改进教学,有效地发挥评价与反思在教育教学活动中的作用。

4. 科学实验能力

教师的实验教学能力包括实验设计能力、实验教学组织能力、仪器和设备的选用能力、仪器和设备的操作能力、实验指导能力、指导撰写实验报告的能力等。由于科学课程中有关物理、化学、生物、地理等学科的内容都涉及实验,因此科学实验能力是科学教师特别重要的专业能力。科学教师应该不仅能做某一学科的实验,而且能做多个学科的实验;不仅会做课堂和实验室的实验,还能指导学生的课外实践;不仅能做课本上列出的实验,而且能设计新实验。

三、小学科学教师的专业发展

教师专业发展指的是教师个体内在专业特性不断提升的过程,也就是教师在整个教育专业生涯中,以教师自觉意识为动力,通过终身专业训练,积累实践经验,学习理论知识,提高专业能力,表现专业情意,从而实现自主发展,逐步成为一个充满教育智慧的、优秀的专业工作者的过程。

(一)教师专业发展的阶段理论

教师专业发展是一个长期的、动态的过程,其中包括不同的发展阶段。教师在专业发展过程中会面对各种各样的困难和挫折,了解教师专业发展阶段有助于教师明确自身的能力基础,明确专业发展目标和方向,合理规划职业生涯。有关教师专业发展阶段的理论主要有职业生命周期阶段论、心理发展阶段论、教师社会化发展阶段论、关注阶段论、综合阶段论和自我更新取向阶段论等。

1. 职业生命周期阶段论

职业生命周期阶段论以生命自然的老化过程与周期来看待教师的职业发展过程与周期,其阶段的划分以生命变化周期为标准。其中,较具特色的是费斯勒的教师职业周期动态模式。他将教师的职业周期放在个人环境和组织环境之中来考察,认为教师的职业发展不是静态、线性的,而是动态、灵活的。基于此,费斯勒把教师职业周期划分为职前阶段、入职阶段、形成能力阶段、热心和成长阶段、职业受挫阶段、稳定和停滞阶段、职业低落阶段和职业退出阶段。除此以外,伯顿、休伯曼等学者也进行了相关研究。

2. 心理发展阶段论

心理发展阶段论把教师当作成年学习者来看待,其主要理论基础是认知发展理论、概念发展理论、道德判断理论、自我发展理论等。代表学者有利思伍德。利思伍德把教师的专业发展分为四个阶段:第一阶段的教师的世界观非常简单,坚持原则,相信权威;第二阶段的教师易于接受他人的想法,主要表现出墨守成规的特点;第三阶段的教师具有较强的自我意识,能够意识到某些情境下的多种可能性;第四阶段的教师较有主见,尊重课堂,能从多个角度分析遇到的课堂情境。

3. 教师社会化发展阶段论

教师社会化发展阶段论从教师作为社会人的角度,考察个体成为一名专业教师的变化过程。该理论聚焦于个人的需要、能力、意向与学校之间的相互作用。莱西把实习教师的专业化过程分为蜜月阶段、寻找教学资料和教学方法阶段、危机阶段和设法应付过去或失败阶段。吴康宁提出教师专业社会化发展包括两个阶段:一是预期专业社会化阶段,个体为适应将要承担的专业角色而进行的准备性个体社会化,指师范生接受专门的教师教育;二是继续专业社会化阶段,指个体在承担某种职业角色之后,为了更好地扮演角色而进行的社会化,包括教师工作实践及各种进修学习。教师专业社会化是作为未来教师且带有自身经历的个人通过一定年限的师范教育训练及长期在职进修而不断地获得教师角色的过程。

4. 关注阶段论

富勒等人提出了教师关注的四阶段模式:第一阶段为任教前关注阶段,该阶段的教师仅关注自己;第二阶段为早期求生阶段,教师主要关注的是自我胜任力和如何在工作中"生存"下来;第三阶段为关注教学情境阶段,处于这一阶段的教师主要关心的是在当前教学情境中如何完成教学任务,如何掌握相应的教学技能;第四阶段是关注学生阶段,教师开始关注学生的需求以及如何更好地促进学生的发展。

5. 综合阶段论

为了突出教师专业发展是一个综合、复杂的过程,并为今后的研究提供更合理的理论框架,利思伍德在已有阶段理论的基础上,指出教师专业发展是一个多维度发展的过程,包括专业发展、心理发展和职业周期发展三个维度,这三个维度既相互独立,又相互依赖。此外,贝尔和格里布里特提出了教师专业发展的演进模式。在该模式中,他们没有再使用"阶段"一词,而是给出了教师专业发展中所遇到的三种情境,分别是确认与渴望变革、重新建构、获得能力。

6. 自我更新取向阶段论

叶澜指出教师的专业发展即教师内在结构的变化过程,她从自我更新的角度,将教师发展划分为五个阶段。

第一阶段为非关注阶段,是指正式进入教师教育之前的阶段,该阶段的主体是有从教意向者。第二阶段是虚拟关注阶段,主体为师范生,此时他们的专业发展意识较为淡薄,但经过实习期后,他们的专业发展意识可能会在一定程度上被唤醒。第三阶段为生存关注阶段,突出特点是"骤变与适应",初任教师面临来自生活和专业两方面的压力。第四阶段为任务关注阶段,在满足一定条件的情况下,教师将关注焦点逐渐由自我生存转移到自我发展,进入稳定的、持续发展的时期。第五阶段为自我更新关注阶段,该阶段的教师充满自信,比较从容,认识到学生是学习的中心,能对问题予以整体、全面的考虑,并有意识地进行自我规划。

(二) 教师专业发展的途径

随着科学教师对自身发展要求的提高,越来越多的教师主动参加各类专业培训来提升自己的知识素养和能力水平。当代教师的专业发展途径有增强职业认同、强化教学实践、加强科学研究、积极参与培训等。

1. 增强职业认同

对每一位小学科学教师而言,只有不断取得新的发展,才能适应以核心素养为本的小学科学教育。教师只有具备专业发展意识,从内心认同科学教师这一职业,才能主动、自觉地对自身的专业发展负责,积极地寻求发展机会,从外界要求自身进行专业发展转变到自愿、自觉进行专业发展。

小学科学教师只有认同自身的职业价值,才能不断地提高发展意识,重视自身的专业发展规划。小学科学教师也要不间断地进行学习和思考,树立终身学习的理念,督促自己走在教育改革的前沿,并且要对目前的发展状况进行合理的分析,明确自身存在的问题以及改进的途径与措施。教师还要设置一个长期专业发展目标,再将其分成一个个小目标,以此分阶段完成目标,这样也便于自身不断修正发展方向,对发展的进度进行及时监控与定位。

2. 强化教学实践

教学实践是小学科学教师专业发展的重要途径。小学科学教师要立足学生核心素养的发展,在教育教学实践中不断提高思想认识,关注学生需求,创新教学方法,坚持教学反思,以此不断提升自己的专业素养。具体来说,教师要认真学习党的二十大精神,将习近平总书记关于教育的重要论述作为教育教学的重要指引,主动学习党和国家最新的科学教育政策,深刻领悟当前国家、社会对科学教育的新要求,努力将其融入自己的教育教学中;教师要通过现场观摩或观看视频的方式,学习小学科学名师的教学理念和教学思路,并结合自身的教学风格、学生的学习情况,有针对性地调整、改进,以此提高自身的教学质量;教师要经常阅读高质量的书籍、期刊论文,掌握国内外最新的科学教育理念与科学教育方法,更新自身的科学知识结构,并敢于尝试,将这些新鲜事物运用到自己的教学中;教师要在理论学习和教学实践中不断反思自己的教学,通过学、思、行一体化的行动获得自身专业素质的发展。

小学科学教师在实施课程教学时,要有激发学生学习动机,加强其探究实践的意识;要设计学生喜闻乐见的科学活动,创设愉快的教学氛围,保护学生的好奇心,激发学生学习科学的内在动机;要突出学生的主体地位,利用学校、家庭、社区的各种资源,创设良好的学习情境,设计适宜的探究问题,引发学生的认知冲突,激发其积极思维。教师要倡导以探究和实践为主的多样化学习方式,让学生主动参与、动手动脑、积极体验,经历科学探究以及技术与工程实践的过程;要重视师生互动和生生互动,引导学生对所学知识和方法进行总结、反思、应用和迁移,促进学生自主学习和合作学习。教师在教学精进中不断提升自我。

3. 加强科学研究

在教师专业成长的过程中,参与教育科学研究也是一个重要部分,教师不仅是教育实践者,还应成为教育研究者。小学科学教育教学研究是小学科学教育工作者发现问题和解决问题的活动,其起点是教育教学问题,是按一定步骤进行的一种系统的科学探索,包括探索小学科学教学的规律,丰富、完善和发展小学科学教学理论,并用以指导小学科学教学实践。教师在参与教育科学研究的过程中,能学会如何进行自我反思,如何收集与利用各种研究素材与资源,如何将材料进行分类、归纳和整理,如何将已有理论纳入教育教学实践之中,等等。在中小学,教师参与研究已经制度化为校本教研,其基本类型是行动研究。

4. 积极参与培训

教师的专业发展是一个终身学习的过程,不仅包括教师个体的自主学习,也包括教师之间的合作互动。针对教师素质提升的培训能为教师的专业发展不断续航。在教师的学习和实践共同体中,新手教师能够观察和模仿专家教师解决问题的方法和思路,并将其逐步内化为自身的教育智慧,从而实现专业成长。成熟教师也能在经验交流、对话和分享活动中不断反思教学实践,更新自身的教育理念。教师参与的培训主要有校本培训和在专业发展学校学习两种。

校本培训针对传统院校培训的弊端而产生,它是指由学校和教师共同发起和组织,以学校教育教学发展和改革所面临的各种实际问题为中心,充分利用校内外的各种资源,促进教师在教、学、研一体化中主动参与,有效实现教师专业发展的培训活动。校本培训这一发展途径,促使师资培训更加科学、有效,不仅有助于作为一个"教师"的人的发展,也有助于作为一个"人"的教师的发展。[①]

通过专业发展学校,教师可以在与大学教师、实习教师的交流过程中获得新的教育理念,这促使他们不断进行自我反思、自我批判,从而成为反思型实践者。专

[①] 刘要悟,程天君. 校本教师培训的合理性追究[J]. 教育研究,2004(6):77-83.

业发展学校的功能包括促进教师职前培养、在职教师发展、教育教学行动研究、学生学习以及社区改良等。

（三）教师专业发展的影响因素

影响教师专业发展的因素有很多，主要可以分为社会因素、学校因素和个人因素三方面。

1. 社会因素

专业生涯是一个人的专业生命历程或专业生活史，这表明教师专业发展也是一个专业社会化的过程，必然会受到各种社会因素的影响。其中，社会地位与职业吸引力是较为重要的影响因素。当教师的职业声望与社会期望高于实际社会地位时，教师容易产生焦虑情绪，对自身价值产生怀疑和否定，进而产生职业倦怠，不利于自身的专业发展。除此之外，教师管理制度同样会影响教师的专业发展，它是教师专业发展的制度保障体系。完备的教师管理制度能有效促进教师素质和教育质量的不断提高。

2. 学校因素

学校是教师从事教育教学活动的主要场所，同时也是教师专业生活的环境，因此，学校的制度、文化、物质设备等要素将不可避免地对教师的专业发展产生影响。为了更好地提升教师的知识素养和能力水平，学校可以加强三个方面：一是校长的引领，二是合作性教师文化的激励，三是民主管理制度的保障。

3. 个人因素

个人因素包含影响教师专业发展的内部因素，比如教师专业结构中的教育信念、知识结构、能力素养、从业动机与态度以及专业发展需要与意识等。教育信念是精神领袖；知识结构是专业发展的基础与保障；能力素养是核心内涵；从业动机与态度充当着个人资源组织者和职业劳动管理器的角色；专业发展需要与意识则是专业自我定位器。这些结构要素不是彼此孤立的，而是相互依赖、相互制约、相互影响的，并且在教师的专业成长过程中是动态变化的。[1]

思维发散

1. 结合教师发展阶段理论，思考如何将个人的专业发展融入小学科学教学工作中。

2. 从教师自身和外部环境两方面谈一谈如何提升小学科学教师的专业素养。

---

[1] 刘洁. 试析影响教师专业发展的基本因素[J]. 东北师大学报，2004(6)：15-22.

第二节　小学科学课程资源

课程资源含义丰富,我们可以从广义和狭义两方面去理解。广义的课程资源指有利于实现课程目标的各种因素,狭义的课程资源仅指构成教学内容的各种因素。这里我们从广义角度来看,小学科学课程资源是小学科学课程设计、编制、实施和评价等整个发展过程中可利用的一切人力、物力及自然资源的总和;它包括科学教师、科学教材、科学实验室以及其他广泛存在于学校、家庭、社区和大自然中的有利于实现科学课程目标,促进科学教师专业成长和学生全面发展的各种资源;它既是知识、信息和经验的载体,又是小学科学课程实施的媒介。小学科学课程资源具有广阔性、探究性、亲和性、综合性和开放性等特征。对小学科学课程资源概念的准确把握是开发与利用小学科学课程资源的前提,也是教师开发与利用课程资源的必要条件。合理开发与利用课程资源对培养学生的科学探究意识,发展学生的科学素养,增加学生的自然科学知识具有重要作用。

学 习 活 动

与小组成员讨论:如何合理开发与利用各种科学课程资源?

一、小学科学课程资源的利用

在我国,课程资源研究是随着课程改革的推进而展开的,目前已成为课程理论研究的一个重要领域。按照不同的划分标准,课程资源可分为素材性资源和条件性资源,或者思想资源、知识资源、人力资源和物力资源等。本书根据资源来源的不同,将课程资源分为校内课程资源和校外课程资源。下面重点介绍这两种资源的利用。

(一) 校内课程资源的利用

l. 创造性使用教材

小学科学教材是教师指导学生学习科学的一切教学材料,它包括科学教科书、讲义、讲授提纲、教学参考书和音像材料等,这里所讲的教材主要是指科学教科书(即科学课本),它是由课程专家、学科专家和优秀科学教师共同编写的、系统反映科学学科内容的教学用书,是体现科学课程理念、课程目标及价值取向的现实文本。小学科学教材作为科学教学活动的依据和凭借,是公认的最核心的小学科学课程资源。教师必须依据教材组织与实施科学教学,学生必须凭借教材开展科学学习。

在小学科学课程资源的开发与利用中,小学科学教材的开发与利用举足轻重。创造性地使用小学科学教材是每一位科学教师必备的技能。创造性地使用教材是指用好教材、超出教材,走进教材再走出教材,开发校本教材,等等,不是生搬硬套地"教教材"。灵活地、创造性地、个性化地"用教材教",是一线科学教师开发与利用教材资源的根本所在。教师"用教材教",就是要把握尊重和创新的基本原则,要以教材为圆心,向外延伸,不止于教材,不局限于教材。

2. 加强校园科学文化建设

校园文化在课程改革中越来越受到人们的重视,营造校园科学文化氛围是科学课程资源开发与利用的重要一环。校园科学文化资源包括校园科学环境文化、科学设施文化和科学活动文化等内容。校园科学文化建设具体表现在校园科学环境布置,校园绿化建设,科学教室与校园图书馆、自制教具室、科学实验室和科学场馆等设施建设,以及校园科学活动开展等诸方面。例如,学校可以在校园内开辟一个小型的饲养场,养殖一些鸡、鸭等动物,或者在校园里种植苜蓿草、凤仙花、三叶草等,给学生提供观察和研究动植物的机会。将科学教材中的内容转化为学生的亲眼所见,要比单纯依靠书本的教学重要得多,真切得多。学生亲历了知识的建构过程,并形成了较强的学习能力,科学教学的目的就达到了。

(二) 校外课程资源的利用

1. 定期组织学生进行科学参观

校外课程资源十分丰富,如文化宫、科技馆、博物馆、展览馆、动植物园等,都是重要的校外课程资源。小学科学教师应注意开发与利用校外课程资源。例如,在教授"生物多样性"时,教师可以向学校申请,带领学生前往附近的动植物园进行参观,使学生认识更多种类的动物和植物,并感受动植物园的微环境、微气候,这样不仅能使学生学到科学知识,还能提升学生的环保意识。又如,在教授"岩石与矿物"时,教师可以组织学生在学校周边寻找不同的岩石,并将找到的岩石与书中的岩石或实验室样本进行对照,以此了解岩石的类型,这种亲身实践过程能提升学习效果。

2. 与学校周边的科研院所、企事业单位建立联系

学校周边的科研机构、高等院校、工矿企业、农场等都是科学教育中实实在在的课程资源,学校可以与这些单位合作,建立有效的课程资源运作机制,包括:建设一批校外科学教育基地,开展一些现场科技教学活动;聘请科技人员和某一领域的专家担任学校科技活动的指导教师;邀请科技专家给学生做科普讲座;等等。这样就为学生将科学学习与生活实际联系在一起创造了条件。

乡村的小学也可利用自身的地理优势,与一些农业生产户、蔬菜种植户、动物养殖户建立联系,建立学校的科技实践基地,聘请农户作为校外辅导员。通过这种

方式,小学生可以学习小麦与水稻等主要农作物从育种到播种、施肥、灌溉、害虫防治、收割、加工及保存等各环节的农业生产知识;可以学习种蚕豆、油菜、蘑菇等蔬菜,观察蔬菜的生长情况,了解它们不同的生长习性和生长条件;还可以学习奶牛、山羊、鸡、鹅、鸭的饲养常识。这样增强了书本知识与社会生活、生产实际的联系,有助于培养小学生的科学实践能力,提高小学生学习科学的兴趣,使他们体会到劳动的辛勤与收获的乐趣,形成热爱家乡、热爱生活、珍惜劳动成果的积极情感。

3. 引导学生家长利用家庭资源进行科学教育

家庭中蕴藏的科学课程资源是极为丰富的,如家庭成员的生活经验、职业经历、爱好与特长等都是宝贵的资源。此外,家庭中的食品、家用电器、生活用品、报刊和书籍、家庭饲养的动物或种植的植物,甚至是家务活动都可纳入课程资源范畴。小学科学教师可以指导家长对家庭中的科学课程资源进行开发与利用。例如,在洗涤衣物时,家长可带着孩子一起开展洗涤用品的品种、去污能力、去污原理以及对环境的影响等方面的探究;在储存食物时,家长可与孩子进行蔬菜如何保鲜、冰箱里的食物如何摆放等的探讨,甚至可以开展面包霉变方面的小实验;在烹制菜肴时,家长可引导孩子进行营养与卫生方面的研究;在学习"物质的变化"时,教师可以请家长在课后时间,运用家庭中现有的材料,为学生演示小苏打和白醋混合后的变化,向学生展示生锈的铁,等等;或是在学习使用螺丝刀等工具时,请家长在课后对学生进行示范与指导。这样既弥补了学校课程资源的不足,又能使学生获得一对一的家长监护,充分保证了学生学习过程的安全。

二、小学科学课程资源的开发

科学课程资源具有多样性。合理开发丰富的课程资源能促进学生科学素养的发展。

(一) 小学科学课程资源开发的原则[①]

1. 多元主体原则

在新课程理念下,小学科学课程的学习不仅仅只是对书本知识的接受,更多的是对知识进行加工、改造和建构。小学科学课程要使学生在获得知识与技能的同时,形成各种经验、发展能力和建构价值。可以说,课程改革是一项系统工程,需要全社会的支持与帮助,所以课程资源的开发与利用也应该"人人参与",以做到"开发课程资源,人人有责"——教育部门、课程专家、学校、教师、学生、家长、社区等都享有开发的权利。学校要调动各方面的积极因素参与课程资源的开发,形成小

---

① 余虹.小学科学课程资源开发利用策略[J].教学与管理,2008(3):59-60.

学科学课程资源开发与利用多主体的有机融合,保证对课程资源的充分发掘。

2. 效益性原则

课程资源的开发是为了课程有效促进学生的全面发展。在小学科学课程中,学生需要学习很多东西,而教师与学生的时间和精力都是有限的,因此,在开发和利用小学科学课程资源时,各主体应在充分考虑成本的前提下,尽可能用最少的时间和精力,达到最佳的效果。

3. 针对性原则

小学科学课程资源的开发要因地制宜。由于不同地区的地理特点、文化等存在差异,因此因地制宜开发出的课程资源不仅能保持地域的独特性,同时还能引导学生学会理解和尊重自己所在地域的文化。所以,在开发与利用课程资源时,相关人员更应考虑本地区、本民族的文化特点,并注意时间、空间、人力、物力上的现实可行性。

4. 适度性原则

小学科学课程资源开发与其他学科的课程资源开发一样,要避免"走过场""求结果"等做法,要考虑开发的广度与适度。因此,在小学科学课程资源的开发与利用过程中,教师既要考虑挖掘的对象、提取的内容以及内容应涉及的范围和表现的方式等问题,也要考虑小学生的认知能力,选择适合小学科学教学的课程资源进行开发与利用。

(二) 小学科学课程资源开发的途径

1. 利用学生身边常见的事物

许多人对学校科学课程资源有一种片面的认识,他们认为学校科学课程资源就是教材等书籍。这些书籍的确是重要的科学课程资源,但它们绝不是唯一的科学课程资源。事实上,学校内的课程资源很多,除了教材以外,还包括教师、教育管理者、学校图书馆、网络中心、实验室、仪器设备、生物角、生态园、科技园地,甚至花草树木等。还有许多人认为科学课程资源是一个神秘和抽象的概念,其实恰恰相反,它是非常具体和鲜活的。科学课程资源往往就是学生身边的一些常见的事物,而这些常见的事物往往会给学生具体形象的感觉,也容易令学生产生亲切感,多种多样、具体鲜活的资源还易于激发学生的兴趣和科学探究的欲望。

例如,身边的花草树木便可以作为帮助学生认识生命世界的课程资源,它们蕴藏着丰富的、值得学生探究的内容。以一棵小树为例,教师可以引导学生在仔细观察的基础上提出许多问题,如:这是一棵什么树? 它的生长需要哪些条件? 这种树到了秋天会落叶吗? 为什么有些树到了秋天会落叶? 水分在树内是怎样运输的? 树是怎样吸收养分的? 如何证明它进行了光合作用? 哪些昆虫会对它的生长造成危害? 如何防止这种昆虫对它的侵害? 如果没有阳光,小树能活下去吗? 能活多久？它与我们人类有什么样的关系？等等。学生可以通过实地调查、查找资料、开展探究性实验等方式寻求问题的答案，这样学生对生命世界多样性的理解、对生物生命周期以及生物基本需要的理解都会有新的认识，学生的科学意识与科学能力也会得到有效提高。

2. 利用已有的图书资源、实验室资源

在校园当中，教材以及其他各种各样的图书资料是最为常见的课程资源。许多学校都建有图书馆，图书馆中的各类藏书、报刊也是宝贵的课程资源。此外，许多家长也会为孩子购买不同种类的科普读物。这些读物对于学生来说是不可忽视的精神财富。为了充分利用分布于各个学生家庭中的图书资源，教师可以以班级为单位，建立班级图书馆。教师可以对每位学生家中的科普读物进行调查，然后对它们进行整理分类，按顺序将这些读物登记在册。有了这样的小册子，每位学生便可以根据自己的需要与兴趣爱好向拥有相应图书的同学借阅。这样不仅可以使图书资料得到最大程度的利用，而且可以培养学生团结友好、相互帮助、爱护图书的可贵品质。同时，学生的交往能力、自我管理能力也得到了有效的锻炼。

科学探究能力十分重要，学生通过动手动脑、亲身实践，在感知、体验的基础上内化形成这种能力。因此，充分利用学校里的仪器设备、实验室等十分重要，而仪器设备、实验室也是课程资源的重要组成部分。学校科学实验室应定期对学生开放，学生只要有需要就可进入其中进行实验，以完成他们的科学探究。实验室的建设不仅要注重向学生提供科学探究的场所和工具，还要充分支持学生的探究性学习活动；不应盲目地配备先进的科学仪器，而是要通过合理的配置和使用，让现有的设备发挥最大的作用。教师也应根据课程需要，科学设置实验探究活动，让学生有充分的自己动手、自主探究的机会。

3. 立足学校独特的地理环境与自然资源

每个学校都有自己独特的地理环境与自然资源。学校可以充分利用校内土地或学校的自然环境开辟科技园地、饲养园地等科学教育基地，如让教师与学生共同建设生态园、生态馆，这对学生的科学学习大有帮助。地处城乡接合部的小学，师生可以一起动手，开动脑筋，充分利用当地的动植物资源，采集标本，自主设计与建设蝴蝶馆、植物馆、鸟类馆、生态馆等室内主题场馆；还可以建设一个生长着大量植物，生活着鱼虫花鸟，并点缀着亭台、池塘的室外生态园。这些场馆或生态园的建设不仅能锻炼学生的意志品质，培养他们的团队精神，而且还可以为科学教育提供大量鲜活、生动的素材。

三、小学科学课程资源开发与利用的一般步骤

开发与利用各类课程资源有多种多样的途径与方法，但在实际开发与利用的

过程中,教师应根据实际情况灵活选取途径与方法。此外,课程资源的开发与利用也不必非得按照一定的程序,按部就班地进行。这里提供的小学科学课程资源开发与利用的一般步骤,仅仅是为教师提供一个基本的思路。

(一) 普查

结合小学科学的教学需要对周围潜在的科学课程资源进行普查,是小学科学课程资源开发与利用的基础。教师只有清楚地掌握科学课程资源的藏量、存在状态与利用条件,才有可能结合本地区、本学校学生的实际情况,对科学课程资源加以有效、适时的利用。

对课程资源的普查,可以围绕课程资源的组成要素展开,即围绕人力资源、物质资源、知识资源、经验资源等要素展开;也可依据课程资源存在的空间展开,如对学校、家庭、社区等不同范围内存在的课程资源分别进行普查。在进行普查的过程中,教师有必要建立科学课程资源档案。

(二) 筛选

并非所有的资源都是课程资源,只有那些能够真正进入课程领域、能对课程发展发挥作用的资源才称得上是课程资源。课程资源要经过一定的筛选才能最终确定。对课程资源的筛选至少要经过三个"筛子",这三个"筛子"便是教育哲学、学习理论和教学理论。这表明小学科学课程资源要有利于培养小学生的科学素养,符合小学生身心发展的特点,能满足小学生的兴趣爱好和发展需求,同时也要与教师的教育教学水平相适应。此外,教师在选择科学课程资源时,还应重点关注贴近当地实际、学生熟悉、易于在科学教学过程中利用的课程资源。

(三) 积累

课程资源的缺失一直是科学教学面临的突出问题。科学教师应注重对科学课程资源的收集、整理和储备,包括一些科技图书、文字资料、图片、录音带、数码光盘以及网络上大量的信息化资源等,从而使科学课程资源不断丰富起来,以便在科学教学需要的时候为己所用。如有条件,教师最好能建立科学课程资源库。同时,教师应留意校园内外的花草树木、鱼鸟昆虫等动植物资源的情况,甚至可以种植一些植物或饲养一些动物,以满足科学教学的需要。学校进行科学教育实践基地建设便是一种有益的尝试。在教学器材的添置方面,科学教师应根据教学需要,有计划地进行这方面的储备。科学教师平时还可以收集一些低值或废弃的物品,如空饮料瓶、易拉罐等,这些物品在教师进行一些简单的科学实验时,往往可派上大用场。

（四）实际运用

科学课程资源开发与利用的最终环节是课程资源的实际运用。课程资源的利用效率不仅取决于课程资源的建设水平，更取决于教师的素质水平。即便课程资源近在眼前、触手可及，即便课程资源的建设水平很高，如果教师缺乏课程资源利用的意识，不具备课程资源利用的能力，那么所有课程建设方面的努力也会付诸东流。而一些高水平的教师则可以在课程资源极其紧缺的情况下，化腐朽为神奇，最大程度地发挥课程资源的价值。教师在利用科学课程资源的过程中，应结合实际教学情境、学生已有的知识经验背景与学习兴趣，设计相应的探究活动，以充分挖掘科学课程资源所蕴含的教育教学价值。

思维发散

1. 小学科学课程资源的基本内涵是什么？

2. 了解当前小学科学教师对线上课程资源的开发与利用情况，并针对不足之处提出具体可行的建议。

学习评价

请根据表 8-5，对本章学习情况进行评价（非常符合 =5 分，比较符合 =4 分，一般符合 =3 分，不太符合 =2 分，不符合 =1 分）。

表 8-5　学习评价表

学习本章内容后		非常符合	比较符合	一般符合	不太符合	不符合	综合得分
能阐述科学教师专业素质的主要内容	自评						
	互评						
	师评						
了解教师专业发展的阶段理论	自评						
	互评						
	师评						
能阐述小学科学课程资源的内涵	自评						
	互评						
	师评						
能概述科学课程资源开发的途径以及开发与利用的一般步骤	自评						
	互评						
	师评						

理解 · 分析 · 实训

1. 论述小学科学教师的专业发展路径。

2. 在小学科学教材中任择一课,尝试开发该节课的课程资源。

第九章
小学科学课程与教学评价

■ **学习目标**

1. 知道小学科学课程与教学评价的对象与常见类型。

2. 知道小学科学课程实施的评价内容与评价要点。

3. 能基于相关理论和方法,对小学科学教学的具体案例展开综合评价。

■ 知识地图

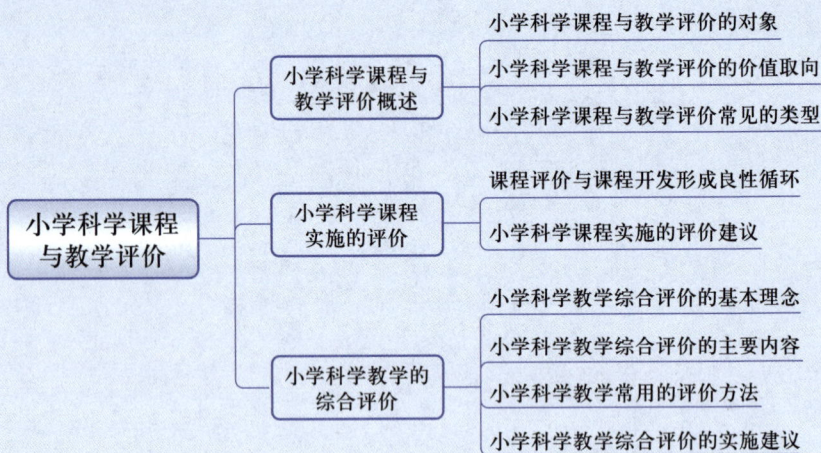

■ 关键问题

　　小学科学课程与教学评价的对象是什么？

　　小学科学课程与教学评价的价值取向是什么？

　　在小学科学课程与教学中，如何发挥评价的导向功能、诊断功能和教学改进功能？

■ 经验联结

下面是一名小学科学教师的教学随笔：

作为一名小学科学教师，在《科学课程标准》颁布之后，我深感构建素养导向的综合评价体系对于提升学生核心素养至关重要。课程标准倡导的评价方式不仅关注学生对科学观念的理解，而且重视探究实践能力、科学思维以及态度责任的发展。然而，在实际教学中，我逐渐发现，将这些理念转化为具体的评价策略是一个巨大的挑战。在日常教学实践中，我尝试着将课程标准中的理念融入课堂。比如，在探究活动中，我不仅评价学生对科学知识的掌握程度，还关注他们的问题解决能力、团队协作和创新思维。在这一过程中，我越来越意识到，传统的书面考试并不能完全覆盖这些方面。此外，如何在有限的课时内有效整合这些内容，确保评价的全面性和公正性，同时又不过度增加学生的负担，成为我深入思考的问题。

第一节　小学科学课程与教学评价概述

"评价"在英文中为 evaluation 或 assessment。在教育研究中,前者往往用于表示对教学项目、课程、方法以及某种教育干预措施的有效性进行判断;后者则表示对学生个体的学习情况进行判断。实际上,这种区分并不具有绝对性,研究者仍会将二者相互替代使用。

评价是一套用于判断某程序、策略、方案的有效性或质量的方法和技术,用以提升其实效,并为决策者提供有关其设计、开发和实施的反馈信息。一般认为,教育评价是以教育目标为依据,运用有效的评价技术和手段,对教育活动的过程和结果进行测定、分析和比较,并给予价值判断的过程。

一、小学科学课程与教学评价的对象

课程与教学评价是评价主体基于一定的目的,在某种教育观念或理念的影响下,根据课程与教学目标,采用合适的方法与手段,系统全面地收集、整理、分析课程与教学信息,并根据一定的评价标准对课程与教学设计、课程与教学活动的实施过程及结果等进行价值判断的活动。小学科学课程与教学评价则是指基于提升学生核心素养的目的,收集与对象相关的客观事实材料进行整理和分析,依据评价标准对小学科学课程与教学活动的过程及结果进行价值判断。

小学科学课程与教学评价的对象广泛且复杂,从广义上看是对课程与教学整体的评价,包括从小学科学课程设计到教学实施的整个过程,例如课程与教学设计、教学大纲、课程与教学系统以及学生学业成就等;从狭义上看,其评价对象可以是课程与教学中的某一环节、某一主体,例如教师、学生、教学活动以及教学成果等。课程评价的对象主要是课程的相关要素,教学评价的对象是学生的学习效果以及教师的教学工作,把课程与教学整体作为评价对象,主要是为了考查课程与教学系统中各有机组成部分的整体效果,以及外界环境在其中的作用。

二、小学科学课程与教学评价的价值取向

以往的课程与教学评价体系建立在传统教学价值观之下,而现代教育理论强调学生的主体性,课程与教学评价的价值取向也已发生质的变化。那么,小学科学课程与教学评价应当采取什么样的价值取向呢?

(一) 以人为本,注重发展

学生虽然是教育的对象,但首先是作为"人"而存在的,是发展中的主体。学

生是具有独立意义的个体,这是不以教师意志为转移的客观存在,教育活动应当把学生置于主体地位。传统的课程与教学评价更侧重终结性评价,注重学生基本知识和技能的获得,"唯分数论"倾向严重。但学生是发展中的人,具有巨大的发展潜能,评价不应只关注学生的考试分数,还应关注学生知识、思维、能力和情意的全面发展。教育者要以"以人为本"的教育价值观去看待小学科学课程与教学的评价,重视学生"人"的特质,将学生看作发展过程的客观存在,用发展的眼光去看待学生,尊重学生发展的本质特性和个体差异性,对学生进行过程性和发展性的评价。

《义务教育课程方案(2022年版)》明确指出:"更新教育评价观念。强化素养导向,注重对正确价值观、必备品格和关键能力的考查,开展综合素质评价。倡导评价促进学习的理念,注重提高学生自我评价、自我反思的能力,引导学生合理运用评价结果改进学习。严格遵守评价的伦理规范,尊重学生人格,保护学生自尊心。"这就明确了我国当前的课程与教学评价要关注评价对象的发展。因此,小学科学课程与教学评价强调"以人为本",着意于学生的发展,且这种发展不再局限于学生的某一方面,如科学知识、实验技能的发展,而是着眼于学生各方面素质的全面发展。

(二) 以学论教,以评促学

要理解小学科学课程与教学的价值意蕴,必须先明白教学与评价的关系:到底是为评价而教学,还是为教学而评价? 评价的功能到底是什么?

关注学生发展,"以学论教"是现代课堂教学评价的指导思想。教育的最终目的是实现学生的发展,换言之,学生的发展才是教学的重中之重,教学的重点内容应当以学生为中心来确定,教师要根据学生的学习需要来确定教学,评价者要根据学生的学习情况来评价教师的教学情况,即"以学论教"。

学生是学习的主体,这不仅体现在教学过程中,在评价过程中也应是如此。在传统教学中,学生一直是教学评价的对象,教师是评价者,这就忽略了学生的另一层身份,即学生也应是评价的主体。传统的评价活动由教师决定,包括评价内容、评价方式,甚至评价等级和评价结果皆由教师安排,学生的职责就是听从教师的安排,做好被评价的准备。在这种评价活动中,由于评价的主动权掌握在教师的手中,学生只能处于被动应付的地位,其参与评价的积极性很难被激发。新课程改革的推进使得课程与教学评价开始转型,从一开始的教师本位评价、为了评价而教学,转变为关注学生本身,根据学生发展需求确定教什么,依据教什么决定评什么,改变了以往课堂表现出的"以教为主,以学为辅"的教学评价倾向,建立了"以学论教,以评促学"的评价理念。

(三) 挖掘学科价值意蕴,提升核心素养

我们还可以从学科本质的角度来理解小学课程与教学评价的价值取向。《科学课程标准》明确提出:"科学课程要培养的学生核心素养,主要是指学生在学习科学课程的过程中,逐步形成的适应个人终身发展和社会发展所需要的正确价值观、必备品格和关键能力,是科学课程育人价值的集中体现,包括科学观念、科学思维、探究实践、态度责任等方面。"小学科学课堂教学就是培养学生核心素养的活动。基于课程标准提出的学业质量要求,小学科学课程与教学评价要注重以学生核心素养为导向的综合评价,根据学生评价结果了解学生学习过程中的表现及存在的问题,鉴定学生学习的成果和课程实施的质量,最终促进学生核心素养的发展。

> **学 习 活 动**
>
> 扫描二维码,根据材料思考:国际科学素养测评项目体现了什么样的评价取向?

国际科学素养
测评项目

三、小学科学课程与教学评价常见的类型

长期以来,教学评价的方式为测验与考试,这种评价方式过于突出评价的甄别与选拔功能,忽略了评价的激励功能和教育功能。因此,小学科学课程与教学评价类型应该多样化,以满足学生的发展需要。

(一) 按照实施评价的基本模式划分,有量化评价和质性评价

1. 量化评价

量化评价(quantitative evaluation)是力图把复杂的教育现象简化为数量,进而从对量化数据的分析与比较中推断某一评价对象所取得的成效的一类评价方法。量化评价方法的认识论基础是科学实证主义。科学实证主义认为,只有定量的研究、量化的数据才是科学的,才能得出客观可信的结论。在课程与教学评价领域,量化评价方法一直占据主导地位,因为量化评价得到的数据具有客观性,易于程序化和标准化,便于进行比较、甄别和鉴定。例如,学校组织统一考试,并进行考试成绩排名就是典型的量化评价,它可以相对客观地反映学生的学习状况。

2. 质性评价

质性评价(qualitative evaluation)是指以人文主义认识论为基础,通过文字、图片等描述手段,对评价对象的各种特质进行全面充分的揭示,以彰显其中的

意义，促进理解的教育评价活动。质性评价也被称为自然主义评价(naturalistic evaluation)。质性评价方法主要通过收集非量化的信息，并运用描述、解释的方法来分析信息，从而得出评价结论。质性评价收集的资料多以文字或图片为主，不追求将收集的信息转化为数字，即使进行数据分析也是为了解释或者描述某种现象。例如，学校对学生进行学习情况的问卷调查，教师通过与学生对话、访谈的方式了解学生的学习情况等，都属于质性评价的范畴。

在小学科学教学中，由于学习知识的结构性、学习情境的丰富性以及学生学习行为的复杂性和自主性，传统的量化评价方法往往难以全面反映学生的核心素养水平，因此，质性评价可作为小学科学教学评价方法的有效补充。相比量化评价，质性评价可以更全面、真实地记录学生的行为表现情况，通过记录、观察学生在学习过程中的行为表现、作品产出等，对学生的成长作出全面的描述，直观、具体地反映学生之间的差异和学生自身发展的历程。质性评价更加重视教学过程中的生成价值，强调评价的情境性，强调评价主体与客体的相互作用，重视评价中学生的整体性发展，更适合作为课外科学教育场景中的发展性评价。

在小学科学教学的过程中，教师可以通过口头评价、体态语言评价、多媒体评价等质性评价手段，对学生的学习表现进行快速、及时的反馈和激励，从而提升学生的学习热情和参与度。

知识链接

不同评价手段的应用

1. 口头评价

在某次以"探索昆虫世界"为主题的小学科学教学中，教师让学生提前上网了解关于昆虫的知识。有的学生利用网络资源和课外书，了解了自己感兴趣的内容，在学习过程中提出了很多独到的见解。这时，教师即时进行的积极评价，如"他真不错！课前做了充分的准备，自己学到了许多有趣的知识"，既是对被评价者的表扬与鼓励，也是对学生学习方法的指导，所有的学生均能感受到其中蕴含的意味——课前准备充分，学习表现会更出色，而且从课外资源中可以学到课堂上没有的知识。

2. 体态语言评价

某位学生的见解独到或作业完成得又快又好，教师不一定用语言去表扬他，可采用体态语言评价的方式表示肯定，如竖起大拇指、点头、脸上表现出赞许的神态等。而当某位学生注意不集中时，为了不影响课堂整体的教学气氛,教师可以一边讲课,一边很自然地走到这位学生身边,面带微笑,并用眼睛关切地看着他,巧妙地提醒他注意改正自己的不良行为。

3. 多媒体评价

教师可以根据教学内容的需要,运用多媒体技术设计一些辅助评价的课件。例如,当学生回答正确时,电脑屏幕上出现"回答正确,你很棒!";当他回答错误时,电脑屏幕上会显示"没关系,再试一次"。运用多媒体评价既可以向学生反馈评价信息,还可以提高学生的学习兴趣,增强学生学习的积极性,实现现代信息技术与教学的有效整合。

此外,教师可以通过观察记录的方式,对学生学习过程中的行为表现进行针对性的记录和整理,从而对学生作出质性评价。例如,在某一教学场景中,研究者经常预设一定的观察维度,通过跟踪计时、行为检核等,对学生的行为进行分析和研究。教师可以通过课堂观察记录,较好地描述学生的学习情况,呈现学生的成长过程。具体来说,教师根据学生在学习过程中各个阶段的任务确定一些评价项目,然后描述项目的具体内容和要求,并根据这些内容和要求对学生进行分项评定,评价结果可以采用等级划分或者简单描述等方式呈现。表9-1为某教师对学生科学探究表现的观察记录表。

表 9-1　学生科学探究表现的观察记录表

评价内容	学生表现	评价记录			
		优秀	好	一般	较差
探究精神	能客观公正地对待同学和事物				
	善于独立思考科学问题				
	对教师和同学的观点,敢于提出批评意见				
	在小组合作中,尊重同伴意见,乐于帮助对方				
	愿意将自己的工具和资料与他人分享				
探究态度	课堂上表现积极,主动参与				
	能主动、认真地做实验,喜欢小发明、小创造				
探究行为习惯	喜欢探索,对周围的事物感兴趣				
	求知欲强,喜欢看书,爱提出问题				
	有较强的自控能力,能将活动坚持到底				

续表

评价内容	学生表现	评价记录			
		优秀	好	一般	较差
探究方法与能力	搜集资料的能力（善于在课外搜集资料，有对科学信息、资料的摘记、观察记录）				
	观察能力（善于发现多数同学没发现的信息，观察事物细致、准确）				
	建立假设的能力（能对所研究的问题作出较合逻辑的假设）				
	实验能力（能根据假设设计简单的验证性实验；能通过实验检验假设的合理性；会在实验中控制变量）				
	表达能力（口头交流叙述流畅，文字交流文笔清晰，图示表达简洁明了）				
	实际操作能力（能采用简单的工具和设备收集数据，制作的作品、模型较科学）				

量化评价与质性评价具有不同的特点，分别适用于不同的评价目标和对象。量化评价适用于各类水平考试，数据可以直观地反映当前的教学水平和学生的学习现状。质性评价则适用于评价复杂的教育现象，有助于教师对一些教学问题进行反思和改进。二者各有自身的优势，也有一定的局限性，在小学科学课程与教学评价中，评价者需要将二者有效结合，从而全面、真实地反映评价对象的信息。

（二）按照实施评价的直接目的划分，有过程性评价与总结性评价

1. 过程性评价

过程性评价指在评价中注重学生在学习过程中的整体表现，通过即时观察记录、建立成长档案袋、进行学习过程中的行为分析等，收集有关学生学习过程的评价数据，避免通过总结性评价单一地去描述学生的学习成果，而是将学生的学习过程和学习结果统一起来，更加客观地评价学生的学习表现的一种评价方式。过程性评价不是对微观意义上的学习过程的评价，也不是只注重过程而不注重结果的评价，而是对课程实施意义上的学习动机、过程和效果的三位一体的评价。

2. 总结性评价

总结性评价是在教学活动告一段落后，为了解教学活动的最终效果而进行的评价。各类课程通常都是以考试的方式进行总结性评价的。考试涉及的知识点及

各自占比是由课程的教学目标决定的,其目的是检验学生是否达到了教学目标的要求。

(三) 按照实施评价的主体划分,有外部评价和内部评价

1. 外部评价

外部评价是指学校之外的组织或机构实施的评价。这类评价通常由区域教育行政部门主导实施,或由区域内或跨区域的学校联合体来主导实施,如统考、联考。这类评价通常在一个相对完整的教学阶段完成之后实施,无法在课程实施过程中持续地进行。并且,此类评价通常会涉及对学生、教师甚至学校的比较,且可能会附加某种对其非常重要的结果,因而多属于高利害的评价。

2. 内部评价

内部评价是由学校,主要是由教师针对学生实施的评价,也就是通常所说的课堂评价。在实践中,课堂评价的方式非常多样,包括学校统一开展的期中考试、期末考试,教师自己实施的单元测验、随堂小测验,以及布置的作业,甚至是日常对学生的观察或与学生的交流;它可以是在特定时间点占用专门的时间实施的比较正式的评价,也可以是镶嵌于教学过程或师生互动过程之中的、持续的非正式评价。一般而言,这类评价很少会附加对学生的显性的高利害后果。

在学校课程实施过程中,这两类评价所扮演的主要角色是存在差异的。一般而言,外部评价对学校课程实施过程产生着影响,是学校课程实施过程的重要影响因素,而课堂评价更多作为学校课程实施的手段。[①]

思维发散

1. 查阅文献,分析量化评价与质性评价的适用范围有何不同。
2. 开展调查,了解我国当前小学科学课程与教学评价的现状。

第二节　小学科学课程实施的评价

教育评价的基本功能之一在于对教学过程进行诊断和总结。在小学科学课程的实施中,通过评价检查课程实施的过程与效果,就是通过构建全面合理的评价机制,为小学科学课程的实施与决策提供依据。

---

① 王少非,崔允漷.试论评价对学校课程实施过程的影响[J].教育发展研究,2020,40(10):30-36.

一、课程评价与课程开发形成良性循环

教育活动一般都由目标、内容、方法以及具体的教育实践这几个因素构成。课程评价就是依据对这些活动的调查分析,揭示教育程序所具有的价值与效果,为课程开发提供有效的信息。

在早期的概念体系中,课程评价是课程设计的一个组成部分,这源于博比特和泰勒等人的观点。他们认为,课程编制的第一个关键步骤是课程目标的具体化、明确化,因而把评价看作对教育活动达成目标程度的描述。作为美国"八年研究"[①]的成果,泰勒概括出了课程编制的四个步骤,即:(1) 学校应该追求哪些教育目标?(2) 如何选择可能有助于达成这些教育目标的学习经验? (3) 如何组织学习经验才能使教学更有成效? (4) 评价学习活动多大程度达成了教育目标? 这四个步骤也被称为"泰勒原理"。

塔巴等人在泰勒原理的基础上,立足对社会与文化、学生与学习过程、知识的特点等的科学分析,提出课程构成的原则与方法,并进一步明确了课程编制的步骤或框架:(1) 诊断各种教育需要;(2) 确定目标;(3) 选择内容;(4) 组织内容;(5) 选择学习经验;(6) 学习经验的系统化;(7) 评价事项与方法的系统化;(8) 检查平衡性和顺序性。塔巴系统地把握了教育目标的确定、与目标对应的内容排列、实施结果与效果的测定以及评价等一系列课程编制的步骤,从而使评价的概念及方法更趋于精确化和结构化。

20 世纪 60 年代以后,在大规模的教育现代化进程中,课程编制逐渐成为一项由课程计划实施、评估以及修订组成的、具有连续性和开发性的工作。早先所用的"课程编制""课程设计"等,也被"课程开发"一词所替代,这标志着"课程"概念的扩展。与此同时,"课程评价"这一概念也有所延伸。例如,经合组织中的教育研究革新中心(CEARI)所持的观点就是:课程不仅是有意识、有计划地编制的教育内容,而且包括儿童从人际关系中学到的东西(隐性课程)以及与学习活动有关的一切方面的内容。这种观点强调,课程要一以贯之地、系统地把握教育过程中的目标、内容和方法;不仅要有国家一级开发的课程,而且要有扎根于学校、以学校为本位开发的课程,即后来被广泛接受的校本课程。这样,课程开发强调了课程概念的扩大和学校教师自编课程的积极作用,促进了课程开发系统的整顿与确立,课程评价的概念也不再局限于对既定目标达成程度的描述,而更多地强调为改进课程,即不断开发课程提供有效的信息。课程评价与课程开发形成一种开放的良性循环关系。[②]

---

① "八年研究"是 20 世纪 30 年代美国进步教育协会发起的一项著名的教育改革实验。

② 钟启泉. 课程设计基础[M]. 济南:山东教育出版社,2000:514-515.

二、小学科学课程实施的评价建议

评价课程实施过程,确定课程实施的程度主要有三个困难:首先,课程实施是一个多维度的结构;其次,课程实施的程度需要通过多种指标来反映,这要求评价者通过多种方法来收集数据;最后,由于数据的变异程度通常较小,课程实施测量工具的结构效度也难以检验。因此,在对课程实施进行评价时,重点要注意以下三点:

(一) 评价对象全面

学生是课程实施的直接对象,教师是课程实施的关键主体,学校管理者(一般指校长)则是影响课程实施的重要因素。因此,在课程实施评价中,三个评价对象缺一不可。课程实施评价不仅要关注学生的学习成绩,而且要关注学生素养与能力的发展。从教师角度进行评价,一般关注教师的个人因素(教学风格、个人性格、兴趣爱好等)以及环境因素(教学氛围、教育政策影响等)。管理者的管理风格与组织行为则是对学校管理者进行评价的两个主要切入点。

(二) 评价内容合理

"评什么"是课程实施评价的首要问题。一般而言,衡量课程的实施效果需要结合三个评价对象,设计一些直接或潜在观察指标。例如,评价者除了要关注学生的科学考试成绩之外,还应更多关注学生科学思维和实践能力的发展、教师教学行为(课上与课下)、学校组织规划与实施保障等方面。

(三) 评价方法多样

课程实施涉及的内容非常复杂,需要从多个指标来进行评价。针对不同的评价内容或指标,评价者需要使用不同的评价方法。例如,要测量学生科学知识学习情况,通常采用纸笔测验的方式;要了解学生对课程的认识和感受,需要进行问卷调查或访谈;要对教师课堂教学行为进行分析,就需要采用观察法;要分析、总结学校管理者的管理风格与组织行为,则需要综合使用问卷调查、访谈与观察等多种方法。因此,评价者应采用多样的评价方法,充分发挥评价的客观性、科学性和整体性。[1]

---

① 唐丽芳,尹弘飚.我国课程实施过程评价研究进展及走向[J].东北师大学报(哲学社会科学版),2007(2):129-133.

小学科学校本课程"植物生长观察"简要教学大纲

思维发散

　　课程实施涉及的内容非常复杂,请扫二维码查看具体案例,设计针对该案例的课程实施评价的具体维度或指标。

第三节　小学科学教学的综合评价

　　评价的根本目的在于促进学生的发展,评价要能促进学生核心素养的提升。《科学课程标准》明确强调评价主体多元和评价方法多样。评价主体多元即要"充分发挥学校、教师、学生等参与评价的积极性,综合利用各评价主体的评价结果,促进教与学方式的改变";评价方法多样是指"将定性评价和定量评价相结合,单项评价与整体评价相结合,纸笔测试与表现性评价相结合,综合利用各种方法,保证评价结果的准确性和有效性"。因此,小学科学教学评价应通过构建核心素养导向的综合评价体系,促进学生形成良好的科学态度和科学情感,掌握科学知识和科学原理,形成科学观念,通过科学探究和科学实践来解决问题、研究事物或现象,从而促进学生核心素养的整体提升。

一、小学科学教学综合评价的基本理念

　　小学科学教学评价的根本出发点是满足学生的发展需要,因此评价主体需要淡化评价原有的甄别和选拔功能,关注学生和教师的发展需要,激发其内在发展动力。那么,小学科学教学综合评价的基本理念有哪些呢?

(一) 核心素养导向

　　小学科学教学要培养学生的核心素养,为学生的终身发展奠定基础。因此,小学科学教学综合评价必须以核心素养为导向,从科学课程要培养的学生核心素养的四个维度出发,对学生进行全面、客观的评价,引导学生获得全面的发展和提升。

(二) 评价主体多元

　　教育评价从来就不只是教师的事。在小学科学各类教学评价活动中,学生、学生家长等都应是积极的参与者和合作者。因此,教学评价应以学生为中心,以开放、包容的评价理念,鼓励学生、教师和家长共同参与,充分发挥各主体的积极性和能动性,实现评价主体的多元化,帮助学生在自我评价、同伴评价、教师评价、家长评价以及社会评价中实现发展。

（三）评价过程一体

传统的评价方式往往将教学的各个过程割裂开来,针对某一过程或特质进行针对性的评价,这种评价方式虽能很好地诊断具体的评价对象,但在评价的综合性方面有所欠缺。要实现小学科学教学的综合评价,需要将各教学环节打通,综合利用评价过程中的各种评价结果,实现评价过程的一体化。

二、小学科学教学综合评价的主要内容

"评什么"是教育评价的核心。评价内容的选择决定了评价结果的范围,也决定了评价功能的导向。小学科学教学综合评价的内容主要包括学生核心素养发展和教师教学质量两个方面。

（一）学生核心素养发展

《科学课程标准》第五部分着重描述学业质量的内涵及其标准。课程标准指出,学业质量是学生在完成课程阶段性学习后的学业成就表现,反映核心素养要求。学业质量标准是以核心素养为主要维度,结合课程内容,对学生学业成就具体表现特征的整体刻画。因此,学生核心素养发展的评价应从核心素养各维度出发,参考学业质量标准中对科学观念、科学思维、探究实践、态度责任的具体刻画,考虑学生发展的阶段性,按照学习进阶的思想来进行。

1. 科学观念

《科学课程标准》在课程内容方面的亮点之一在于舍去了传统的四大领域(物质科学领域、生命科学领域、地球与宇宙科学领域、技术与工程领域),设置了 13 个学科核心概念与 4 个跨学科概念。全新的科学课程内容结构对学生科学知识的理解提出了新的要求,因此对科学观念的评价也应从传统的对识记知识点的考查转向对学生学科核心概念的理解和应用情况的诊断,换句话说,就是需要注重学生对自然和科学的认识以及对统一的科学概念的领会,而不仅停留在对具体知识的考核上,要将对科学知识的考查融合到科学探究与实践的真实情境中。

例如,对"制作岩石和矿物标本"的探究活动开展评价时,在考查学生是否掌握岩石和矿物的基础特征及分类这一基础知识之外,还需要评价学生对"地球系统"这一核心概念的理解程度。评价可以从学生记录制作岩石和矿物标本的过程、标本制作的科学性,以及学生对岩石和矿物标本的解释描述三个方面入手,通过教师评价、同伴互评、自我评价等方式给予学生评价分数或评价等级。

2. 科学思维

学生在科学课程学习中的思维活动是内隐的,难以被直接观察与测量,但信

息加工等内隐思维活动可以外显化表征出来,这为对思维活动的评价提供了渠道。《科学课程标准》明确指出科学思维主要包括模型建构、推理论证、创新思维等,因此科学思维的评价需围绕各组成要素,利用问卷调查、纸笔测验、课堂问答、自我评价或互评等方式进行。问卷调查一般参照课程标准及其他现有问卷进行开发。对于纸笔测验来讲,评价者需要综合运用各种试题编写策略,命制高质量的纸笔评价题目,从而更加有效地考查学生的科学思维水平。

3. 探究实践

随着国际科学教育研究由科学探究转向科学实践,科学实践的内涵逐渐明确和丰富,探究实践能力的培养成为小学科学教学的重要目标之一。探究实践不完全等于实验操作,它是一个由"尝试—错误—再尝试……得出结论"环节构成的反复求索活动,包含科学探究能力、技术与工程实践能力和自主学习能力。其中,科学探究能力评价的具体内容包括:发现和提出问题的能力,方案设计的能力,收集和处理信息资料的能力,基于证据的推理论证能力,对探究性学习过程与结果进行反思的能力,提出结论的能力和对结论进行进一步验证的能力,等等。[1] 技术与工程实践能力评价的具体内容包括:聚焦真实问题的能力,方案设计与项目实施能力,模型制作与验证能力和跨学科思想方法运用能力,等等。自主学习能力评价的具体内容包括学习目标确定能力,学习策略选择能力,学习过程监控能力,学习反思能力,等等。

当前,探究实践的评价方式主要是问卷调查、纸笔测验和计算机自适应试题。例如,美国国家教育进展评估(NAEP)项目中的"应用科学探究"主要强调科学探究的实践过程,其评估通过两种类型的纸笔测验进行,一种是要求学生"做"出具体的操作;另一种是对科学探究案例进行评论。

知 识 链 接

美国国家教育进展评估科学能力测试对学生探究实践能力的考查[2]

美国国家教育进展评估(NAEP)是美国目前唯一的、全国性的教育进展测评项目,其科学能力测试包含在自主评估的科学学科领域测试中。以下以其中一道小学科学测试题为例,对探究实践能力的评价进行说明。

珍妮有四个相同的容器,每个容器中有200克不同颜色的彩沙,沙粒尺寸基本相同,如图9-1所示。

---

① 袁维新.科学教学概论:建构主义观点[M].徐州:中国矿业大学出版社,2007:279.

② 丁格曼,张军朋.NAEP科学能力测试中POE项目集及基于POE策略的试题探讨[J].教育测量与评价,2016(6):17-23.

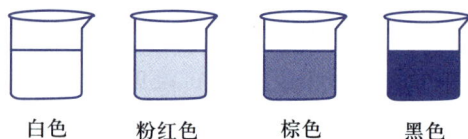

图 9-1   装有不同颜色彩沙的容器

一开始所有沙子的温度相同。珍妮将 4 个容器放在阳光下 3 小时,然后测量每个容器中沙子的温度,测量结果如表 9-2 所示。请解释:为什么每个容器中沙子的温度是不同的?

表 9-2   四个容器中沙子的温度

白色	粉红色	棕色	黑色
22℃	28℃	41℃	45℃

该题目属于美国国家教育进展评估中的建构反应题(constructed response, CR),测试对象为四年级学生。建构反应题主要在解释环节设置问题,要求学生对产生某一情境的原因或实验结果进行解释。该题目对温度与阳光的吸收和反射之间的关系进行考查。学生作出合理的解释建立于对题意的分析及对实验数据的观察分析上,该题综合考查学生的"图式知识"(knowing why)及"进行科学探究"的能力。

4. 态度责任

科学教育的目的不仅是向学生传授科学知识,更重要的是培养学生良好的科学态度,帮助学生正确认识科学的本质,激发学生的好奇心与求知欲,使学生具有社会责任感。《科学课程标准》中将态度责任定义为"在认识科学本质及规律,理解科学、技术、社会、环境之间关系的基础上,逐渐形成的科学态度与社会责任"。科学态度主要包括保持好奇心和探究热情,乐于探究和实践,严谨求实,不迷信权威,尊重他人的情感和态度,等等;社会责任则主要包括珍爱生命,热爱自然,对与科学技术相关的社会热点问题作出正确的价值判断,等等。从内涵来看,态度责任是科学态度与社会责任的有机融合,因此,评价者在对学生的态度责任进行评价时,应充分理解态度责任的评价要点,宜采用定性评价和定量评价、纸笔测试与表现性评价相结合的方式,从而实现态度责任评价结果的准确性和有效性。

具体而言,态度责任评价的方法多样。首先,可借鉴传统的心理测量技术,采用经典测量理论,开发调查问卷或纸笔测验工具,通过累积题目的原始得分来了解学生态度责任的水平和层次。其次,随着现代信息技术的发展,评价者可利用多种在线测评和行为测评工具,如运用声音、图像、视频等多媒体形式,开发在线测评系统或平台,通过数据驱动实现对学生态度责任的全面测评,从而提高学生态度责任测评的科学性、有效性和延续性。

(二) 教师教学质量

教师课堂教学是小学科学教育的关键环节。教师教学质量的高低直接影响学生的学业成就与学校的教育水平。精准评价教师的教学质量是提升小学科学教学水平的基础,也是当前教育研究的热点与难点。综合国内外研究成果与我国教学实际,小学科学教师教学质量评价可以从四个方面展开。

1. 教学准备

教学准备泛指教师在正式开展课堂教学之前,为完成教学内容、提升教学效果而做的系列工作,包括对学生学情的分析、教学目标的制订、教学活动的设计、教学资源的准备、教学评价的设计等。评价者可围绕上述各内容要点,设置评价指标与水平层次,制订教学准备评价标准。

2. 教学组织

教学组织的评价要点包括教师对教学形式的选择是否合理、课堂氛围的营造是否有利于教学的开展、课堂与学生是否井然有序等。首先,小学科学教学内容的丰富性使得教学形式呈现多样化的特点,例如讲授型教学、项目式教学、演示教学等,教师是否根据当前教学内容的特点选择合适的教学形式自然成为教学组织评价的要点之一。其次,课堂氛围是影响教学效果的重要因素,对课堂氛围营造情况的评价可通过捕捉师生之间、学生之间的互动行为,采用课堂观察、问卷调查、交流访谈等方式进行。最后,课堂秩序管理与学生行为管理是保证教学活动正常开展的前提与基础,对课堂秩序管理的评价可围绕教学小组的管理、教学形式转换的管理、教学材料发放的管理、班级秩序的管理、教学时长的管理等方面开展;对学生行为管理的评价可围绕教师对学生学习行为的引导以及回应学生错误行为两个方面进行。

3. 教学方法

教学方法指教师教的方法。常见的教学方法很多,但教师的教学方法必须具有针对性和可行性,这样才能有效地达到预期的目的,因此对教学方法的评价自然要落到教学方法的选择与使用上:教师是否基于教学目标、教学内容以及学生的学情选择了适合的教学方法？教师是否根据具体教学实际对教学方法进行了优化与调整？教师是否有效运用了教学方法？教师在应用各种教学方法的过程中,是否关注学生的参与度?

4. 教学反思

教学反思是实现教师自我发展的重要途径,也是指导教师未来教学的重要方法之一。因此,从提升教师教学质量的角度出发,对教学反思的评价应以指导教师未来教学运用为切入点,围绕教学反思的精准性、及时性和延续性展开。

三、小学科学教学常用的评价方法

《科学课程标准》强调评价方法多样。只有合理选择和使用评价方法才能满足综合评价的需要,提高评价的科学性和可操作性。小学科学教学常用的评价方法包括表现性评价、档案袋评价和概念图评价。

(一) 表现性评价

一般而言,表现性评价是评价主体出于一定的评价目的,要求评价对象在模拟的或真实的情境中,完成某种任务或一系列的任务,并根据一定的评价标准,对评价对象完成任务的过程和结果进行价值判断的一种评价方法。在小学科学教学中,表现性评价侧重评价学生的实际操作能力,且答案不存在对错之分,只存在程度之别(如合格或不合格),不提供备选答案,以便学生有充分作答的自由。表现性评价具有过程性和情境性,同时关注学生的表现过程和结果,但评价者个人的价值判断会使评价具有主观性。

(二) 档案袋评价

档案袋评价也叫成长记录袋评价,档案袋收集的是学生的作业或作品,包括学生的各种学习成果,例如考试试卷、随堂测验试卷、各种家庭作业、日志、论文、学生表演的录音、录像等。此外,档案袋还可以包括学生对自己作业的评价以及其他学生或教师对该学生作业的评价。这些成果能反映该学生某段时间内的学习情况。对于小学科学教学评价来说,成长记录袋可以收集学生代表性的作业、科技小制作、科学发明、实验记录单等知识与技能性内容,也可以收集学生的学习体验、活动感想、在日常生活中发现的科学问题等主观性内容。教师可通过对学生成长记录袋的内容、制作过程和最终结果的综合分析对学生的发展状况进行评价,判断学生知识与技能的掌握情况和核心素养的发展状况。

小学科学中的六种表现性评价方式

知识链接

档案袋评价的实施形态 ①

按照对话的方式,档案袋评价可以分为三种形态。第一种,以预先设定好的评价标准由教师主导的类型。首先教师给出课题,对照预设好的标准,评价儿童的成就。其次教师听取儿童的自我评价并传递自己的评价,围绕之后的目标彼此展开对话。第二种,儿童与教师通过交流,确定评价标准的类型。在这种形态中,师生之间展开讨论,共同把握儿童学习的进展状态,思考之后的学习展开。这是最普遍的一种探讨方式。在第二种形态上,也有教师会预先提出一定的评价标准,不过,面对大量的评价标准,究竟选择哪一个,教师需要参照儿童的需求与希望,与儿童协商决定。有的场合,教师也会提示儿童自己预设好标准,之后师生再共同讨论,最终确定标准。第三种,以儿童设定标准为主导的类型。综上,根据档案袋的"所有权",即对收入档案的作品的决定权的不同,档案袋评价可以分为标准依据型、标准产出型与最优作品集三种。

(三) 概念图评价

概念图用节点代表概念,连线代表概念间的联系,是一种组织和表征知识的工具。概念图评价是一种测量学生个体的知识结构和组织的方法,具体到小学科学教学中,是指教师针对小学科学领域的某个核心概念或重要概念设计概念图任务,通过引导学生完成相应的概念图任务来进行评价。

常见的概念图任务有多种形式,如让学生通过回顾学习内容直接画出概念图;教师给出部分空白的概念图,要求学生在空白处填写完整概念图,或教师给学生已经画好基本内容的概念图,只在给定的空白处让学生填上一至两个词标明概念之间的关系。在小学科学教学中,教师可根据课程内容或实验安排,设计概念图任务并让学生完成,这样可以使学生表达出他们对概念的理解,有助于教师了解学生感到困惑的概念,从而为学生提供针对性的辅导和帮助。

除了以上几种常见的评价方法外,还有许多方法可以用于小学科学教学评价,例如课堂观察、课堂提问、纸笔测验、分析学生的科学作品以及科学写作成果等。教学评价方法多种多样,绝大多数可以应用于小学科学教学评价,但小学科学教学评价还应注意小学科学课程的本质特性,要注重评价学生的核心素养。科学教学

概念图教学案例"太阳、地球和月球"

---

① 钟启泉. 发挥"档案袋评价"的价值与能量[J]. 中国教育学刊,2021(8):67-71. 有改动。

评价要以平时的课堂教学活动和实验探究为基础,重视学生的课堂表现,以此全面反映学生的实际学习和发展状况。

四、小学科学教学综合评价的实施建议

(一) 开展基于多元主体的协作评价

在小学科学教育场景中,基于多元主体的协作评价意味着教师是评价的发起者与组织者,学生既是评价主体也是评价客体,家长乃至其他社会人员是评价过程的重要参与者,多方共同发挥作用,促进学生发展。

教师是评价的发起者和组织者,教师评价作为师生交流的一种方式贯穿课堂教学活动的始终,对教学活动起着重要的导向和激励作用。有效的教师评价不是停留于表面的作秀,也不是可有可无的衔接,而是在深刻理解学生学情后自然而然生成的。

家长作为小学科学教学评价过程的参与者,可以通过一定的方法与途径,自愿、主动地介入到教育活动中,对学习活动的计划、实施以及结果等有关问题的价值或特点作出判断。家长参与评价也能更好地发挥家庭和学校各自的优势,促进学生的全面发展。

学生既是被评价者,也是评价者。一方面,学生个体能够立足自身的学习体验,对同伴的学习情况作出较为准确的判断。在小学科学教育中,小组活动、合作学习是学习活动开展的重要形式,同伴评价是小组活动、合作学习中形成性评价不可或缺的部分,也是促进同伴咨询和同伴监督的重要手段。另一方面,自我评价是学生对自己思想、愿望、行为和个性特点进行判断和评价的重要途径,也是学生形成自我意识、提升自我认知水平的关键途径,对学生的自我发展有着特殊的意义。学生的自我评价往往与其个人的心理预期、人格特征相关,有时评价的结果与实际表现存在误差。在教育实践中,同伴评价和自我评价这两种方式是密切相关的,两者只有充分结合,才能真正实现学生评价的价值。

相比传统的评价模式,基于多元主体的协作评价实质上是把各方人士的观点汇聚在一起,各评价主体通过"协商"形成共同的心理建构,从而达成共识。这种评价模式突出了学生在评价过程中的参与者身份,凸显了评价的"价值"问题,超越了传统评价所追求的"唯科学"与"唯客观",是对传统评价模式质的突破。

教师组织基于多元主体的协作评价,可以设计有关联、有梯度的多元评价表,以此发挥家长、学生的主体性,这样一方面能够对学生作出更加全面、合理的评价,另一方面可以提高家长的教育参与度。

知 识 链 接

　　某校位于国家森林公园附近，鸟种资源丰富，该校科学教师想开展一次以"观鸟"为主题的野外考察活动，一是为了提高学生爱鸟、护鸟的意识；二是以此活动为契机，让家长参与其中，加强家校联系。

　　教师要求学生、学习同伴、家长均对学生作出评价，评价内容如表9-3所示。

表 9-3　学生表现评价清单

学生自我评价的内容	学生同伴评价的内容	家长评价的内容	教师评价的内容
(1) 你为本次活动准备了哪些工具？	(1) 你的组员谁准备的工具最全面、实用？	(1) 您的孩子在本次活动中的准备工作做得如何？	(1) 学生个体的学习表现情况怎样？
(2) 你一共观察到了多少种鸟？它们的名称是什么？	(2) 你们组谁最擅长观察鸟类？为什么？	(2) 您的孩子在本次活动中的学习表现如何？	(2) 小组合作学习成果如何？
(3) 尝试手绘一只鸟	(3) 在本次活动中，谁最具有团队精神？为什么？	(3) 您的孩子在本次活动中的其他方面表现如何？	(3) 本次活动的组织与设计如何？
(4) 就你所观察的结果，谈一谈鸟类的生活习性	(4) 谁今天学习收获最大？为什么？	(4) 本次活动的设计和实施情况如何？	
(5) 就你所观察的结果，尝试总结一下鸟类适于飞行的特点			
(6) 尝试评价一下自己的表现			

（二）开展基于多元场景的真实评价

　　场景的多元化是小学科学教育的特征之一。小学科学教育不仅仅发生在课堂上或实验室中，科学中心、动植物园、自然博物馆等校外教育机构或组织，以及冬夏令营、科学文化节、科普嘉年华等活动现场，也是小学科学教育发生的重要场域，是小学科学课堂教学的重要补充。场景是区分校内外科学教育的类别、内容与形式的重要手段，不同的场景构建了不同的科学学习场域，创设了不同的学习情境。因此，在小学科学教育中,要围绕教育发生的不同形式,开展基于多元场景的真实评价。

教师在多元场景中进行评价,实际上就是对学生的个性化学习作出价值判断。教师在多元场景中难以使用单一的手段对学生作出评价,也很难通过测验的方式去检测学生在某一方面或某几方面的学习成效。一种有效的评价方式是真实评价,即要求学生运用所学知识和技能去完成真实世界或模拟真实世界中的具体任务,从而对学生的学习水平作出评价。在小学科学教育中,开展基于多元场景的真实评价,本质上就是以衡量学生在真实世界中的实际表现为出发点,结合不同教育场景中的不同教育形式与内容,设计具有针对性的评价方式与方法,并据此展开评价。

思维发散

查阅文献,列举小学科学教学评价常用的其他方法,并尝试以某一节课为例,设计教学综合评价方案。

学习评价

请根据表9-4,对本章学习情况进行评价(非常符合 =5分,比较符合 =4分,一般符合 =3分,不太符合 =2分,不符合 =1分)。

表 9-4　学习评价表

学习本章内容后		非常符合	比较符合	一般符合	不太符合	不符合	综合得分
能说出小学科学课程与教学评价的对象与常见的类型	自评						
	互评						
	师评						
掌握小学科学课程与教学评价的价值取向	自评						
	互评						
	师评						
掌握小学科学综合评价的主要内容	自评						
	互评						
	师评						
知道小学科学教学常用的评价方法	自评						
	互评						
	师评						

理解·分析·实训

1. 论述小学科学课程与教学评价的价值取向。

2. 下面是上海市某青少年科技中心开设的一节科学探究课。[①] 这节课的主题是"桥梁结构设计与制作",教学对象为小学四年级学生。36 名学生被平均安排在六张大试验台旁。教室前面的黑板上写着"看、听、想、做、评"五个大字。讲台上放着教师制作好的拱桥模型。在教学过程中有两名辅导员协助任课教师开展教学工作。请根据本章所学内容,对这节课进行评价。这节课的教学流程如下:

在这节课的开始,教师让学生观看视频《经典荟萃——桥》,视频介绍了世界上著名的三座大桥(日本的名石海峡大桥、英国伦敦的塔桥、美国金门大桥)的基本情况。最初学生都认真观看,随后部分学生注意开始分散。视频播放结束后,教师就视频内容向学生提问:"刚才视频中讲了哪几座大桥?"学生争先恐后地回答。提问环节之后,教师又用演示文稿播放了我国一些著名的桥梁图片,希望学生能对"桥"有一个初步的认识。

之后,教师介绍了桥梁的结构和分类,希望学生掌握桥的各种类型和外观。讲解之后进入实践环节,学生的任务是自己动手设计一座"我心目中的桥梁"。辅导员给每个小组分发了印有世界各地桥梁的图册。学生两人一组,在图纸上画好自己想要设计的桥梁图样,随后用木条、锯子、平口钳、砂纸、美工刀、502 胶等工具将图样的桥梁制作出来。在实际操作中,学生往往会把木条折断,因此辅导员基本上代劳了制作桥拱的任务。一个学生告诉我们,平时在家他也经常做模型,并且参加过航模比赛。在制作过程中他动作娴熟,操作有序,另一个学生只能旁观,插不上手。当他做好后,想在桥顶再加一条拱,教师将讲台上做好的拱桥模型拿给他说:"你看,上面不能再加拱了,再加就不好看了。"于是,小男孩就放弃了加拱的想法。

制作完成后,教师让想介绍自己小组作品的学生上台,谈自己在制作过程中遇到的困难以及解决的方法,并鼓励其他学生对其评价。有两个小女孩在介绍时说:"我们在制作时发现很多桥上都没有避雷针,所以我们在桥的顶端安装了一枚避雷针。"她们的创意得到了教师的肯定。

评价之后,教师对今天的课程进行了总结,对于表现突出的学生给予了表扬和肯定,对于在制作过程中还存在依赖性的学生给予了鼓励和期望。最后,教师让学生在课后填写"活动记录单",记录这节探究课的体验和感悟。

---

① 余婧. 对一节小学科学探究课的描述与反思[J].教育理论与实践,2010,30(26):56-57.

参考文献

［1］安军,冯帅.中美课程标准关于小学科学实践的比较研究[J].课程教学研究,2018(10):33-38.

［2］蔡铁权,姜旭英.科学课程与教学研究[M].杭州:浙江大学出版社,2008.

［3］昌建敏.用未来教育的眼光探究小学科学教育的实践与研究[J].中国教育学刊,2019(S2):73-75.

［4］陈佑清,罗祖兵.走向"多祥性"的学习:五种新的学习方式的理论与实践研究[J].基础教育课程,2015(9):36-41.

［5］崔鸿.初中科学教材难度国际比较研究[D].武汉:华中师范大学,2013.

［6］崔鸿.中学生物学教学设计[M].北京:高等教育出版社,2016.

［7］丁邦平.国际科学教育导论[M].太原:山西教育出版社,2002.

［8］丁邦平,罗星凯.论科学教育研究与科学教育改革[J].教育研究,2008(2):75-80.

［9］胡进.TIMSS 2015 科学评估框架概况、发展及启示:兼与 TIMSS 2007、2011 科学评估框架的比较[J].外国中小学教育,2014(10):7-12.

［10］威金斯,麦克泰格.追求理解的教学设计:第二版[M].闫寒冰,宋雪莲,赖平,等译.上海:华东师范大学出版社,2017.

［11］郭玉英,姚建欣,张静.整合与发展:科学课程中概念体系的建构及其学习进阶[J].课程·教材·教法,2013,33(2):44-49.

［12］LEE H S,PARK J. Deductive reasoning to teach Newton's law of motion ［J］. International Journal of Science and Mathematics Education,2013,11(6):1391-1414.

［13］胡卫平.在探究实践中培育科学素养:义务教育科学课程标准(2022 年版)解读[J].基础教育课程,2022(10):39-45.

［14］胡卫平,韩琴,严文法.科学课程与教学论研究[M].北京:高等教育出版社,2007.

［15］课程教材研究所.20 世纪中国中小学课程标准·教学大纲汇编:自然·社会·常识·卫生卷[M].北京:人民教育出版社,1999.

［16］李瑞雪,王健.美国科学课程中的跨学科概念:演进、实践及启示[J].外国教

育研究,2021,48(4):102-117.

[17] HALIM L,YONG T K,MEERAH T S M. Overcoming students' misconceptions on forces in equilibrium:an action research study [J]. Creative Education,2014, 5(11):1032-1042.

[18] 林崇德. 学生发展核心素养:面向未来应该培养怎样的人？[J]. 中国教育学刊,2016(6):1-2.

[19] 埃里克森,兰宁. 以概念为本的课程与教学:培养核心素养的绝佳实践[M]. 鲁效孔,译. 上海:华东师范大学出版社,2018.

[20] 刘辰艳,张颖之. 从 STS 到 SSI:社会性科学议题的内涵、教育价值与展望[J]. 教育理论与实践,2018,38(29):7-9.

[21] 刘晋斌,李佳涛. 基于学习进阶的小学科学建模教学:以"地球与宇宙科学领域"内容为例[J]. 中小学教材教学,2021(10):40-45.

[22] 美国科学促进协会. 面向全体美国人的科学[M]. 中国科学技术协会,译. 北京:科学普及出版社,2001.

[23] 弭乐,郭玉英. 科学建模与科学论证整合的教学模式述评[J]. 物理教师, 2018,39(2):7-12.

[24] National Research Council. Next generation science standards:for States,by States [S]. Washington,DC:The National Academies Press,2013.

[25] 肖磊,靳玉乐. 中国新课程改革的检视:异域学者的观点[J]. 课程·教材·教法,2013,33(6):8-15.

[26] OECD. PISA for development assessment and analytical framework:reading, mathematics and science [R]. Paris:OECD Publishing,2018.

[27] 潘洪建. 中国小学科学课程发展 110 年:1912—2021 [J]. 教育与教学研究, 2021,35(7):45-61.

[28] 潘洪建,张静娴. 小学科学课程实施:成就、问题与政策建议[J]. 当代教育与文化,2018,10(4):39-45.

[29] 任建英,赵祎萌,孟秀兰. 我国义务教育阶段科学类课程发展的分析与建议 [J]. 中国教师,2022(2):19-24.

[30] AMIN T G,SMITH C,WISER M. Student conceptions and conceptual change: three overlapping phases of research [M]//LEDERMAN N G,ABELL S K. Handbook of research on science education. New York:Routledge,2014.

[31] 唐小为,丁邦平. "科学探究"缘何变身"科学实践":解读美国科学教育框架理念的首位关键词之变[J]. 教育研究,2012,33(11):141-145.

[32] 王健. 考查科学思维的理科考试命题策略探讨[J]. 中国考试,2016(10):44-

50.

[33] 王健,刘恩山."科学本质"的研究及其进展[J].生物学通报,2007(6):38-40.

[34] 王晶莹,罗跃,高金英.中学生科学素养水平的年级差异研究[J].全球教育展望,2015,44(4):104-113.

[35] 哈伦.科学教育的原则与大概念[M].韦珏,译.北京:科学普及出版社,2011.

[36] 韦钰.十年"做中学"为了说明什么:以科学研究为基础的教学改革之路[M].北京:中国科学技术出版社,2012.

[37] 肖思汉,SANDOVAL W A.科学课堂上的"探究"与"实践"有何不同[J].课程·教材·教法,2017,37(12):110-115.

[38] 徐学福,肖磊.对我国"探究学习"研究的回顾与反思[J].贵州师范大学学报(社会科学版),2010(6):101-105.

[39] 吴国盛.科学的历程[M].4版.长沙:湖南科学技术出版社,2018.

[40] 叶宝生.小学科学课程中的技术教育因素及教学策略[J].课程·教材·教法,2015,35(10):79-83.

[41] 叶澜,白益民,王枬,等.教师角色与教师发展新探[M].北京:教育科学出版社,2001.

[42] 袁运开,蔡铁权.科学课程与教学论[M].杭州:浙江教育出版社,2003.

[43] 布兰斯福特,布朗,科金,等.人是如何学习的:扩展版[M].程可拉,孙亚玲,王旭卿,译.上海:华东师范大学出版社,2013.

[44] 张传燧,邹群霞.学生核心素养及其培养的国际比较研究[J].课程·教材·教法,2017,37(3):37-44.

[45] 张二庆,乔建生.小学科学课程与教学论[M].北京:北京师范大学出版社,2016.

[46] 张奇,张黎.SSI课程与学生非形式推理能力的培养[J].华东师范大学学报(教育科学版),2007(2):59-64.

[47] 朱家华.再论科学及其内涵的多维意蕴[J].江汉学术,2019,38(1):25-33.

[48] 朱家华,崔鸿.小学科学教师专业化发展现状调查研究:以湖北省为例[J].中国考试,2018(8):52-59.

郑重声明

高等教育出版社依法对本书享有专有出版权。任何未经许可的复制、销售行为均违反《中华人民共和国著作权法》,其行为人将承担相应的民事责任和行政责任;构成犯罪的,将被依法追究刑事责任。为了维护市场秩序,保护读者的合法权益,避免读者误用盗版书造成不良后果,我社将配合行政执法部门和司法机关对违法犯罪的单位和个人进行严厉打击。社会各界人士如发现上述侵权行为,希望及时举报,我社将奖励举报有功人员。

反盗版举报电话　（010）58581999　58582371
反盗版举报邮箱　dd@hep.com.cn
通信地址　北京市西城区德外大街4号
　　　　　高等教育出版社知识产权与法律事务部
邮政编码　100120

读者意见反馈

为收集对教材的意见建议,进一步完善教材编写并做好服务工作,读者可将对本教材的意见建议通过如下渠道反馈至我社。

咨询电话　400-810-0598
反馈邮箱　gjdzfwb@pub.hep.cn
通信地址　北京市朝阳区惠新东街4号富盛大厦1座
　　　　　高等教育出版社总编辑办公室
邮政编码　100029